The Participatory Museum

Entering an
Era of Museum 2.0

参与式博物馆

迈入博物馆 2.0 时代

[美] 妮娜·西蒙 (Nina Simon) 著

喻 翔 译

ZHEJIANG UNIVERSITY PRESS
浙江大学出版社

图书在版编目(CIP)数据

参与式博物馆:迈入博物馆2.0时代 /(美)妮娜·
西蒙(Nina Simon)著;喻翔译.—杭州:浙江大学出版
社,2018.5(2024.1重印)
　　(博物馆学认知与传播丛书)
　　书名原文:The Participatory Museum
　　ISBN 978-7-308-17923-2

　　Ⅰ.①参… Ⅱ.①妮… ②喻… Ⅲ.①博物馆—研究
Ⅳ.①G268

中国版本图书馆 CIP 数据核字(2018)第 011457 号

浙江省版权局著作权合同登记图字:11-2017-343 号

参与式博物馆:迈入博物馆 2.0 时代

(美)妮娜·西蒙(Nina Simon) 著

喻　翔 译

责任编辑	陈佩钰(yukin_chen@zju.edu.cn)	
责任校对	杨利军　张　颖	
封面设计	程　晨	
出版发行	浙江大学出版社	
	(杭州市天目山路 148 号　邮政编码 310007)	
	(网址:http://www.zjupress.com)	
排　　版	杭州青翊图文设计有限公司	
印　　刷	浙江新华数码印务有限公司	
开　　本	700mm×960mm　1/16	
印　　张	25.25	
字　　数	350 千	
版 印 次	2018 年 5 月第 1 版　2024 年 1 月第 8 次印刷	
书　　号	ISBN 978-7-308-17923-2	
定　　价	68.00 元	

总　序

　　现代博物馆源自两个古老的传统，一个是以缪斯的名义出现的对知识和哲学的冥思，一个是以收藏柜为表征的对器物的收藏。这两个传统在很长时间内并没有交集，直到 16 世纪中叶基格伯格（Samuel Quiccheberg）做出最初的尝试。在基格伯格的时代，一种以剧场形式出现的讲演记忆训练中，物品作为帮助提示讲演人记忆的手段出场，物与思想发生了接触。从那以后，两者的结合一直是博物馆史的重要内容。经过几代人的努力，它们逐渐走向融合，并向着两位一体的方向发展。然而，只有当人们的观念突破了收藏物精美的外壳，将关注转向物质深处的精神内涵，并试图以知识和信息的形式将其提炼与揭示出来时，物与思想结缘的通路才被真正打开。从此，物品作为欣赏对象与作为启发思想、帮助理解的知识载体的双重身份出现了有机的结合。

　　这既是博物馆历史演变的趋势，也是博物馆现实发展的理想。依着这样的愿景，当观众进入一座优秀的博物馆，他不仅能感受到人类制造物的艺术魅力，满足欣赏与崇拜的愿望，也应该能在阐释的帮助下深入理解物品内部的知识、思想与情感的内涵，在智性方面有所收益。然而，在现实中，两者的结合还有待进一步的努力，尤其在中国，如何在欣赏物品的基础上强化展览的信息传播能力，提高观众的参观受益，是今后一个时期特别需要关注的方面。这就是本丛书产生的背景和目的。

　　在全球范围学习型社会建设的浪潮中，非正式学习的需求被极大地放大，博物馆作为一个高度组织化与制度化的非正式教育机构，如何满足这一需求，是一个必须应对的挑战。当公众带着更多学习与理解的诉求进入博物馆，他们会发现，在这一机构中学习与认知的过程是非常独特的，与他们日常的学习经验大相径庭：作为知识传播者的策展人并不像老师那样站在他们的面前，而是隐身幕后；作为信息传播载体的不是符号，而是物品；更大的差异是，如果说教室是为学习者提供的一个栖身空间的话，那博物馆展厅本身就如同教科书，成为学习的对象与内容。观众在书中穿棱，在行走与站立的交替运动中，对空间中呈现的物品进行观察、阅读和体验。在这个过程中，许多在日常学习行为中不曾遇到过的因素开始影响他们的学习，比如方向、位置、体量、光、色彩等。如果方向不对，叙事的顺序就乱了；如果位置不对，物品之间的逻辑关系就错了；如果光出现了问题，观众不仅觉得眼睛不舒服，而且也会对展览的重点出现误解。这种学习者所面临的"环境语境"是其他学习行为所没有的。

这一切都表明，尽管我们可以利用一般的教育学、认知学、心理学和传播学理论来帮助我们，但博物馆学习的独特性质仍然要求我们进行专门的、针对性的研究，并将其作为博物馆学研究的中心内容之一。没有对博物馆学习与认知过程独特性的研究与理解，我们的传播方法与策略就缺乏明确的标的，缺乏必要的有效性。所以，在这种情况下，首先要展开对博物馆学习与认知特点的研究，探明这一媒体与其他媒体在传播过程中的区别，为制定正确有效的传播策略提供依据。正因为如此，我们把博物馆学习与认知及其和传播的关系作为重要的学术内容展开研究，并期待有更多的学者关注这一问题。

传播效益取决于多方面的因素，这些因素贯穿在整个展览的建设与运营中。比如：如何通过前置评估了解公众的需求与愿望，并将他们的想法融入到展览策划中；如何在建构展览的结构与框架时将主题叙述的思想与逻辑要求，与博物馆学习的特点及公众的习惯、爱好相结合；如何规划与经营展览设计的空间，让观众觉得整个展览清晰流畅、层次分明、重点突出，并通过形成性评估来保证其落实；如何针对基本陈列展开适当的拓展式教育和相关的配套活动,使展览主题内容得以深化与拓展;如何通过总结性评估收集观众的意见与建议,进一步做好展览的调整与改善,以为下次展览提供借鉴;等等。所有这些,都直接影响到博物馆的传播效益,进而影响其社会效益的实现。

　　本丛书分为"译丛"与"论丛"。鉴于一些国家已经在博物馆学认知与传播方面积累了相对成熟的经验,为我们的探索提供了很好的借鉴,为此,"译丛"从理论与实践两个方面反映了当代西方博物馆学界的新观念、新理论与新实践。"论丛"则是国内学者在探索过程中的心得,尤其令人欣慰的是,作者大多是年轻人,其中有一些已经参加了大量的展览实践。衷心希望这套丛书能够为实践中的工作团队提供有益的启发,为中国博物馆事业发展的洪流增添美丽的浪花。

严建强

2018 年 3 月 30 日

中文版序

《参与式博物馆》业已走过七年之痒。想当年，社交网络才刚刚兴起，现在已成为普罗大众的日常。我们的生活由大大小小的屏幕所串联，遍及世界各地。不过，构建真实联系的需要同物理空间上的差异仍是摆在我们面前的主要矛盾。

本书正是各大博物馆、图书馆以及其他文化机构用以联系社区（community）的指南。参与从本质上而言就是联系。我们不仅邀请观众登门消费，更敞开合作的怀抱。我们不愿文化工作者居高临下地发布指令，而是以对话的方式分享他们的专业知识。我们希望社区成员彼此加深交流、探索文化遗产、携手共建未来。

当我在世界各地与大家分享本书的理念时，常有读者问我参与式技巧是不是在特定环境下才管用。它更适用于城市还是农村？百科全书式博物馆还是互动型的科技馆？它是否会因"国"而异、水土不服？

每个社区都是独一无二的。但参与式技巧是不分国界的——中国也不例外。人人都想表达自我。人人都想联系对方并与之倾诉。或许，我采用的参与式技巧放在你的文化背景下需要灵活变通。本书中的故事来自全球各个机构，让你得以一窥参与之大观。让人参与的方法多种多样，你也不必拘泥于书本。

不过，你会注意到本书暂未收录中国的案例。因此，我希望并期待手捧此书的你会摩拳擦掌，发明新的参与方式。你可以结合你的文化背景,创造出适合你的社区参与项目。希望你也会付诸文字。长江后浪推前浪,希望日后会有越来越多从业者受此鼓舞,为实现联动力强、关注度高的参与式博物馆梦而努力奋斗。让我们一起筑梦未来!

妮娜·西蒙

Nina Simon

译者序

　　美国女博物馆学家妮娜·西蒙(Nina Simon)的《参与式博物馆》(*The Participatory Museum*)是一部反映国外博物馆最新发展趋势之一"参与"(participation)的重要著作。国际博物馆协会博物馆学委员会(International Committee for Museology,ICOM)前主席、荷兰博物馆学家彼得·冯·门施(Peter van Mensch)曾说:"博物馆这门行业产生至今,共有三次革命:第一次革命发生在1900年左右,在这期间,博物馆正式提出了其基本从业准则,界定了业务范围;第二次革命发生在1970年左右,博物馆出现了一种新样式,即常说的新博物馆学(new museology);第三次革命发生在2000年左右,也就是说,我们正在经历这次革命,正在见证又一新样式的出现。虽然我们还没对它正式命名,但其关键词就是'参与'。"[1]虽然参与的概念及"参与式博物馆"本身目前在中国鲜有人提及,但在西方国家却进行得有声有色。英国博物馆协会(Museums Association)在2013年明确将参与列入《博物馆改变生活》(*Museums Change Lives*)未来展望的十大行动之一。[2]无独有偶,2012—2014年由欧盟委员会(European Commission)资助的TimeCase. Memory in Action项目便是以参与为主要手段,在文化遗产

〔1〕 Léontine Meijer-van Mensch and Peter van Mensch. *New Trends in Museology*. Celje:Muzej novejše zgodovine,2011:12-13.

〔2〕 Museums Association. *Practical Actions for Museums*. 2013,available at http://www.museumsassociation. org/museums-change-lives/01072013-wr-practical-actions-for-museums

领域建立开放学习的新标准并提供各种参与的方法来唤醒欧洲人的归属感、主人翁意识，构建一个包容性社区，甚至还提议创建一所"参与学院"（Academy of Participation），将参与作为一门正式的学科加以研究和推广。[1]

　　由于参与是一个新近才出现的概念，国外博物馆学界尚无系统详尽的研究，所以对于参与的定义以及如何进行参与还是一个见仁见智的议题。妮娜的《参与式博物馆》虽然称不上是研究博物馆参与的集大成之作，但确有自己成熟、完善的理论与实践体系，而且语言朴实易懂，在博物馆界以及一般读者中都得到较高的评价。不过，由于本书的跨学科程度比较大，再加上中西方的国情不同，所以有些概念和提法在国内博物馆学者和从业者看来会比较陌生，甚至莫名其妙。鉴于此，译者在正文中就重要的博物馆、机构、人物、地名、事件、著作及其他学科的专业术语等添加了注释。此外，本书在翻译过程中承蒙浙江大学人文学院文物与博物馆学系严建强教授、荷兰王国阿姆斯特丹艺术大学莱茵瓦德学院（Reinwardt Academie AHK）Riemer Knoop 教授等老师的倾力支持与帮助，他们考虑到中西方背景的巨大差异，所以建议译者在正文之前就原书作者的身份、本书的主要内容、本书的理论来源以及本书产生的社会背景等方面做一个简要介绍。

一、关于作者

　　妮娜·西蒙，2002 年毕业于美国伍斯特理工学院（Worcester Polytechnic Institute）电气与计算机工程系，曾供职于波士顿科学博物馆（Boston Museum of Science）、阿克顿发现博物馆（Acton Discovery Museum）、首都儿童博物馆（Capital Children's Museum，现改名国家儿童

---

[1] Tamiko O'Brien, Lars Ebert and Chrissie Tiller. "Academy of Participation：Capacity Building for a Culturally inclusive Europe", in *Participate*！：*Toolkit for Participatory Practices*. 2014：14-27, available at http://issuu. com/riksutstallningar/docs/timecase_toolkit_digital_version/1？e=3020210/8499975

博物馆)、国际间谍博物馆(International Spy Museum)、创新科技博物馆(The Tech Museum of Innovation)等机构。

妮娜在2006年开通了名为"博物馆2.0"(Museum 2.0)的个人博客(museumtwo. blogspot. com),2008年创办了同名设计公司,与全球60多家博物馆、图书馆等文化机构合作策划各种面向观众的展览和教育项目,其中就包括美国史密森学会国家自然史博物馆(Smithsonian Museum of Natural History)等知名大馆。她在2010年出版的《参与式博物馆》一书,在博物馆界大受好评,荣登美国博物馆协会2010年度最佳畅销书榜首,并被《史密森学会会刊》(*Smithsonian Magazine*)誉为"博物馆的远见者"(museum visionary)。2011年,她被圣克鲁兹市艺术与历史博物馆(Museum of Art and History)任命为执行馆长;2012年,荣获美国博物馆协会的南希·汉克斯奖(Nancy Hanks Award)。此外,她还是华盛顿大学博物馆学系的兼职教授,肯尼迪大学、密歇根大学和约翰·霍普金斯大学的客座讲师,经常在各个博物馆和博物馆协会等相关组织举办讲座,同时在《博物馆》(*Museum*)杂志上设有专栏,并在《策展人》(*Curator*)、《展览人》(*Exhibitionist*)和《观众研究》(*Visitor Studies*)等博物馆界知名刊物上发表文章多篇。妮娜还是美国博物馆协会博物馆展览委员会(National Association for Museum Exhibition)的董事和博物馆未来中心(Center for the Future of Museums)的发起人,目前定居于加州圣克鲁兹市。她是博物馆界为数不多的既具有丰富的一线工作经验,又在理论上有所突破的青年博物馆学者。

二、关于本书

本书的框架结构比较简洁明朗,主要分为两个部分:第一部分是参与的理论建构,妮娜称之为参与的设计;第二部分则列举了参与的四种实践形式,以及如何评估和管理参与式项目。整本书比较全面地论述了参与的各个层面,构建起一个完整的参与式博物馆体系,不仅在理论上有比较充足的支撑,同时还具有较强的实战性。

妮娜在前言便开宗明义地给参与式博物馆下了一个定义：一个观众能够围绕其内容进行创作、分享并与他人交流的场所。这个定义是对妮娜设想的参与式博物馆的一个高度概括和总结，而接下来的正文是对其提炼出的"创作""分享""交流""围绕内容"这四个关键词的进一步阐发。然而，需要注意的是，妮娜给出的参与式博物馆定义的最后落脚点是"场所"，而且原书实际上不光是讲博物馆，还包括图书馆、剧院等各种文化机构（cultural institutions），所以在原书中往往以 cultural institutions 或是 institutions[1] 来指代。这也是该书相比以往的博物馆学著作较为独特之处，而妮娜会采用这种称呼的原因将在下文详述。

本书的第一部分共四章，将参与的建构过程分为三个步骤：

（1）从"我"开始——博物馆先把观众视为一个个的个体，如同吸纳博物馆会员一样，构建观众的个人资料，针对不同观众的不同个人信息予以区别对待，并要经常与观众保持联络，以培养观众的忠诚度；

（2）从"我"到"我们"——博物馆运用各种参与式技巧将各个观众串联起来，形成群体效应，实现社交目的；

（3）设计好社交实物——观众在博物馆进行参与是有条件限制的，而最重要的一点便是要围绕博物馆的实物进行参与，所以博物馆为了尽可能让观众把注意力放在展品上，就要想方设法把展品打造为个性化、话题性、刺激性和关联性的实物。

本书的第二部分共七章，妮娜在这一部分首先给出了博物馆可实行的四种参与模式：（1）贡献型；（2）合作型；（3）共同创造型；（4）招待型。一句话来说，这四种模式的区别就在于参与者的参与程度与主动性，从贡献型到招待型逐步攀升。最简单的例子就是，贡献型只是展览中的观众留言板，而招待型则是由参与者从头到尾制作展览。由于每个博物馆自身的定位、使命、馆内文化和开放程度不一，加上观众个体本身也存在

---

[1]　本意为"机构"，因中国的服务型文化机构多以馆命名，如博物馆、图书馆、档案馆、文化馆等，所以在正文中多译作"馆方"。

着差异,所以妮娜据此提供了四种参与模式,并希望博物馆可以比照每种模式的特色和适用条件进行自由选择。值得注意的是,展览在业界通常被认为是博物馆最主要的一项业务,但妮娜的参与把目光更多地放在了博物馆举办的活动上,在原文中称为 project(方案)或 program(项目),甚至认为"比起传统的文物保护和展览实践,它更注重不断改变的创造精神,不在于树立博物馆的权威而在于包容各种声音。它的所有权和经费可能由其成员分摊,而且拨给策展的款项将减少,而更加侧重对话与交流的活动"。而且,参与式博物馆与其说是一种新类型的博物馆,毋宁说是一种博物馆设计理念,妮娜在书中也频繁使用"参与"或是"参与式技巧"(participatory techniques)等词汇来指代参与式博物馆。因此,我们也可以换个角度来理解:凡是运用到了参与式技巧的博物馆都可以算是参与式博物馆,但是因为使用的数量和程度有多有少、有深有浅,所以可以大致划分为贡献型、合作型、共同创造型和招待型四种模式。

三、本书的理论来源

本书最主要的特色就是将很多博物馆领域及其他相关领域甚至在常理看来不与博物馆搭边的领域(如赌场)的研究成果融会贯通,架构出参与式博物馆的完整体系。虽然,妮娜在书中所借鉴的案例包罗万象,但最主要的思想来源还是博物馆学、科普和传播学这三个领域。其中,博物馆学来源、科普来源分别在书的前言、第 5 章和致谢部分有明确说明,不再赘述,译者在此重点介绍一下本书最大的理论来源——传播学。

1.参与式文化与参与式博物馆

首先便是书名。"参与式博物馆"其实源于美国当代著名传播学家亨利·詹金斯(Henry Jenkins)所提出的"参与式文化"(participatory culture)。[1]詹金斯是通俗文化和粉丝文化的大力倡导者,有"美国的

---

[1]　亦有不少中国研究者将其翻译成"参与文化"。

麦克卢汉"之美誉,但他不是技术决定论者,而是主张公众利用网络或是其他媒介手段参与到文化的创造、分享和传播中,而不是单纯地做一名被动的文化消费者。另外一位美国当代著名的互联网思想家克莱·舍基(Clay Shirky)认为,参与式文化"实际上是一种同义反复,文化中很重要的一部分便是参与——聚会、活动和表演",并反问"除了这些地方,文化还能从哪儿来呢?"[1]舍基使用的"同义反复"一词点出了文化形成过程的实质:没有参与,何来文化? 文化首先就是由一小部分人创造出来,然后经一大拨人不断地分享、传播、接纳、再分享、再传播、再接纳,这样循环往复形成规模最终固定下来。他对参与式文化的解读是与其抨击看电视相呼应的,因为舍基认为美国人在过去几十年里消耗了大量时间在看电视上,与其花大把大把的时间用来看电视,不如去做其他有意义的事情。从传播学的角度看,看电视很明显是一个纯粹的单向传播过程:观众只能被动接受、消费电视台所提供的内容,既无法及时反馈给电视台,也无法及时与其他观众进行交流,更无法对电视节目内容按照自己的意愿进行加工改造。以舍基为代表的大批互联网思想家和传播学家(包括詹金斯在内)便猛烈批判这种消费模式,并在互联网平台找到自己的理念所在。舍基非常重视大众的主动性,尽管他的最终目标是实现有普世价值的创造行为,但即便是随便用图像处理软件恶搞一张图片发布到网络上,也比光坐在沙发上看电视强:"再愚蠢的创造也是一种创造","真正的鸿沟在于什么都不做和做点儿什么之间"。[2] 这点也是参与式文化的精髓。妮娜的参与式博物馆不仅在名称上化用了参与式文化的头衔,本质上也继承了这一精髓。

2. Web 2.0 与博物馆 2.0

本书的第二个传播学来源便是计算机互联网领域的 Web 2.0。以

〔1〕 [美]克莱·舍基:《认知盈余——自由时间的力量》,胡泳、哈丽丝译,北京:中国人民大学出版社 2012 年版,第 23 页。
〔2〕 同上书,第 22 页。

往的博物馆学研究并非与计算机科学结合得不紧密，虚拟博物馆/数字博物馆的发展也已经历了比较长的一段时期，但尚未摆脱计算机技术的成果只是为博物馆保藏、宣教等工作服务的局限性，其中的理念并没有被博物馆所吸收，所以还停留在博物馆方法学（museography）上。妮娜提出来的参与式博物馆虽然只是将现成的 Web 2.0 模式移植到博物馆，但她结合建构主义教育、体验经济、人际交往等学科的知识，构建出自己的一套博物馆学理论体系，并以丰富的具体实例作为支撑，是非常难得的一次突破。

　　Web 2.0 其实是参与式文化在互联网平台的一种实际应用模式，也是开放、平等、协作、分享的互联网精神的具象化，是相对于 Web 1.0 而言的。Web 1.0 就是互联网刚刚勃兴时那种只能浏览不能留言的静态网页模式；Web 2.0 则是网民可以参与、分享、传播的模式，具体而言，有博客、微博、人人网、QQ、微信、播客、视频网站、回复点赞、tag、RSS 等各种目前很常见的应用。这些应用的共同点就是网民不再是被动的消费者，他们可以主动地发布、分享、评论、协作。所以信息的流通渠道，不再像 Web 1.0 时代那样是单向传播，而是双向，甚至是多向（见图 1）。妮娜专门在本书第 1 章用两张图对比了传统博物馆与参与式博物馆的区别（见图 2），如果把这两张图与 Web 1.0 和 Web 2.0 两张图放在一起，我们很容易看出妮娜基本上就是将 Web 2.0 的理念借鉴到博物馆领域，使之博物馆化。Web 2.0 衍生了很多类似的概念和现象，如"用户生成内容"（user-generated content）、"产消合一者"（prosumers）、"自媒体"（we the media）、"公民新闻"（citizen journalism）等。除此之外，在某个词后面加 2.0 的用法也是风靡全球，包括"图书馆 2.0"（Library 2.0）、"企业 2.0"（Enterprise 2.0）、"课堂 2.0"（Classroom 2.0）、"考古学 2.0"（Archaeology 2.0）等，像妮娜自己开的博客和公司就叫"博物馆 2.0"。Web 2.0 和其导致的自媒体现象具有一定的政治学涵义，这是话语权和知识生成与传播权的一次大规模下放，与此相对应的参与式博物馆也是博物馆发展史上的一次革命。观众在博物馆不再是被动接受和消费馆方制作的内容,而是主动创造和建构自己的内容,并与他人一起分享和探讨。以往信息的线性传达被多向传达所取代,博物馆不再被奉为知识的权威,人人都有权制作并传播自己的知识。所以,参与式博物馆其实也是当今社会信息传播民主化这一浪潮的产物。

图 1　Web 1.0 与 Web 2.0 之对比[1]

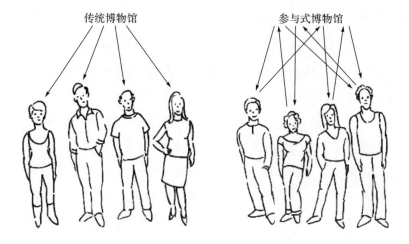

图 2　传统博物馆与参与式博物馆之对比

3. 网民活跃度与观众多样性

本书的第三个传播学来源是美国著名的技术和市场调查公司弗雷斯特(Forrester Research)的两位高级分析师查伦·李(Charlene Li)和乔希·贝诺夫(Josh Bernoff)于 2008 年在《公众风潮:互联网海啸》(*Groundswell*:*Winning in a World Transformed by Social*

---

〔1〕　Sukshan Sakdsrinarang. *Web 2.0*:*Harnessing Collective Intelligence*. 2013,available at https://sukshan. wordpress. com/2013/03/13/web-2-0-harnessing-collective-intelligence/

Technologies)一书中提出来的网民分类法。他们将互联网用户按其在网络社区中的活跃度分为六类：

（1）创造者（creators）——占18％，即发表一篇博客、发布个人网站页面、上传原创视频、上传原创音频／音乐的人；

（2）评论者（critics）——占25％，即发表对产品或服务的评价／评论、在其他人的博客上留言、在论坛上发帖、在维基上新建／编辑条目的人；

（3）搜集者（collectors）——占12％，即使用RSS订阅、给网页或照片贴标签、给网站投票的人；

（4）参与者（joiners）——占25％，即在社交网站上保持个人档案、访问社会化交友网站的人；

（5）观看者（spectators）——占48％，即阅读博客、收看其他人发布的视频、收听播客节目、阅读论坛帖子的人；

（6）不活跃分子（inactives）——占44％，即不参与以上这些活动的人。[1]

这其实相当于网络版的二八法则，大致就是互联网上的所有内容只是20％的网民发布、上传和贡献出来的，其他80％的网民只是单纯地浏览、下载和消费。值得注意的是，这六类网民所占的百分比相加起来并不是100％，这说明有的网民既是创造者有可能是观看者，网民们在不同地点、不同领域的活跃程度是有区别的。这并不是说这种分类方法不严谨，而恰好验证了中国的一句古话："术业有专攻。"妮娜将这六类用户以及其配套的六项基准借用到博物馆观众的分类当中，并以此针对不同类型的观众提出并设计了不同类型的参与模式。以往的博物馆观众分类不是基于年龄、性别等自然特征，便是根据所在地、受教育程度、参观目的等后天因素，很少考虑观众在博物馆的活跃度。因为传统博物馆基本上和大众传播学一样把观众当作被动的受众，只认为他们接受博物馆

---

〔1〕　［美］查伦·李、乔希·贝诺夫：《公众风潮：互联网海啸》，陈宋卓涵译，北京：机械工业出版社2010年版，第55页。

所传递的内容就足够了，鲜有考虑观众可以主动参与的情况，自然也就不会按观众参与程度来分类。

四、本书产生的社会背景

我国台湾的博物馆学家黄光男曾说："博物馆依附在社会发展下，有怎样的社会就有怎样的博物馆。"[1]虽然妮娜的这本书文字浅显、简练，但由于主要根植于以美国为主的西方发达国家的社会背景，所以要想完全理解参与式博物馆以及为何参与式博物馆的理念会在这些地方产生，还需要对欧美国家的基本国情有一定了解。

1.社区与社区博物馆

理解《参与式博物馆》的一个关键在于对"社区"（community）的把握。Community作为一个社会学概念，在20世纪30年代由费孝通先生首先译作"社区"。虽然有关社区的定义有很多种，但基本上都与以下四个要素有关：（1）共同情感联系和价值的认同；（2）共同的地域空间；（3）经济活动及共同利益；（4）一定的人群。[2]中国学者在使用社区一词时，比较强调其地域特征，当前国内对社区的官方定义也是"聚居在一定地域范围内的人们所组成的社会生活共同体"，尤其是在国内中文语境下，社区往往指带有行政色彩的城市社区，即"经过社区体制改革后作了规模调整的居民委员会辖区"[3]。而在英文中，community的使用范围并不限于地域空间，某一民族可以叫，互联网论坛也可以叫。即便在地域空间上，大到国际社会，小到街坊邻里，都可以用community。英文中更强调community的共同性、共有性，因其词源是拉丁语communis（意为共有的东西），所以也有中文文献将community译为"群体""社

---

〔1〕 黄光男：《博物馆新视觉》，北京：文化艺术出版社2011年版，第74页。

〔2〕 张敦福主编：《现代社会学教程（第3版）》，北京：高等教育出版社2014年版，第223页。

〔3〕 中华人民共和国民政部基层政权和社区建设司，2000年，《中共中央办公厅国务院办公厅关于转发〈民政部关于在全国推进城市社区建设的意见〉的通知》，获取地址：http://zqs.mca.gov.cn/article/sqjs/zcwj/200912/20091200044439.shtml.

群""共同体"等。由于目前"社区"几成国内社会学界的固定译法,因此本书提到的 community 也都用社区代指。但因为社区并不限于地理意义上的社区,所以书中第二部分反复提到的 community members 就没有被译成"社区居民",而是"社区成员"。

既然谈到社区,就绕不开社区博物馆。实际上,参与式博物馆与社区博物馆既相互区别又存在某种程度上的重合。社区博物馆是新博物馆学的一种具体组织形式,强调对社区文化的保存与传承(尤其是对平民百姓、少数民族和弱势群体等亚文化),培养他们对本社区的认同感(sense of identity)与归属感(sense of belonging),主张文化多样性;而参与式博物馆更注重个人的自我表达(self-expression)以及人与人之间社交而产生的社会资本(social capital),并且参与式博物馆的准绳在"参与",社区成员既可作参与者(participants),又可作围观的大众(audiences)。当然,人群集中起来就形成了具有共同特征的社区,甚至这些人与博物馆所服务的社区成员就是同一拨人。参与式技巧可以为社区博物馆所用,文化多样性亦是参与式博物馆的最终目的之一。所以,简而言之,社区博物馆的重点在社区,而参与式博物馆的重点在参与。

2. 混合使用与文化机构

现在回到序言一开始谈到的参与式博物馆的定义问题。妮娜虽然把书名定为"参与式博物馆",但实际上讲的是以博物馆为主体的文化机构。这与加拿大城市规划学家珍·雅各(Jane Jacobs,1916—2006)提出的城市街道混合使用(mixed-use)理念不无关系。雅各主张大城市的设施和场所除了行使主要用途外(如饭店提供饮食,学校提供教育),还应把其与另外能在不同的时间吸引人们到街上来的次要用途相结合。这样一来可以起到公共监视的作用,降低犯罪率;二来可以刺激经济需求。[1] 美国博物馆学家伊莱恩·休曼·古里安(Elaine Heumann

---

[1] 珍·雅各:《伟大城市的诞生与衰亡——美国都市街道生活的启发》,吴郑重译注,台北:联经出版事业股份有限公司 2007 年版,第 45—70、172—199 页。

Gurian)就将这一思想引入博物馆领域，主张把博物馆打造成混合使用空间，鼓励博物馆进行除展览以外的活动，比如作为献血站、放学早而父母又没下班的儿童玩耍的乐园、老年人下象棋的休闲场所甚至是底特律已故市长的灵堂。[1] 这听上去有些怪诞，但确实在美国的博物馆甚至国内的博物馆等文化机构真实地发生着。像美国的明尼苏达历史学会(Minnesota Historical Society)就承办各种音乐会、舞蹈演出、讲座、会议、政治竞选活动、纪念集会、接待、晚宴、婚丧礼等。[2] 浙江图书馆在 2014 年也在馆内设立过献血站。

　　从外部环境来看，博物馆生来就处在正式的教育机构(学校)和正式的营利性文化机构(如电影院等)的夹缝中间，而且不断面临着其他营利性文化产品和服务供应商(如主题公园、书店、旅游景点，甚至电视和网络)的挤压，其生存岌岌可危。如果继续自诩为科学文化的神圣殿堂，不食人间烟火，博物馆就会被纳税人唾弃。西方博物馆不像国内博物馆那样大多由政府全资支撑，很多都要靠业务收入或是基金会捐助维持运转，尤其是 2008 年金融危机席卷全球以来，在经济形势下滑的大背景下，博物馆的生存异常艰难。因此，出于此番考虑，博物馆不得不改变姿态，通过各种手段吸引纳税人的注意来保持其存在感，使其成为市民活动中心，用通俗的话讲，就是接地气。

　　妮娜的参与式博物馆也是呼吁人们对博物馆进行多样化使用，与古里安的思想基本吻合，所以她坦陈参与式博物馆"可能不符合现有的博物馆该有的样子，它更像是一个咖啡店或是一家社区艺术中心，甚至更接近于一个缝纫店"。这种理念对博物馆的存在感和存在意义构成极大威胁，博物馆学家和从业人员不禁要发问：如果博物馆、图书馆、剧院等文化机构都彻底被全方位参与式化，那它们各自的特色和之间的界限岂

〔1〕　Elaine Heumann Gurian. "Function Follows Form: How Mixed-used Spaces in Museums Build Community", in *Civilizing the Museum*. London: Routledge, 2001: 99-114.

〔2〕　美国的历史学会与国内的历史学会不同，并不是一个学术团体，而是相当于地方历史博物馆和图书馆的综合体，有的旗下还管辖博物馆、历史遗址、历史建筑。

不是被泯灭和模糊了？

————

　　可供探讨参与式博物馆的议题其实还有很多，比如参与式博物馆与虚拟博物馆之间的关系、参与式博物馆教育与 21 世纪技能、参与式博物馆商业化、参与式博物馆的不足，等等。译者在此仅补充了便于理解《参与式博物馆》的一些最基本背景信息，并就书中的一些翻译处理作了简要说明，希望能对今后的国内研究者探索参与式博物馆在中国的可能性、推动中国博物馆学的长远发展起到一点帮助作用。虽然，妮娜的观点在正统博物馆学看来可能属于异端，而且其可操作性也受到一定的质疑，但仍不失为对博物馆未来发展形态的一种美好设想。不过，这种以参与为标志的博物馆 2.0 时代是否能够到来，未来的博物馆是否能真正成为民有、民享、民治的博物馆，让我们拭目以待。

目　录

引　言

为什么要参与？

美国国家艺术基金会（National Endowment for the Arts）于 2009 年末就全美的艺术参与状况公布了一份发人深省的报告。该报告的作者在前言中直言不讳地指出："2008 年的调查结果令人不忍直视。"[1]在过去的 20 年间，博物馆、画廊和剧院的观众明显减少，而既有观众的老龄化和白人化趋势又很严重。这些文化机构（cultural institutions）声称自己的活动和节目具有独一无二的文化意义和公众价值，可越来越多的人却转寻其他资源来满足其娱乐、学习和交流的需求。人们在互联网上分享自己的艺术作品、原创音乐和故事，并以前所未有的热情参与到政治活动和志愿服务中。人们甚至投入更多的时间用来看书，也不再像以前一样去博物馆看展览或是表演了。

文化机构怎样才能重建与公众的联系，怎样才能在现代生活中体现自身的价值？在我看来，要做到这一点，它们必须让观众成为主动的参与者而不是被动的消费者。随着越来越多的人已经习惯和正在习惯参与式学习与娱乐体验，他们已不再满足于"围观"文化活动或是迈进文化机构的大门。社交网站（social web）给我们提供了眼花缭乱的工具和设计模式，使参与（participation）变得前所未有的容易。观众期望能接触到多方面的信息源和文化视角；期望能有一种回应的能力，并且自己的

---

〔1〕　下载《2008 年美国国家艺术基金会公众艺术参与度调查报告》（2008 NEA Survey of Public Participation in the Arts，PDF 格式），请登陆 http://www.participatorymuseum. org/refp-1/

回应能够受到重视；期望能讨论、分享并重塑自己消费的内容。如果人们能积极参与到文化机构当中，这些机构就自然成为文化生活和社区生活的中心。

本书便是专为文化机构如何在提升自身目标的同时邀请观众参与来提供一些窍门。社区参与（community engagement）虽说不是个新鲜词，但与社交网络提供的越来越多的参与机会密切相关。有关观众参与到文化机构中来的讨论早在一百多年前就开始了，本书便是以下面三大基本理论作后盾：

1. 文化机构与购物广场、火车站一样，都是**以观众（顾客）为中心**（谨向提出此观点的约翰·卡顿·达纳、伊莱恩·休曼·古里安和史蒂芬·威尔[1]致谢）。

2. 观众从文化体验中**建构自己的理解及意义**（谨向提出此观点的乔治·海因，约翰·福克和林·狄尔金[2]致谢）。

3. **体验者的感受和反馈能够影响并改善**设计和公众项目（谨向提出此观点的凯瑟琳·麦克林、温迪·波洛克和IDEO设计公司[3]致谢）。

---

〔1〕　约翰·卡顿·达纳（John Cotton Dana, 1856—1929），美国图书馆学家，一生致力于将图书馆资源普及给各个阶层的民众，提倡公共图书馆概念，并曾言："一家交通便利又全天开放的百货大楼，完胜现在所有的博物馆，好的艺术博物馆就应该是那个样子。"伊莱恩·休曼·古里安（Elaine Heumann Gurian），美国当代女博物馆学家，曾任波士顿儿童博物馆展览中心主任、美国大屠杀纪念博物馆副馆长、美国博协副主席等。史蒂芬·威尔（Stephen Weil, 1928—2005），美国博物馆学家，长期担任赫希洪博物馆和雕塑园馆长，提出"博物馆的最高目标就是要提升民众的生活品质"——译者注。

〔2〕　乔治·海因（George Hein），英国当代博物馆教育学家，在其名作《学在博物馆》中，首倡建构主义教育与博物馆相结合，对杜威的教育理念尤为欣赏和提倡。约翰·福克（John Falk），美国当代教育学家、俄勒冈州立大学终身STEM学习研究中心（Center for Research on Lifelong STEM Learning）创始人，与其同事林·狄尔金（Lynn Dierking）合著的《博物馆体验》是有关博物馆观众体验的集大成之作——译者注。

〔3〕　凯瑟琳·麦克林（Kathleen McLean），美国女博物馆学家、策展人、独立展览公司（Independent Exhibitions）创始人，著有博物馆学名作《如何为民众规划博物馆的展览》。温迪·波洛克（Wendy Pollock），美国女博物馆学家，曾任《博物馆教育》（*Journal of Museum Education*）主编、科学技术中心协会主席等。IDEO，国际知名设计公司，总部设在美国加州帕罗奥多，曾设计出全世界第一台笔记本电脑，以专注于用户体验与需求，并进行换位思考闻名，其设计理念影响了无数中外商业人士——译者注。

我写这本书不是为了炒冷饭，而是提供一些具体的技巧和案例让现代文化机构有本可循。这并不需要美轮美奂的影院或是好莱坞大片式的超级大展（blockbuster exhibits），只要文化机构能够真正尊重并时刻关注观众的体验、故事和能力。

我将参与式文化机构（participatory cultural institution）定义为一个观众能够围绕其内容进行创作、分享并与他人交流的场所。**创作**（create）是指观众将自己的想法、物品和富有创意的表达贡献给馆方并传递给他人。**分享**（share）是指人们在参观过程中讨论、重新建构自己的所见所闻，并在回家之后仍有所收获。**交流**（connect）是指观众能与工作人员以及其他观众进行社交，分享自己的兴趣和体悟。**围绕其内容**（around content）是指观众的交流内容和创意表达都要针对馆方自身的物证与理念。

参与式技巧（participatory techniques）的目的就是既能满足观众对积极参与的需求，又能传播馆方的使命，推广其核心理念。与以往的文化机构不分彼此给所有观众灌输相同内容有所不同，参与式文化机构与观众携手收藏和分享多样的、有个性的、不断更新的内容，邀请观众对展览中的手工艺品、科技装置和历史文献做出回应与补充，让他们表达来自专家之外的意见和创意。人们把文化机构作为一个探讨其展示内容的交流平台。这样的文化机构不再是为了"某人""某事""某物"而建，而是为了"观众"而建。

为什么文化机构要邀请观众参与呢？参与和所有其他设计技巧一样都有利有弊。所以，我只是把参与式技巧作为提升传统文化机构品质的实用方法，并不是要取代它们。

下面是观众对传统文化机构五个最常见的不满，而参与式技巧就是要解决这些问题。

1.文化机构与我的生活不相干。文化机构通过积极征集与回应观众的想法、故事和创意，让他们每个人都投入到文化机构的内容和良好运营上来。

2.**文化机构的内容一成不变,我来过一次就没理由来第二次了。**文化机构可以将自身打造成一个观众能够分享创意、与其他人进行实时交流的平台,这样文化机构就能推陈出新,提供多姿多彩的体验,同时还可以减少当下独自策划内容所需的庞大开支。

3.**文化机构自恃为权威机构,对观众的意见充耳不闻,而且常常背景信息给得不全,以致观众看不懂展示的内容。**文化机构通过接纳各种声音,展出各种故事,让观众在多元视角的背景下享有充分的自主选择权并建构自己的理解。

4.**文化机构没创意,而且我还不能把我的创意贡献给历史、科学和艺术。**文化机构可以邀请那些不喜欢光看不做的观众参与进来。

5.**文化机构不是一个舒适的社交场所,我不能和朋友或陌生人畅所欲言地交流各自的想法。**文化机构可以精心设计一些供观众对话的机会,将自身打造成为一个人人都对展示内容相关的重大议题有话可说的现实平台。

这五大挑战有的是针对单个教育项目,有的则是谈整个观众体验。但无论如何,它们都是要推行参与的原因所在。而终极挑战,也是本书的主旨,就是怎么去解决它们。将参与式技巧和文化机构的核心理念相结合,就能使文化机构在你的社区中的关联度和重要性得到前所未有的提升。

————

本书主要分为两个部分。第一部分是**参与的设计**,介绍了参与式文化机构的核心原则,并从展览、教育项目和观众服务三个层面提高文化机构的参与程度。第二部分是**参与的实践**,展示了参与式项目(participatory projects)的四种模式,并就这些项目的开发、评量、管理和可持续发展以及提升文化机构的使命给出了一些具体建议。

我还为本书创建了一个配套的官方网站:**www. participatorymuseum. org**。本书的所有文本,包括所有注释的链接以及无法在纸质书上展示的音视频内容均已发布在该网站上。你还可以在上面发表评论,添加新的案例分析。不仅是那些在线阅读本书的读者会因此受益，而且如果本书将来出修订版，很可能就会采纳你贡献的内容。

　　我撰写这本书本身就是一个参与式过程，很多人贡献出了自己的观点和职业经历。而且，有关观众参与的讨论并未结束。希望你能在 www. participatorymuseum. org 上分享你的想法，提出你的问题，这样我们就能创建一个探讨参与在文化机构中的实践性的社区。

第 1 章

参与的原则

2004 年的某日，我和家人参观了芝加哥的一个博物馆。在展厅的最后有个评论装置（comment station），观众可以用它来录制视频，表达对展览的看法。我扫了一眼之前观众录的视频，也太随心所欲了吧，简直是乱搞。这些视频大致可分为如下两类：

1. 眼睛盯着摄像头，嘴里嘟囔着听不懂的玩意儿。
2. 一群小年轻饱含热情地"宣泄自我"，不是跑就是叫。

这跟我设想的参与式博物馆体验相去甚远。不过，我觉得错不在参与者，而在设计者。

那么文化机构该如何运用参与式技巧，在聆听观众声音的同时，让每个人都不虚此行呢？问题不在于设计的动机，而在于设计本身。无论既定目标是为了增进交流、培养创造力，还是为了共享型学习（shared learning）、团结协作，设计师首先要解决一个很简单的问题：用什么样的方法或技巧才能达到预期的效果？

这个问题的版本五花八门，设计师已经就各式各样的观众体验和文化机构的既定目标回答了无数次。专家们知道根据不同的观众来撰写不同的说明文字，他们还知道什么样的互动能够带动肢体，什么样的互动又能激活大脑。尽管他们不全对，但他们一直以这样的期许作为指导：设计决策能帮助他们双双实现内容上和体验上的目标。

这种设计理念同样适用于观众围绕一定内容进行创作、分享，并与他人交流的参与式体验。传统设计技巧与参与式设计技巧的最大不同在于信息是如何在文化机构和体验者之间流动的。在传统的展览和项目中，文化机构单方面给观众提供内容来消费，设计师往往把内容做得很连贯，而且质量很高。所以，无论观众的知识背景如何、兴趣爱好如何，都能收获一份不错的体验。

相比之下，在参与式项目中，文化机构采用的是一种多向传播法。文化机构担当"平台"的角色，这一平台将内容的创作者、传播者、消费者、评论者和收集者互相关联。这意味着文化机构虽然无法保证观众体验的连贯性，却给了不同类型的观众共同创造体验的机会。

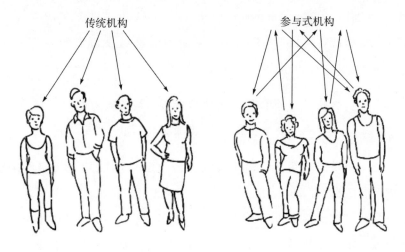

听上去有点乱，但还有点小激动，关键就在于要把这种乱控制在一定范围内。要想顺利构建一个参与式模式，就得找到参与式平台的设计方法，所以把这些由非专业人士创造和分享的内容摆出来就更具吸引力。这是一个根本性的转变：除了提供连贯的内容，文化机构还要给观众分享他们创作内容的机会。

支持参与就是要相信观众有能力创造、整合和传播内容。这也意味着馆方既相信参与式项目可以提高自身的期许，又能容忍剑走偏锋。参与式项目让工作人员、观众、社区参与者与利益相关者[1]之间的关系更加易变,但也更加公平。这种项目为不同的人表达自己的想法,以及参与文化机构的具体事务开辟了一条崭新的道路。

让参与变得形象化、可操作

很多文化机构喜欢闭门造车,一直以来文化机构出台的新项目都是采用焦点小组法[2]。一些博物馆在布展时就跟某一社区的成员合作,如给某些少数民族做特展,或是陈列一些业余艺术爱好者的作品。但这种参与式设计过程过于局限,而且时间短,辐射面也窄。

2005 年前后兴起的社交网络技术解放了参与的桎梏,使之不受时间、地点、人物的限制。我们因此步入了麻省理工学院研究员亨利·詹金斯(Henry Jenkins)所说的"融合文化"[3]时代——不仅是艺术家和学者,普通人也可以对文化产品畅所欲言,甚至是根据自己的意愿来创作自己的作品。[4]然而,有的文化机构却像某些吝啬的录音棚和录影棚,

〔1〕　利益相关者(stakeholders)是管理学和经济伦理学上的术语,1963 年由美国斯坦福大学斯坦福研究所首次提出,迄今已有三十余种定义。利益相关者理论(stakeholder theory)的创立者、美国管理学家爱德华·弗里曼(R. Edward Freeman,1951—　)在其 1984 年出版的经典著作《战略管理:利益相关者方法》(*Strategic Management:A Stakeholder Approach*)中将其定义为"任何一个影响企业目标的完成或受其影响的团体或个人",这包括了所有者(利益相关者)、外部利益相关者(消费者、供应商、政府、社区、社会组织等)以及内部利益相关者(雇员、管理者等)三个层面。利益相关者理论与传统的"利益相关者至上"逻辑相对立,旨在提醒企业经营者企业的效益和风险是由各个层面的利益相关者一起贡献和承担的,因此企业的生存与可持续发展需要兼顾各方利益,处理好各方关系的战略管理——译者注。

〔2〕　焦点小组法(focus groups)是质性研究中的一种方法,一般是几个通过预先甄选的参与者在主持人的引导下就特定的主题或问题进行讨论,目的在于了解和理解人们对于某一主题的看法以及影响这种看法的原因,该方法由美国社会学家默顿(Robert K. Merton,1910—2003)发明,被广泛应用于社会学、传播学、市场营销、心理学以及人类学等各个领域——译者注。

〔3〕　《融合文化》(*Convergence Culture*)一书已有中文译本,杜永明译,商务印书馆 2012 年出版——译者注。

〔4〕　了解更多关于融合文化以及詹金斯的同名专著的信息,请登陆 http://www. participatorymuseum. org/ref1-1/

把自己的文化内容束之高阁，以致外人无法利用。然而，随着时间的流逝，越来越多的文化内容提供者将自己的材料解禁，邀请别人一同创作、分享和交流。尤其是文化机构有为公众的利益将其收藏物尽其用的义务，所以当务之急便是将藏品数字化，并提高藏品的开放度。

然而，让观众通过网络进行参与也只是万里长征第一步。博物馆、图书馆、艺术中心[1]等文化机构还有很多有别于虚拟网络的实体方法。这些机构有着网络公司无法比拟的优势：真实的场馆、实物，以及经验丰富的设计师。结合专业的设计技巧与社交网络在参与上的优势，文化机构将成为我们城市、社区、街道全民参与场所的枢纽。

馆方工作人员在管理参与式项目时要确保观众始终有兴趣参与下去。传统的参与方式，如设立社区顾问委员会[2]、焦点小组法虽然也很重要，但它们都有设计上的局限。如果设计师能够将参与的机会释放给任何有兴趣的观众，那么参与将力量无穷。这意味着每一位观众都能名正言顺地对馆方有所贡献，都能与他人一同交流、分享，并且在这过程中感受到馆方对自己的尊重。

但这也引发了一个问题：难道每个人都想以这种方式参与到文化机构中来吗？答案是否定的。正如有些观众从来就不会碰互动设备，也从来就不看说明文字一样，而且还有相当一部分人不愿意跟陌生人交流自己的故事或是欣赏由其他观众创作的内容（visitor-generated content）。总有一些观众喜欢看那种静态展览，获取馆方发布的权威知识；但也总有一些观众喜欢玩互动设备，测试自己的知识水平。不过，将来会有越来越多的观众——或许可以称其为"新型观众"——加入到对现有知识的讨论中来。

---

[1]　艺术中心（arts center）在西方国家是一种兼具画廊、戏剧表演、音乐演出、艺术培训等的社区综合文艺机构，类似于中国的地方文化馆——译者注。

[2]　社区顾问委员会（community advisory board，简称 CAB），是西方社会的一种顾问委员会制度，一般由某一社区与某一机构的代表组成，旨在为该机构的研究提供建议与数据支持，同时也是地方民众参与公共事务的重要途径之一——译者注。

很多博物馆专家表示，一些观众对参与式体验这种玩意儿很反感。事实确实如此，不过又不全是如此。很多人沉迷于社交媒体（social media），也乐于在这些参与式平台上交友。人们之所以喜欢社交和娱乐而反感博物馆，是因为博物馆给人的印象通常是小众的、静止的、不需要参与的场所。正如一些博物馆引进互动设备来吸引青少年观众从而达到教育目的一样，参与式因素同样可以吸引那些喜欢社交和娱乐的人们。

伊莱恩·休曼·古里安 1992 年曾写过一篇题为《"和"的重要性》（The Importance of "And"）的文章，她指出博物馆在实际工作中应该考虑各种不同的甚至是相互矛盾的既定目标，包括学术研究、教育、文物保护等。她认为我们常常思维僵化，只觉得不同的既定目标是矛盾的，而不是互补的，而且"综合性机构往往要勇于承认其使命不止一个"。[1]尽管新的目标加入确实会导致某些决策在政策上和资源上的倾斜，但也没必要向不同的观众许下不同的承诺。

参与式技巧就是专家工具箱中的另一种黏"和"剂。这些技巧能够将文化机构的愿景引向相关的、多元的、动态的、能引起共鸣的社区环境中。再拿展览中的互动装置为例，互动装置是对传统说教式展览的一个有力补充。如果互动装置运用得炉火纯青，就能将其独有的双向性特点发挥得淋漓尽致。在儿童博物馆（children's museums）和科学博物馆（science museums），互动装置是挑大梁；而在艺术博物馆（art museums）和历史博物馆（history museums），互动装置却是跑龙套。引进互动装置并不是要完全取代现有展览，相反，在大多数文化机构里，互动装置也只是众多诠释手段之一。

我相信在今后这 20 年里，大多数博物馆会给观众带来参与式体验，也会有一些纯参与式文化机构的出现，它们的文化氛围和社区印象也会

---

〔1〕　Elaine Heumann Gurian. *Civilizing the Museum*. London：Routledge，2006：14-18.

因此面貌一新。[1] 不过，在大多数情况下，参与也只是众多设计技巧中的一种，旨在提升文化机构的公共形象。要想把参与做好，就得改变文化机构对权威和观众的角色定位，不过这种改变也如某一组织的承诺那样有大有小。

让参与发挥最大效用

不管参与式元素在你的机构扮演了什么样的角色，它们必须设计得好，而且实用。像本章开篇提到的视频评论设备那样糟糕的设计，就对提升观众的体验感毫无用处。

好的参与式项目能给文化机构、参与者甚至是没有参与进来的观众创造新的价值。当你有了想要创造新的价值的欲望，你就会创造出有变化的、有新意的而非无聊老套的产品。荷兰的东哈勒姆图书馆（Bibliotheek Haarlem Oost）就是个例子。这家图书馆想让读者给自己读过的书贴上标签[2]。读者可以对自己看过的书用一些词语做简单描述，比如"非常适合孩子""无聊""有趣"等，这样读者不仅可以将信息反馈给图书馆的分类系统，还能给后来读者借书提供一些建议。由此可见，这种贴标签的参与式行动对图书馆和读者双方都有好处。

然而，问题在于怎么设计贴标签的具体方法。最明显的做法就是让读者在图书馆在线检索系统中录入标签。只要联网，在家和在图书馆都能做到。但是图书馆的建筑设计师让·大卫·汉拉斯（Jan David Hanrath）称很少有读者会这么做。所以汉拉斯的团队用了一个很聪明的办法：设置更多的还书点。

这家图书馆在每个还书点都添设了一组已经写好了的标签，而且还

---

〔1〕 陆荣昌亚裔博物馆就是一个较为彻底的案例，参见本书第 272—276 页。

〔2〕 "贴标签"（tags）是一种在线收藏行为（常见于购物网站、图书馆网站的收藏夹或博客等——译者注），指的是对某件物品提炼出一些关键词（即"标签"）进行描述。

在借阅室专门放置了带标签的书架。读者还书时,就可以根据自己的描述把书放在相应标签的还书点或是书架上。这些标签与图书馆在线检索系统中的标签是同步的,所以无论是来图书馆的读者还是网上的读者都能看到实时更新的信息。

没人会把还书这件事叫作"贴标签",这当然很好。东哈勒姆图书馆的参与式项目简单易行,能让以后的读者更为便捷地借到好书。整个项目在实施过程中也没有遇到大的障碍或是要投入大量的经费。这个项目十分奏效,因为它的设计巧妙,它是"贴标签"这个核心点子的简单升华。而这就是我所说的好的设计。

分类是参与的一种可控化形式,但它却并未减弱参与应有的作用。一次,我向明尼苏达历史中心[1]主任丹尼尔·斯博克(Daniel Spock)谈到东哈勒姆图书馆的例子,他受到启发,在 MHC 也借鉴了这种贴标签模式。来 MHC 的观众在买完门票后都要别上一个纽扣,不过观众经常在出门后就把纽扣随手扔掉了。斯博克的团队就设计了一个非常简单的投票模式,他们在出口设置了一组长筒,每个长筒代表 MHC 一个对应的展览,观众在参观完后可以将纽扣投入到自己喜欢的展览的长筒内。这种简单易行的参与式活动能让观众分享自己的想法,并反馈给工作人员,而且还没浪费纽扣。这就是我所说的创造价值。

设在明尼苏达历史中心出口的展览投票筒,它是东哈勒姆图书馆还书点的翻版。

---

[1] 明尼苏达历史中心(Minnesota History Center,简称 MHC),位于美国明尼苏达州圣保罗市,是明尼苏达历史学会(Minnesota Historical Society)的总部,兼具博物馆和图书馆职能,拥有超过 100 万件藏品,同时承办各种音乐会、舞蹈演出、讲座、会议、政治竞选活动、纪念集会、接待、晚宴、婚丧礼等——译者注。

参与是个什么样子?

把纽扣丢进长筒里听起来不像是个正经的参与式项目。许多专家只青睐于用户生成内容(user-generated content)这一种模式。然而,用户生成内容也只是参与的冰山一角,其他诸如消费模式、评论模式、组织模式、混合模式、转发模式也很重要。2008 年,随着《公众风潮:互联网海啸》(*Groundswell:Winning in a World Transformed by Social Technologies*)[1] 一书的出版,弗雷斯特研究公司(Forrester Research)提出了一种名为"社会化媒体营销"(social technographics)的战略来帮助企业了解用户使用社交媒体的不同方法。他们把参与的网民依其行为分成了六组:

> 1.创造者(creators)——占 24%,即创建内容的人,比如上传视频或者写博客;
>
> 2.评论者(critics)——占 37%,即对社交网站的内容发表评论、点赞的人;
>
> 3.搜集者(collectors)——占 21%,即为自己或者别人组织、搜集内容的人;
>
> 4.参与者(joiners)——占 51%,即在 Facebook、LinkedIn 等社交网站更新状态的人;
>
> 5.观看者(spectators)——占 73%,即浏览博客、观看 YouTube 上的视频、上社交网站的人;

----

[1] 该书于 2008 年初版,2011 年再版时更新了初版的所有数据,并新增了两章,专门论述 Twitter 的策略和企业社交走向成熟的阶段,而且在网民分类基础上添加了一个"交谈者"(conversationalists),指在 Facebook 和 Twitter 等社交网站上频繁地更新状态和你来我往地回复的网民。该书目前在中国有 3 个中文译本:(1)《网客圣经:成功掳获人心的社区媒体行销》,周宜芳译,台北:天下远见出版股份有限公司 2009 年版;(2)《公众风潮:互联网海啸》,陈宋、卓涵译,北京:机械工业出版社 2010 年版;(3)《公众风潮:如何在社交网络改变的世界中制胜》,郭武文译,北京:机械工业出版社 2013 年版,对应原书 2011 年版再版——译者注。

6. 非活跃用户 (inactives) ——占 18%，即从来不上社交网站的人。[1]

这六组用户的比重加起来超过了 100%，因为这个分类本身就存在流动性，有些人可以同时属于两组或两组以上。我就属于第一到第五组。我写博客的时候是创造者，我在别人的网站发表评论的时候是评论者，我把喜欢的内容放进收藏夹的时候又是搜集者，我同时又是许多社交网站的参与者，我消费社交媒体上的内容时又是个观看者。每组的比重也并非一成不变，而且因用户的国籍、性别、年龄而异，不过有一点不变的就是：创造者的比重始终很小。比起拍一部电影、写一篇博客或是上传照片，你平时上社交网站、在 YouTube[2] 上看视频、在购物网站把喜欢的东西放进收藏夹或是写书评的时候明显更多。

社交网站中创造者的比重可以达到 24%，但在参与式站点却低得惊人。在 YouTube 上只有 0.16% 的用户会上传视频，在 Flickr[3] 上只有 0.2% 的用户会上传照片。[4] 雅各布·尼尔森 (Jakob Nielsen) 在 2006 年发表了一篇具有里程碑意义的论文，文章围绕参与程度不平等 (participation inequality)，提出了"90-9-1"原则："在绝大多数网络社区中，90% 的用户在潜水，9% 的用户稍微活跃一点，只有 1% 的用户创造了整个社区的内容。"[5]

参与程度的不平等不仅仅体现在网络上，即便是在文化机构里，最

---

[1] 该数据是 2009 年针对全美 18 岁以上的成年人调查所得。浏览不同国家、不同性别和不同年龄的最新数据，请登陆 http://www.participatorymuseum.org/ref1-5/

[2] YouTube 是目前世界上最大的视频分享网站，2005 年由美籍华裔陈士骏等人创立，公司总部在加州圣布鲁诺，2006 年被谷歌公司收购，国内也有类似的网站，如土豆网、优酷网等——译者注。

[3] Flickr 是国外知名的图片存储与分享网站，2004 年由加拿大 Ludicorp 公司发布，2005 年被雅虎公司收购，国内也有类似的网站，如 poco、网易相册等——译者注。

[4] 该数据来源于 90-9-1 网站的"Principle in Action"页面，请登陆 http://www.participatorymuseum.org/ref1-6/

[5] 浏览雅克布·尼尔森 2006 年 10 月所写的文章《参与的不均衡：鼓励更多用户贡献》("Participation Inequality: Encouraging More Users to Contribute")，请登陆 http://www.participatorymuseum.org/ref1-7/

受欢迎的参与式项目也很难吸引观众来画一幅画、写点评论或是对展览贡献点什么。让人惊讶的不是现实世界存在着参与程度的不平等，在网络上居然也是如此。一些人认为网络的便利性能让人人都成为记者、音乐家或是维基百科词条撰写人。然而事情并没有想象的那么容易。有的人会去创造内容，但更多的人还是乐于当个评论者、搜集者或是观看者。问题不仅仅在于要有上手简单的工具，因为不管操作有多么简单，有些人就是不愿意上传内容到网上。不过，还好还有其他参与方式适合他们。

鼓励开展各种参与形式

有些博物馆专家坚决抵制参与式项目，他们常说："我们可不愿意搞得跟 YouTube 一样。"虽然我也赞同博物馆不该像 YouTube 一样展示一些逗猫遛狗的视频[1]，不过 YouTube 确实为各种社交媒体参与者提供了一个精致的服务平台。

乍看之下，YouTube 好像只有两类用户：创造者（制作视频和上传视频的人）和观看者（观看视频的人）。YouTube 的口号是"每个人都是生活的导演"（Broadcast Yourself），这是针对创造者说的。即便只有 0.16％ 的用户会上传视频，YouTube 的设计者还是很清楚正是这些人创造了内容，而且所有用户的体验都来源于此。这就是为什么尽管绝大部分的用户都只是观看者，但 YouTube 的口号却不是"来看逗猫遛狗的视频吧。"

进一步观察 YouTube 的主页就可以发现其他形式的参与也进展得很好。YouTube 把宝押在了其他类型的用户上，而不是在创造者上。你可以在 YouTube 上注册一个账号，收藏你喜欢的视频。你还可以给

---

[1] YouTube 虽然和中国的土豆网、优酷网等都属于视频分享网站，但中美网民的使用习惯有很大不同：美国人经常将自家的宠物或是家庭搞笑事情拍成视频上传到 YouTube 上，时长都很短；而土豆网、优酷网上的视频大多为专业制作，内容较长，甚至视频网站自己制作节目上传，更像是网络版电视台——译者注。

视频打分、评论、连载。网友的打分和评价会显示在主页上，这说明网友的意见与视频制作者和上传者同样重要。而且，YouTube 还在每个视频的下方显示该视频的播放次数。这样，作为观看者的你就能影响到视频在 YouTube 的排名。虽然只是做个观看者，但你仍然是个很重要的参与者。

　　YouTube 的服务吸引了各种用户，但是设计者却花大力气把观看者转变成参与者、搜集者、评论者，而不是创造者。为什么不干脆把参与贯彻到底而如此"折中"呢？首先，这种设计遇到的阻力相对小很多，给视频打分比制作一个视频要简单得多，所以这种转变也更为顺利。然而最最重要的原因却在于 YouTube 这个平台的价值有赖于评论者、搜集者和参与者而不是创造者的活跃人数。YouTube 并不需要 10% 的用户来制作和上传视频，甚至连 2% 都不要。如果 YouTube 充斥着数以百万计的劣质视频，观看者的体验感便极为糟糕。如果不加节制，视频内容会像滚雪球一样越来越多。反之，对内容的诠释、评价和讨论越多，接触到有价值的视频和评论的人便越多。

　　尽管参与的形式和受欢迎程度不一而足，许多文化机构还是把目光放在了创造者上。我把弗雷斯特研究公司的数据告诉给同事，他们答道："话虽如此，不过我们真的想让观众分享自己与生物多样性的故事"，或是"我们觉得观众能就司法公正这个话题制作出很棒的视频"。许多专家奉开放式自我表达（open-ended self-expression）为参与式体验的圭臬，认为让观众选出最喜欢的展品、评价一下说明文字的含金量不如让观众生成内容的高。

　　这种观点是有问题的，原因有两点。首先，光靠展品来吸引观众进行自我展现只能吸引到很少的观众。在绝大部分社交网站，只有不到 1% 的用户会提供原创内容。所以，你会为了这 1% 的观众来专门订制一个互动设备吗？也许你会这么做，不过前提是还有其他选择可以满足更大范围的观众。我在博物馆看到一个视频采集亭（video talkback kiosk）时，从没想过要进去录视频。我不想在这种环境下当创造者，所

　　　　尽管 YouTube 的导航栏会推荐用户上传视频，不过 YouTube 主页的绝大
部分版面都是用来看视频和评论视频。YouTube 在主页的醒目位置展示了
"特色视频"（featured videos）以供观看，而不是展示分享视频的工具。

以我的唯一选择就是当个观看者。不过我喜欢给展览中的视频打分（评
论者），或是给它们分类（搜集者）。这些潜在的参与式体验能够帮助我
区分和比较各种类别的事物，并且表达自己的看法。然而，不幸的是，这

些丰富多彩的体验在很多博物馆压根就不存在。仅仅是让创造内容变得简单而不给内容进行分类、打分的机会,许多文化机构最终都自掘坟墓:全是一团糟的低劣内容。

　　第二个原因在于开放式自我展现要求观众具有高度的自主创造力。很多现代教育理论都强调"支架式教学"(instructional scaffolding),它要求教学者或是教学资源能够给学习者提供适当、充分的资源、任务与指导(即"支架")来帮助他们培养自信心和解决问题的能力。[1] 当涉及参与式活动时,很多教育者觉得应该把支架统统拆除,让参与者随心所欲地掌控自己的体验。这样确实能营造出一种开放式氛围,不过会让某些潜在参与者望而却步。在开放式项目中,参与者必须绞尽脑汁说点什么或是做点什么,并且说出来和做出来的东西要能满足自己的预期目标。换句话说,这种完美主义的要求对一个只想在博物馆里闲逛的观众而言太苛刻了。假设我在大街上遇到你,要你在三分钟之内录一段你对司法公正有什么看法的视频,你会怎么想? 你会觉得这是一件很有趣、很轻松的事情吗?

　　好的参与式体验并不是开放到毫无限制。它是让人享受的体验。很多方法都可以既避免预设结局又能让体验非常舒适。比如,在观众留言板(comment board)设置一些展品的选票,让观众选出最喜欢的展品,并让观众解释一下为什么要选它。这样就比光放一些空白卡片,写上"嘿,你怎么看?"要好得多。有一个好的支架作为起点,不论是作为何种角色——创造者、评论者、搜集者也好,参与者、观看者也罢——都能帮助观众充满信心地参与进来。

---

[1] 了解更多有关支架式教学的基本信息,请参阅维果茨基(Lev Vygotsky)的相关著作。了解在博物馆方面的讨论,请参阅乔治·海因 1998 年所著的《学在博物馆》(*Learning in the Museum*,北京燕山出版社 2010 年已有中文译本出版——译者注)。

谁来参与?

参与式项目不仅仅是观众的事。每个参与式项目都有三大利益相关者:馆方、参与者和大众。大众既可指文化机构的观众,也包括其他与参与式项目有利益瓜葛的人,比如参与者的邻居或是朋友。要想把一个项目搞成功,工作人员就要兼顾每个群体的利益。

站在馆方的角度看,参与式项目的价值就在于它能够达成自身的使命。文化机构搞参与式项目可不是因为它们好玩,而是因为它们能帮自己实现既定目标。

说起来容易做起来难。很多专家都倾向于给观众提供体验而不去想想怎么让观众给文化机构做贡献。每次我给展览设计参与式元素时,都会反复问自己:我们如何利用它? 什么是观众能提供而工作人员提供不了的? 怎么让观众做些对文化机构有意义的事情? 如果工作人员能够明白无误地回答出这些问题,参与就能给文化机构和参与者带来意想不到的结果。

【案例分析】

塔泊湖野生动物中心的气候会议

纽约州塔泊湖[1]的野生动物中心(Wild Center)就把参与和自己的使命结合得很好。这个野生动物中心其实是一家规模较小的自然史博物馆(natural history museum),来访的观众也都是季节性游客,不过它的使命却相当霸气:"点燃阿迪朗达克山区[2]的激情之火,为世界人民

---

[1] 塔泊湖(Tupper Lake)既是美国纽约州富兰克林郡的一湖名,又可指其临近的一镇名、村名——译者注。

[2] 阿迪朗达克山区(Adirondacks)是美国纽约州东北部的一处山地,野生动物中心即在其区内——译者注。

树立一个人与自然和谐相处的典范。"该中心的执行主任史蒂芬妮·拉克里芙(Stephanie Ratcliffe)认为,点燃激情和树立典范离不开社区的参与,所以她和她的团队选择了气候变化这个当下与人们密切相关的热点话题。工作人员觉得当地人对气候变化不怎么关注,而这个话题无论从商业角度还是环境角度来讲都是个热门话题,所以他们决定把中心打造成为讨论气候变化问题的平台。

2008 年,该中心邀请了一批建筑学家、政府官员和科学家出席一系列的气候会议。这些会议帮助当地居民更好地了解气候变化对阿迪朗达克山区造成的危害。召开这些会议也是暗含了要采取积极措施应对气候问题,从而强化城镇功能、提高经济效益的意思。

当地居民对此给予了热情回应。在参加完一个主题为"建设一个绿意盎然的阿迪朗达克"的会议后,约翰·华伦(John Warren)在自己的博客中写道:

> 两年前,我还哀叹于我们这没有一个政府领导考虑到了全球气候变化对阿迪达朗克山区(还有山区以滑雪为支撑的旅游业)的影响,不过谢天谢地,现在总算有了改观。野生动物中心在告知社区成员全球变暖所造成的潜在影响(比如对两栖动物的影响),以及告诉地方政府如何才能减轻这些影响、组织科学会议来讨论和评估阿迪朗达克山区的气候变化进程等方面起着带头作用。[1]

> 气候会议现在已经成为野生动物中心履行其使命的重要战略。[2] 该中心已经为政府的决策者们举办了一系列的国家

---

[1] 浏览约翰·华伦 2008 年 10 月所写的博客《野生动物中心:阿迪朗达克山区气候变化的领导者》("Wild Center:Local Leader on Adirondack Climate Change"),请登陆 http://www.participatorymuseum.org/ref1-8/

[2] 浏览野生动物中心举办的第一届气候会议的所有相关内容,请登陆 http://www.participatorymuseum.org/ref1-9/

级和地区级的会议，并且在网上发布了这些会议的报告和视频。2009 年，野生动物中心举办了一年一度的阿迪朗达克青年气候峰会（Adirondack Youth Climate Summit），吸引了大中院校的师生探讨对气候变化的研究及应对措施。该中心还是当地政府实施的阿迪朗达克气候和能源行动计划（Adirondack Climate and Energy Action Plan）最重要的合作伙伴。

气候问题让野生动物中心成为全国的焦点，同样也是地方社区的重要资源。阿迪朗达克山区居民战略性的加入让这个本来又小又没经验的文化机构成功地为自己代言。

2009 年 9 月，200 多名师生齐聚野生动物中心参加阿迪朗达克青年气候峰会。每个学校代表队都提出了减少二氧化碳排放量的切实可行的方法和步骤。

观众参与的成果

一般而言，参与的成果因文化机构的目标而异。这些成果包括：吸引到新的观众，搜集保存观众贡献的内容，给观众带来教育体验，推出吸引眼球的营销活动，举办与当地密切相关的展览，成为地方民众交流的广场。

你心里应该十分清楚一个参与式项目能给你的机构带来什么样的好处，以及对机构履行使命是否有价值。这个博物馆可能觉得接受观众捐赠的蜗牛壳对自己很有价值，另一个博物馆可能觉得给观众提供一个讨论种族主义的论坛更有价值。还有值得注意的一点是，有些参与可能是没用的。蜗牛壳可能对这个博物馆来说是个宝，而对另外一个博物馆而言可能就是烫手山芋。

不幸的是，许多专家对参与毫无激情、毫无斗志，认为其价值跟馆长和利益相关者无关，**只要观众喜欢就行**。这种想法是不对的，它的眼光局限于参与式项目琐碎的操作层面。仅仅把参与视为一个"好玩的活动"对专家和观众而言都是有害的。

在墙上画画或是组装一个巨大的分子模型确实很好玩，但这些活动同样提高了参与者的学习技能，其成果对别人有所帮助，又促进了人际关系的融合。如果你对文化机构的使命和目标多加思考，你就会明白设计出一个项目不仅仅是为了取悦观众。宾夕法尼亚州立大学（Pennsylvania State University）休闲学教授杰弗・戈德比（Geoff Godbey）在《华尔街日报》（*The Wall Street Journal*）撰文道："最理想的状态是，休闲能将一件事情最重要的几个方面：挑战、技能和重要的人际关系整合在一起。"[1]参与式项目就能很好地达到这种状态，并且给观众提供传统文化机构体验所不能及的价值和内涵。

如果观众感觉工作人员好像超市导购员一样对自己推销这推销那地唠叨不停，或是觉得他们为了一点琐事在浪费自己的时间，那么参与式项目便宣告失败。参与式项目绝不应该是互动与对话的"垃圾场"。即便遇上要求观众"做某事"的情况，做的事情也要对文化机构有用才行。在参与式项目中，工作人员可以比观众做得更快更顺，不过观众做

---

[1]　浏览杰瑞德・桑德伯格（Jared Sandberg）2006 年 7 月在《华尔街日报》刊登的关于主动式休闲（active leisure）的文章，请登陆 http://www.participatorymuseum.org/ref1-11/

的活儿最终也要对文化机构有价值才行[1]。如果博物馆丝毫不在意观众参与的成果，那还要观众参与干吗？

满足参与者的需求

《人人时代》（*Here Comes Everybody*）[2]一书的作者网络工程师克莱·舍基(Clay Shirky)说，一个理想的参与式模型有 3 个必要的组成部分："可信的承诺、适合于该任务的工具和易于接受的协议。"[3]所以，文化机构要在观众参与前向其**承诺**(promise)会有一段精彩的体验，向观众提供简便可行的**工具**(tools)进行参与，与观众就知识产权、方案结果和观众反馈等达成**协议**(bargain)，不过这些都要以满足观众的需求为最终目的。即便你的承诺、工具和协议会随着项目的进展发生改变，你在任何时候都应该将你所提供的内容和预期的内容公布清楚。这样就能体现你对观众的时间和能力的尊重。

把"参与者"这个词替换成"志愿者"是争取文化机构铁杆粉丝的一条终南捷径。志愿者和会员是自发的，他们自愿将自己的时间和资源贡献给馆方。不过，工作人员往往很难找到令人满意又比较实际的活儿给志愿者干，但只要馆方向参与者清楚地传达出他们的行为会对文化机构和未来的观众有巨大贡献，志愿者们就会热情地回应。

说到保证，工作人员必须满足参与者的一些基本诉求：个人满足(personal fulfillment)。文化机构有许多与使命挂钩的明确目标，表明了哪些活动是值得开展的，不过参与者个人却没有相应的使命和目标。然而，参与者有着各种各样的自我目标和个人兴趣，这些目标和兴趣是

---

[1]　本书第 206—207 页会有对观众参与的价值的进一步讨论。

[2]　该书在中国现有两个中文译本：(1)《未来是湿的：无组织的组织力量》，胡泳、沈满琳译，北京：中国人民大学出版社 2009 年版(该译本在 2012 年再版时改名为《人人时代：无组织的组织力量》，内容未变)；(2)《乡民都来了：无组织的组织力量》，李宇美译，台北：猫头鹰出版社 2011 年版——译者注。

[3]　参见舍基：《人人时代：无组织的组织力量》（*Here Comes Everybody：The Power of Organizing without Organizations*），2008 年，第 11 章。

他们的驱动力。约翰·福克（John H. Falk）对观众及其身份满足（identity-fulfillment）的研究表明，观众选择和享受博物馆体验是基于他们思考和强化自我概念的感知能力。[1] 如果你认为自己很有创造力，你就会对能在人潮汹涌的展览中当众画一幅自画像感到满足。如果你认为自己是一个有故事的人，你就会对能录下自己和展览内容相关的故事而感到满足。如果你认为自己帮得上忙，你就会对自己能出力协作实现更大的目标而感到满足。

看一场表演或是漫不经心地逛完一个展览并不能给人带来这种社交上的积极满足感。尤其是对成年观众来说，博物馆很少能有这样的机会鼓励参与者努力贡献自己的力量，展示自己的创意、手艺和认知能力。游戏研究专家简·麦克尼格尔（Jane McGonigal）提出了人生四大幸事："有满意的事情可做、擅长某事的快感、和喜欢的人在一起以及待在某个空间中。"[2]很多人参观博物馆就是在一个大的空间下跟自己喜欢的人在一起，创造内容就是有满意的事情可做和擅长某事。如果你能把这些整合到一起邀请观众参与进来，你的机构就能同时满足这四种需求。

邀请潜在观众参与时，一定要让他们明白自己不仅可以满足自身的需求，而且还能对整个项目做出贡献。把文化机构的活动仅仅理解为"好玩"，这就贬低了参与的价值，而且还削弱了观众对做贡献的认识。如果你需要观众参与你的项目，使项目获得成功——不论你的项目是需要众多志愿者进行调查，还是需要各种意见的反馈搜集，抑或是需要众人协作的创意项目——那就照我说的去做吧。最吸引人的承诺往往来自馆方最真诚的需求。

下面说说工具。观众需要一个清晰的角色定位和相关信息，知道自

---

〔1〕 参见约翰·福克：《身份认同与博物馆观众的体验》（*Identity and the Museum Visitor Experience*），2009 年。该书中文版更名为《博物馆观众：身份与博物馆体验》，郑霞、林如诗译，浙江大学出版社，待出版。

〔2〕 麦克尼格尔在 2008 年 12 月的一个讲座《文化机构的未来在游戏》（"Gaming the Future of Museums"）中谈到了这四大幸事，浏览该讲座的 PPT 的第 22 张幻灯片，请登陆 http://www.participatorymuseum.org/ref1-15/

己该怎么参与。不过工具也需要尽可能的灵活多变。观众并不希望参与到一个一成不变的项目中,做着一成不变的事情。你也不希望工作人员老是出来解决这类问题,所以灵活多变就是参与的一个有效工具——让观众在能力最佳的情况下参与进来。

当观众对文化机构做贡献时,他们想看到自己的工作能够及时、体面、有意思地呈现出来。有太多的参与式项目在反馈环节掉链子,工作人员对内容的编辑和修饰使得观众难以忍受长时间的等待。在某些情况下,参与的行为和成果之间出现短暂的间隔是可以接受的,不过一旦出现间隔,就需要立即向观众解释清楚。时间间隔在某种程度上甚至对馆方有利。打个比方,博物馆可能给某位观众发送电子邮件,通知她前一阵子在参观时做的雕塑现在被展出了,或是通知她的故事被收录进了语音讲解器。

抛开时间的限制,奖励观众参与需要分三步:第一,馆方要明确表明观众参与会得到怎样的奖励;第二,观众一参与就应对观众表示感谢,即便观众此时还在埋头于自己的创作;第三,工作人员要让展示、整合或是传播参与内容的过程可操作化——最好是还能告知参与者自己正处在哪一阶段。

这三步要及时、连贯、醒目。设想一下,在儿童博物馆中,专门有一片区域,观众可以在那儿用馆方提供的材料捏泥塑或是做玩具。做好后,观众还可以把自己的作品放在贯通博物馆的传送带上,让所有人都看得到。在这个案例中,说明牌是多余的。观众把作品放上传送带后,想看看会发生什么,他们知道这样可以满足自己与街坊邻里一起分享的心情。

提供易于接受的协议就是要高度评价他们的参与行动。但这并不意味着奖给每位观众一朵大红花,而是要悉心听取他们的意见,对他们的努力做出回应,并且展示馆方将如何利用他们的贡献。

不论馆方需要的贡献时间长还是短,开诚布公总是能让观众觉得参与令人舒畅的关键。此外,还涉及个人隐私和知识产权方面的问题。观众在馆里录的视频归谁所有？观众贡献给馆方的创意又是归谁所有？对观众参与的角色有个清晰、具体和实在的解释，能够帮助他们不管时机是否恰当，都知道该期许和评价什么。

信息不透明会瓦解馆方与观众之间的信任关系，而且还会给双方带来不愉快的体验。2008 年 8 月，我在夏博太空与科学中心[1]帮忙设计参与式项目，有 11 个年轻人也在为即将举办的哈佛—史密森学会的黑洞展设计媒体装置。不幸的是，展方代表虽然很热情，而且一直在鼓励年轻人要"有创意"，却不告诉年轻人他们的设计最终会不会入选。展览的官方网站没有设计草案、没有图表，也没有任何与他们的工作相关的信息。信息不透明使得他们怀疑展方在刻意掩饰某种意图，而且在阻挠他们得知自己的设计是否成功。最终，他们的设计还是没能在官方网站上露脸，其他人的设计作品被放在了显要位置，他们的作品则靠一边。所以，一开始就信息不透明，对参与者而言，是一场令人失望的体验，而对馆方而言，则得不到满意的作品。

绝对的信息透明是不存在的，所以需要坦诚来弥补。夏博的项目并没有失败。我们没能给年轻人们一个满意的答复，但我们让他们知道我们所掌握的情况，并且全力支持他们的工作。工作人员可以改变参与者的心意，虽然也会犯错误，但还能凭着一颗真诚的心和他们一同精进。工作人员越是能让参与者知道自己的工作可以帮助到博物馆和其他观众（无论是以行动还是语言），参与者就越能产生对参与式项目，甚至是对馆方的伙伴意识和主人翁意识。

给观众创造高质量的成果

参与式项目绝不是馆方和参与者的专属，因为还有另外一群数量庞

---

〔1〕 夏博太空与科学中心（Chabot Space & Science Center）是一家位于美国加州奥克兰的科学博物馆，其前身是 1883 年由美国实业家、水力采矿之父安东尼·夏博（Anthony Chabot，1813—1888）捐资成立的奥克兰天文台（Oakland Observatory），2000 年改为现名——译者注。

大的后备军:没有参与的观众。那么,馆方该怎么吸引这批潜在力量参与到项目中来呢? 一些参与式项目的氛围比较开放、有扩展性,所以每位观众经过挑选后都有可能参与进来。不过,大部分的参与式项目对观众参与都有一定的限制。跟观众说"你只要在年底之前把你的想法和创意告诉我们就行",或是"我们将在本市一所中学选出 20 名学生来开发这个项目",比设计出一个让任何人在任何时间都能参与的项目要简单多了。所以,对于很多文化机构来说,把参与范围限制在一定规模是与观众合作的良好开始。

不管参与的群体有多大,也不能忽视那些袖手旁观的观众。不论参与者的自我感觉有多良好,其结果还是要以非参与者的体验来衡量。墙上的画不仅是属于画画的人,作为一件艺术品,它还得给看画的人带来美的享受。同理,策展、研究、市场营销、体验等与观众合作完成的项目都要站在观众的立场上考虑,让观众富有成就感。但这并不意味着它们就脱离了传统的评价标准。一般而言,参与式项目有着传统项目所不具备的独特价值。

观众的目标和参与者的目标一样,都是因人而异,即每个人自我满足的程度和标准都是不同的。你不可能取悦每一个人,但工作人员可以决定提供什么样的体验,并且设计出相应的参与平台。有的观众只想得到"顾客就是上帝"式的高质量体验,并不关心高质量体验是怎么来的。对于这类观众,工作人员就要确保参与式产品在精度、设计和内容上达到满意的水平。有的观众原先只想当个旁观者,现在自己也想玩一下、熟悉一下操作。对于这种潜在的参与者,工作人员就要在鼓励、支持、引导、示范和评价方面多下功夫。对观众定位越是精准,就越能满足他们的需求。

参与的工作原理

一个成功的参与式项目有两个最核心的设计原则:第一,给参与设置一定的限制条件(constrains),这样才能带动更多的观众,因为参与并不是毫无限制的自我展现;第二,为了能和陌生人顺利接触与合作,参与者需要的是个性化而非社交化的切入点。这两点原则基于支架式教学理论——有创意的体验需要一定的限制条件,社交化体验需要个性化的切入点。这两点共同构成了萍水相逢的观众能够顺利合作的基础。

良好的参与要在一定的限制条件下进行

如果你的目标是邀请观众分享自己的体验,感谢他们对本馆的杰出贡献,那么你就要对观众的自我展现设计更多的而不是更少的限制条件。还是拿画画为例,即便每位观众都有画画的机会,也只有很少的人会去画,这倒不是因为画笔和颜料是有限的,而是因为不是人人都会画画、都有信心画好。如果你要画的话,你就要先知道你要画什么和你要怎么画。

设想一下,你现在被邀请参与创作一幅壁画。你手中已经握好了事先给你准备好的画笔和颜料,而且你还了解画画的步骤。你知道你只要照着做就会很顺利地画出一幅画。你在为传递人世间的美贡献自己的力量,你知道这件事情的价值,你可以很自豪地看到自己的成果,正是这次机会给了你十足的成就感。

这就是一次很成功的参与式体验。观众并不需要自己胡乱鼓捣科学实验,而是加入一个项目,成为小组的一员,贡献自己的力量。带有一定条件限制的项目常常是允许部分自我展现——画画的时候神来一笔,写说明牌的时候出一亮句——而整个自我展现的因素受到参与式平台的严格限制。这种限制是有意义的,它既能激发观众的创造力又能使观众专注于参与,就像奥森·威尔斯[1]所说:“艺术的敌人就是没有

---

〔1〕　奥森·威尔斯(Orson Welles,1915—1985):美国电影导演、编剧、演员及制片人,1938年万圣节凭借根据英国小说家赫伯特·乔治·威尔斯(Herbert George Wells,1866—1946)同名小说改编的 CBS 广播剧《世界大战》(*The War of the Worlds*)一炮而红,其最著名的代表作为由其执导并主演的电影《公民凯恩》(*Citizen Kane*)——译者注。

限制。"

2009 年春天,丹佛艺术博物馆(Denver Art Museum,简称 DAM)在"驻足小憩"(*Side Trip*)展厅举办的展览就是一个绝佳例子。"驻足小憩"展厅是一个互动空间,里面有一个迷幻摇滚[1]的海报展,名字叫作《迷幻之旅》(*The Psychedelic Experience*)。该馆的一项活动就是馆内的教育人员邀请观众制作自己的摇滚海报。丹佛艺术博物馆没有给观众一叠白纸和马克笔(这样只会吸引到小部分跃跃欲试的观众),而是设计了一个集收集、评论和创作为一体的活动。馆方给观众一个夹有透明临摹纸的画板,上面有各种各样的图案——都是从《迷幻之旅》中的海报上剪切复制出来的——观众可以将这些图案自由组合,放在临摹纸的下面,设计出自己的海报,然后用易干可擦的马克笔来描摹图案,展现自己的才华和创意。观众完成自己的海报后,就可以交给工作人员。工作人员将观众的海报用彩色打印机打出一张上了色的终稿。每位观众都会得到一幅自己的海报的复制品,也可以选择把它放在博物馆里展出。

观众在这项活动中创作出了很多精美的海报。我曾去过这个展厅,我都分不清哪些海报是展厅原来所展示的、哪些又是观众所创作的。据统计,观众一共创作出了 37000 多张海报,这远远超出了该展厅的容量,而且整个博物馆的在展展品也不过 90000 件。每 25 分钟就有一张新的海报诞生,这足以说明这次活动的人气爆棚。

这次活动成功的原因是因为观众一开始拿到的不是一叠白纸而是画板、图案和临摹纸。剪切出来的图案成了联系观众体验和展品的桥梁。这种预设的限制条件是观众参与的切入点,不仅没有削弱观众的创意潜能,反而给观众以舒适的体验。它能帮那些认为自己没有艺术才能的观众树立信心,而且还建立了一种观众生成内容的高质量机制,吸引更多的观众加入进来。

———————————

[1] 迷幻摇滚(psychedelic rock)是活跃于 20 世纪 60 年代美国的一支摇滚乐流派,深受嬉皮士文化和新左派思潮影响——译者注。

　　观众把图案放在透明临摹纸下面,描摹出新的图案,然后小心翼翼地完成自己的摇滚音乐海报。"驻足小憩"展厅的氛围让观众仿佛置身于迷幻摇滚的那个时代,从而沉浸到自己的创作中,而这种体验在其他展厅是体会不到的。

观众创作的海报是拿来主义和创意混搭的有趣结合。

为什么大多数博物馆都没有采用这种带有一定限制条件的参与式平台让观众贡献给合作项目呢？原因在于人们错误地认为放任观众做自己的事情才是对观众的尊重——所以最好的参与式体验就是让观众无拘无束地自我展现。然而这种观点正是人们认识参与的动机的误区。观众才不想一头雾水地参与进来，他们需要的是在各种支架的帮助下做一点有意义的贡献。

让参与社交化

到目前为止，我已经介绍了好几种参与式技巧。不过本书的另外一个重点在于如何使参与更社交化。参与社交化并不是要你一开始就着眼于"所有人"。相反，你要把自己想象成一个鸡尾酒会的主人，你的任务是热情得体地招待每位来宾，然后把她介绍给合得来的人。当你把每个人都安排好之后，他们就感觉自己是集体的一分子。我称这种方式为"从我到我们"（me-to-we）式设计，个人（我）体验不断叠加就构成了集体（我们）参与。

换句话说，你不要以"自上而下"的思路来设计参与的空间，而要把文化机构转换成一个社交枢纽，寻找每个个体之间的共同点，然后以此将他们联系起来。比如，在鸡尾酒会上，主人可能会根据不同的缘由——如工作或专业一样、都喜欢狗、个性相似等来联系和安排每位来宾；而在博物馆，工作人员会根据内容来联系和安排观众。同一类型的观众会对同一内容产生共鸣，所以工作人员可以在有相同兴趣的群体中围绕本馆的内容来制造话题，加强彼此间的联系。

这种从个人到集体的参与式体验可以通过以下五个阶段来说明。每个阶段都以文化机构的内容为基础，所不同的是观众是如何与内容互动，内容又是如何帮助观众与观众之间互动的。

每一阶段都给观众带来意想不到的东西。**第一阶段**让观众接触到他们想看的内容；**第二阶段**给观众就内容咨询的机会；**第三阶段**让观众知道自己的兴趣适合哪个观众群；**第四阶段**就是把有相同兴趣的观众和

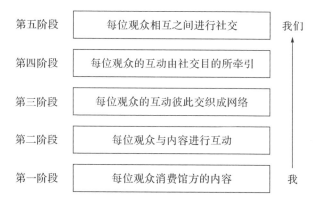

第五阶段　每位观众相互之间进行社交　我们

第四阶段　每位观众的互动由社交目的所牵引

第三阶段　每位观众的互动彼此交织成网络

第二阶段　每位观众与内容进行互动

第一阶段　每位观众消费馆方的内容　我

工作人员组合到一块儿；**第五阶段**就是把整个文化机构变成一个社交场所，让志同道合的人们分享快乐、充实人生。

这五个阶段是循序渐进的，所以你不可以没有前四个阶段的铺垫就直接跳到第五阶段。当然，这五个阶段也是很灵活的，某些社交能力强的人可以直接从第二阶段跳到第五阶段，而有些人却觉得到第三阶段就够了。所以，并不是所有文化机构的项目都要设计出那么多阶段。每个阶段都能给观众带来不同的体验，观众的体验也要经历多个阶段。

目前，很多文化机构的设计还停留在第一、第二阶段。我不主张将所有观众体验都推倒重来，我主张嵌入更多不同类型的体验，包括那些社交化而不是个性化的体验。习惯于博物馆的观众可能仅仅满足于第一和第二阶段的结合，也有潜在观众觉得第三、第四和第五阶段的导入可以让博物馆生动活泼、更加有意思。

还有很多机构提供一种促进式体验（facilitated experiences），这种体验涵盖了上述全部五个阶段。导游和教育人员常常扮演着社交的助推手。促进式教育项目，例如野营和角色扮演属于第五阶段，它们给观众团队合作的机会。[1] 但问题在于，一旦活动的领队不在或是事情没有按预想的那样发生，群体间的社交参与将不复存在。所以，第三、第四

---

[1] 康纳派瑞历史公园（Conner Prairie）的《跟着北极星走》（*Follow the North Star*）便是第五阶段的一个案例，参见本书第 166 页。

阶段正是给第五阶段打下基础,尤其适合于非促进式体验。这样的框架就能确保观众无论何时都能顺利社交。

举个例子,一群观众在一个导游的带领下参观一所故居。第一阶段在这里体现得很明显:观众可以到处参观,了解这所故居的有关知识。第二阶段也体现得比较明显:观众可以触摸遗物,问导游一些问题,发掘一些名人八卦之类的。又因为报团旅游的人之间经常是互不认识,所以给第三、第四和第五阶段提供了条件。导游可以让观众们投票选出自己喜欢的房间,再看看别人都选了哪些房间(第三阶段),还可以把有相同兴趣的观众(比如都对仆人的生活感兴趣)聚集到一块儿,来探讨故居里相关的展品(第四阶段),而优秀的导游则可以把所有观众凝聚成一个团队,共同交流、共同探索(第五阶段)。

没有了导游,参观故居就少了很多社交机会。观众只是各看各的,也只会跟同伴交流。这样只是达到了第一、第二阶段,而更高的阶段却并未触及。如果有观众跟陌生观众搭话,那也只是他自己主动想找人搭话而已。

那么,怎么才能在没有导游的情况下让每位观众都加入社交呢?第三、第四阶段可以设计成非促进式体验。上文所述第三阶段的"选出你最喜欢的房间"活动可以改为观众们在楼层分布图上给喜欢的房间别上别针。第四阶段可以设计成在第三阶段的基础上,观众们通过建立好友群和留言板与志趣相投的人交流个人经历。

在非促进式体验中加入社交设计,使观众互相视作潜在的信息来源,也让他们玩得更开心。一旦每位观众都有这种感觉,实现第五阶段的条件就成熟了,观众们可以愉快地同陌生人交谈自己的经历等。

我并非宣扬文化机构可以不要教育人员、一线工作人员(front-line staff)抑或是志愿者。工作人员的互动才能确保社交体验的连贯性,他们是支起社交设计的桥梁。所以,本书中的很多案例都仰赖工作人员和志愿者的贡献与付出。

然而工作人员的数量毕竟是有限的。设计出一个满足参与需要的实体空间可以弥补导游或工作人员不在场时的缺陷。这种设计理念不是为了取代工作人员的地位，而是扩大社交的机会。在这一点上社交网站就做得很好，它借助每个人的兴趣和资料给互不相识的人取得交集的机会，丰富了社交体验。

　　我们来看看商界是如何成功引入"从我到我们"模式，将五个阶段融为一体、让人人都懒得做的活动遍布全球的。不过，我说的活动可不是参观博物馆，而是跑步，这就是 Nike＋。

【案例分析】

Nike＋的"从我到我们"模式

　　Nike＋通过 iPod[1] 和鞋子上的感应装置来追踪跑步者的信息。它可以提供你跑步过程中的实时数据，还能将这些数据存到服务器上，方便你在线浏览。你可以给自己设定目标，还可以向别人（朋友或是陌生人）发出挑战，比赛谁先跑完多少米。你还可以在 iPod 上创建音乐播放列表，让音乐带动你、给你加油鼓劲，当你快要落后的时候，听一听你最喜欢的音乐可以帮你后来居上。

　　Nike＋巧妙地利用了"从我到我们"模式，它所提供和支持的不仅仅是一件产品、一项活动、一种社交形式，更是一种健康的生活方式。它涵盖了上文所述的全部五个阶段。

　　Nike＋依靠两样基本的东西：鞋子和音乐。它们构成了第一阶段的条件——你消费音乐的同时，马路也在"消费"你的鞋。所以，单就第一阶段而言，Nike＋与其他体验没什么两样。

　　在第二阶段，Nike＋可以追踪实时数据，这就是它与众不同的地方。这也是一种对客户负责的做法，它对你的行动给予了及时反馈，以便更

---

〔1〕 iPod 是美国苹果公司推出的数字多媒体播放器（即我们俗称的 MP3 或 MP4）——译者注。

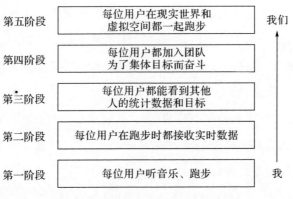

<table>
<tr><td>第五阶段</td><td>每位用户在现实世界和
虚拟空间都一起跑步</td><td>我们</td></tr>
<tr><td>第四阶段</td><td>每位用户都加入团队
为了集体目标而奋斗</td><td></td></tr>
<tr><td>第三阶段</td><td>每位用户都能看到其他
人的统计数据和目标</td><td></td></tr>
<tr><td>第二阶段</td><td>每位用户在跑步时都接收实时数据</td><td></td></tr>
<tr><td>第一阶段</td><td>每位用户听音乐、跑步</td><td>我</td></tr>
</table>

Nike+"从我到我们"的五个设计阶段。

好地指导你下一步的行动。Nike+的用户表示,追踪实时数据确实是个好东西。查看实时数据激发了人们跑步的斗志,回顾以往数据帮助人们找出自己的弱点、调整未来的目标。

Nike+还给完成个人目标的用户提供分值奖励和虚拟奖励。实时数据追踪系统像游戏一样,吸引了很多用户,不过这也只是属于第二阶段的个人体验。系统给你带来的个人体验也会到头的。也许你在跑步的过程中休息了一阵,或是停下来看看自己的统计数据,会将这些奖励和目标抛到脑后。我为什么要跑? 我是为了我自己在跑吗? 还是因为这个蠢玩意儿要我跑我就跑?

所以这就是为什么要有第三阶段的原因所在。用户在 Nike+上可以看到别人设定的目标和别人跑步的情况,这些可以成为自己跑步的动力。在第三阶段,每个人的跑步相互叠加后,每个人就都是整个跑步者社区的一分子了,即便他们之间连面都没见过。如果有 5 万人可以跑完10 公里,你也可以做到。

Nike+进而推出"集体挑战赛",用户可以根据相同的性别、年龄、政见、体能等结成团队,完成共同的目标。这属于第四阶段。当你加入集体挑战赛之后,你不再是仅仅关注你的个人目标或是拿别人作对比,你还有一个属于集体的团队目标。这个额外的目标是你跑步的动力,你会因此而接受挑战、为集体做贡献。卡勒布·萨瑟(Caleb Sasser)在博客中热情洋溢地写道：

> Nike＋最酷的地方在哪呢？跟很多网络游戏一样，你可以挑战你的朋友。最先跑完 100 公里？每次加快 5 公里？你来定。这些挑战相当励志——和好朋友还有运动大神 J. 约翰·阿弗莱尔（J. John Afryl）比赛跑步让我不敢有丝毫懈怠——但也很有趣。在长跑之后登录账号，上传自己的数据，看看自己的排名，这简直就是对自己的最好总结。更重要的是，坐在家里，想着该干点啥，突然想到要慢跑，而且今晚不慢跑的话就得丢分，排名还会下降——确实，这就跟打电玩一样上瘾。[1]

Nike＋在第四阶段把游戏原理和社交挑战相结合，产生了强大的力量。那么，第五阶段在哪呢？Nike 的一个目标——同时也是它的网络表现形式的主要元素——就是带动用户一起跑步。Nike 公司支持全世界各种健身团体的各种跑步竞赛。

网上有很多 Nike＋论坛，你甚至可以通过论坛和邻居约好一起去跑步。不过也有一些 Nike＋用户吵着要和远在天边的网友一起跑步。试想一下 Nike＋未来的版本：你可以在跑的半路上和远在天边的网友实时对话。一切皆有可能。

多想想 Nike 推出的这款奇特产品吧。跑步原本是一个非可视化、与社交八竿子打不着、又经常令人厌恶和畏惧的体育运动，Nike 却让它变成了一场可视化的社交游戏。它把跑步的动力从为了锻炼身体改造成为了社交竞争。Nike＋不仅使用场所不受限制——无论是在大街上还是跑道上——而且带来了风靡全球的体验。Nike＋把跑步变成了一项人人都喜欢的有趣体验，这种体验是受社交所驱使的。跑步原本是令

---

〔1〕 浏览卡勒布·萨瑟 2006 年 8 月所写的博客文章《年度多人游戏》（"Multiplayer Game of the Year"），请登陆 http://www.participatorymuseum.org/ref1-17/

人望而生畏而且略被嫌弃的运动,Nike 却对它进行了成功的改造,这对于文化机构而言,是不是可以有所借鉴呢?

————

想设计一个观众通过对内容感兴趣然后与对方发生联系的参与机制,该从何做起? 在思考第三、第四和第五阶段要提供社交机会之前,你必须把观众都看成一个个的个体。回想一下鸡尾酒会那个比方吧,如果你想让志趣相投的观众和工作人员都能聚到一块儿,你就要先琢磨他们每个人的兴趣和能力。第 2 章就是关于文化机构对个性化的应对之道,只有照顾到每个人的感受才能让所有的观众都能感到舒畅、自信,并且积极投入到参与中来。

第 2 章

参与从"我"开始

2009 年夏,我报了一个沙滩排球的成人初级班。我去的第一天,教练菲尔·卡普兰(Phil Kaplan)就对我说:"你今天有点紧张,因为你不认识其他人,也不知道怎么玩。不过这没关系。等你学完的时候,你会交到很多朋友,跟你一起打排球。"卡普兰在第一周就记住了所有 35 名学员的名字。他按每个人的技术水平把我们分成若干组,并且根据每组的需求给予相应的指导。他要一个学员建了一个电子邮件通讯录,鼓励我们在课下安排时间一起练习。我们中的一些人通过这个通讯录取得联系,开始玩我们自己的。到了秋天,我们之间的关系已经变得非常密切,每周都一起玩。差不多一年过去了,我还在和那些人打排球并保持联系。

在那位达人教练的带领下,我们这群原本互不相识的人借助沙滩排球这项新的活动自发组成了一个团体,在这个团体中我们之间的社交关系十分密切。托卡普兰老师的福,我们并没有离开这个班,而后重回我们原来各自的生活——跟我上课和当导游的时候完全相反。这是为什么呢?

因为卡普兰做了几件与众不同的事情:

1. 他的课是以受众为中心。他根据我们的能力和需求,把我们分为若干组,给每组以针对性的指导,如果这组中某人的需求有变,就把他调到其他组。

2. 他不把我们当学生对待。我也不把班里的同学看作来学沙滩排球的学员,我把他们看作船夫巴姆、牙医麦克斯和舞郎罗杰。卡普兰鼓励我们互相了解对方，发展新的社交关系。

　　3. **他给我们创造了互相联系的条件。** 在课堂上，卡普兰要我们与不同的人进行配对，一起学打排球。他的社交态度让我们如沐春风，也使我们之间的交流变得更容易，而且还给我们在课下打排球创造了条件。他鼓励我们私下往来，一起玩、一起学习。

文化机构就像排球场一样。专家和工作人员知道怎么玩，他们对如何使用文化机构、哪些东西是可用的，以及如何找到感兴趣的内容等问题了如指掌。但大部分的观众都不是专家，他们想参与进来，但不知该如何下手。这些人需要一个像菲尔·卡普兰的人来亲自回应他们，并帮助他们找到与自身需求最相关的活动、信息和人员。对每个人致以亲切的问候，并照顾到每个人的具体利益，你就可以营造出一种氛围，让每个人都对参与并同他人一起参与感到信心十足、充满活力。

观众优先

文化机构个性化（personalization）的第一步就是以观众为中心，给观众带来不一样的体验。这并非无视工作人员，而是将工作人员的想法嵌入到观众需求的背景中。以观众为中心的第一步不是思考机构或其项目可以提供什么，而是找出谁才是有兴趣的观众，什么样的体验、信息和策略才能引起他们的共鸣。

传统的入口通常都有售票处、导览图和讲解服务，但它们并不一定就是以观众为中心而设计的。门票上偶尔会印有当天展览或活动的信息，但观众不一定对它们感兴趣；导览图上虽然可以看到机构各个部门的分布情况，却不是观众的兴趣或需求所在；即便是与工作人员互动，如讲解员讲解，表达方式也过于程式化、没有个性（更糟糕的是讲解员经常自顾自地讲）。虽然有些讲解员很优秀，能让观众适应并响应自己的讲解，然而摸索出或是靠直觉嗅出观众的需要却是不小的考验。观众进门后知道自己是谁,但可能不知道什么才是自己最感兴趣的内容。

这种对观众的独特需求不用心的态度极大影响了那些不常来的观众——他们还不知道去文化机构有何意义。对于第一次来的观众而言,导览图和讲解员并不能帮他们进一步挖掘有用的信息。这些入口处的摆设把博物馆体验变得抽象化和程式化,反而使观众稀里糊涂甚至是倒胃口。这些观众想要看到的是文化机构与自己的生活到底有什么关系、对自己的生活有什么意义。把这一点传递给观众的最简单方法就是设计一个满足他们的兴趣和需求的个性化切入点。观众有着各种各样的需求——给活蹦乱跳的孩子找个地方玩、启迪心智、看看新奇的东西——这些都在导览图和活动单上找不到。说明文字写成"青翼"或"吾土与吾民"并不能帮助观众理解自己看到的是什么、能做什么、能在不同的展厅和项目中体验什么。如果观众连导览图都搞不明白,那她还怎么能在博物馆体验中"搞明白自己"?

主题公园在这一点上就做得很好。跟博物馆一样,主题公园也喜欢给各片区域起上矫情的名字(比如明日园),每片区域内各种游乐设施的名称也好不到哪去(比如太空山)。不过在导览图上,除了标有各种游乐设施的名称,还附带一些相关的简要信息——介绍这是一种什么游乐设施、它适合哪个年龄段的孩子玩。很多主题公园的导览图上还有"你必须玩的 N 个地方"列表,把各种游乐设施推荐给青少年或是只在公园里待上三个小时的观众。这些推荐不仅仅是基于观众们的喜好(坐过山车或是荡秋千),而且还考虑到了他们能玩的时间等各种制约因素。导览图上还包含了其他的信息,如小吃店在哪、厕所在哪、可以坐下来歇脚的凳子在哪等。由此可见,主题公园的态度非常认真,它通过各种方式帮助观众找到最适合自己的体验。

2007 年,东北英格兰[1]的博物馆协会采用以观众为中心的方法进

---

〔1〕　东北英格兰(North East England)是英国英格兰下辖的 9 个次级行政区之一,东面临海,主要以小型城市为主——译者注。

行了一项名为"我喜欢博物馆"(I Like Museums)的营销活动[1]。"我
喜欢博物馆"其实是东北英格兰 82 家博物馆的网络黄页,观众根据自己
的喜好而不是博物馆的内容来填写"博物馆心愿"(museum trail),每个
心愿就会生成一个博物馆清单。"我喜欢博物馆"的一个基本前提是:不
论你想要何种体验,东北英格兰的博物馆都可以提供给你。所以,有的
心愿写着"我喜欢军事史",想在周末带着全家出来玩的大人就写着"我
想让孩子们玩得开心",想找个地方喝杯茶放松放松的人就写着"我就想
喝杯茶"。博物馆工作人员和社区成员开了个好头,不断有新的心愿提
交到"我喜欢博物馆"的官网上。

    无论观众想要启迪心智,或是去看火车模型,还是喝高了想找个地方歇歇脚,
"我喜欢博物馆"都能提供你想要的博物馆。

在一项对"我喜欢博物馆"中 9 家博物馆的 2071 名观众的问卷调查
显示,36%的人表示自己是受"我喜欢博物馆"这项活动的影响才来参观
博物馆的。博物馆心愿容易得到人们的理解和支持是因为它们的出发
点不是博物馆能提供什么,而是观众需要什么。作为观众,你不必担心
沃特福德夫人馆[2]、生命中心[3]还是各种故作高深的博物馆是不是符

─────────────

〔1〕 浏览更多关于"我喜欢博物馆"的信息,请登陆 http://www.participatorymuseum.org/ref2-1/

〔2〕 沃特福德夫人馆(Lady Waterford Hall)是位于东北英格兰诺森伯兰郡福特村(Ford,
Northumberland)的一家美术馆,由乡村学校改建而成,里面展出的是沃特福德侯爵夫人路
易萨·安妮·贝雷斯福德(Louisa Anne Beresford, 1818—1891)在 1862 到 1883 年间所画
的水彩壁画,画中以福特村的村民为原型,描绘了《圣经》故事中的场景——译者注。

〔3〕 生命中心(Centre for Life)是位于东北英格兰泰恩-威尔郡纽卡斯尔市(Newcastle upon
Tyne,Tyne and Wear)的一家科学博物馆,内容主要与生命科学有关,创建于 2000 年,资
助人是诺贝尔生理学或医学奖的获得者、DNA 双螺旋结构的发现人之一詹姆斯·沃森
(James Watson, 1928—)——译者注。

合自己的口味。你可以找个地方玩,找个地方学知识,找个地方买东西。这些就是博物馆体验的个性化切入点。"我喜欢博物馆"把这些心愿都放在网上,激发人们去思考博物馆是多功能场所(multi-use venues),在不同的时间能被不同的人以不同的方式所利用。"我喜欢博物馆"向人们传递的潜在信息就是,除了看展,你还有更多的理由去博物馆。

泰特现代艺术馆(Tate Modern)在 2006 年也采用了类似的办法,推出了一些奇奇怪怪的宣传册,上面规划了各种"心情路线"。观众可以选择"我真想撕碎"路线,然后气得在地上直打滚;或者选择"我是动物爱好者"路线,去探索自身野性的一面。[1] 跟"我喜欢博物馆"的心愿一样,这些宣传册能够帮助观众很快找到自己兴趣所在的切入点。

拉取的意义

"我喜欢博物馆"和泰特现代艺术馆的宣传册都是从观众内心拉取其感兴趣的内容,而不是由馆方向观众推送毫无个性的内容供他们消费。"拉取内容"(pull content)[2]是教育人员在选定基于学习者自身兴趣来检索的信息时使用的术语,它强调的是观众自己搜集信息的主动角色。观众通常对信息解读跃跃欲试,纠结于看不看说明文字、与馆方互动还是不互动。如果你引导观众主动去检索信息而不是一股脑儿把信息都端到他们面前,观众就有了参与的动力,他们自己会决定去揭示什么、发现什么。

---

[1] 了解更多有关泰特现代艺术馆的宣传册和由观众制定的参观路线的信息,请登陆 http://www.participatorymuseum.org/ref2-2/

[2] 拉取(pull)和推送(push)是互联网领域的一对术语。推送指预订用户被动接受互联网内容提供者定期发布的内容,常见于消息的订阅,如电子邮件订阅、RSS、手机 APP 消息推送等;拉取则与推送相反,指用户主动在互联网上搜索、寻找内容——译者注。

文化机构最常用的拉取装置就是随机访问[1]语音讲解器（audio tour）了。观众可以在语音讲解器或是手机上输入展品说明牌上的数字来听取对应的语音讲解。"随机访问"是一个计算机术语，它指的是真正意义上的"直接"访问——人们获取信息可以不受既定顺序的限制。随机访问对博物馆来说是一次技术上的革新，它把博物馆强加给观众的既定路线转换为开放式探索过程。博物馆通常会在语音讲解器上设置多个频道（通常会标上不同的符号）以适应不同观众的需求，所以，有时候一幅画既有少儿频道又有保藏人员频道，而同一个展厅里的另外一件雕塑可能只有儿童频道。托随机访问的福，你可以随意选择你想要听的内容。

语音讲解器就跟泰特现代艺术馆的宣传册一样，都不是强制使用的。拉取技术如能融入观众体验，其影响力便得到最大程度的发挥。例如，2004 年瑞典互动研究所[2]的一支团队发明了一种独特的拉取装置，用来探索阿沃斯塔[3]这座老工业城市的高炉历史遗址。这个遗址本身没有任何推送材料——没有说明牌，也没有多媒体设备。取而代之的是，遗址给每位观众发一个特殊的手电筒，把手电筒的光投射在遗址里面的各个感温点，就可以激活并读取相应的解读材料。[4] 一些互动体验也伴随着手电筒的使用而出现，包括光照、声音还有一些感官体验（烟熏火燎）。感温点包括了两个层面的内容：理性内容（介绍高炉的工作原理、高炉的部件及其历史）和感性内容（根据史料记载，从钢铁工人的视

---

[1]　随机访问（random access）：也叫直接访问（direct access），指同一时间访问一组串行中的一个随意组件。反之则称循序访问，即是需要更多时间去访问一个远程组件。区分两者的典型例子就是一幅卷轴画（循序：在看到后面的画面之前必须把前面的画面卷开）和一本书（随机：可以随意翻到任何一页）。而更现代的例子就是卡式磁带（循序：必须快速跳过前面的歌才能听到后面的歌）和一张 CD（随机：可以随意跳到想听的歌）——译者注，参考自中文维基百科的"随机访问"条目。

[2]　互动研究所（Interactive Institute）是瑞典的一家研究机构，研究领域有信息和通信技术、互动设计与可视化，属瑞典政府所有——译者注。

[3]　阿沃斯塔（Avesta）：瑞典中部的一个小城市，曾盛产铜、铁——译者注。

[4]　体验虚拟版的阿沃斯塔高炉历史遗址，请登陆 http://www.participatorymuseum.org/ref2-3/

角编故事）。观众可以漫步在高炉遗址,不看任何解读材料;也可以使用手电筒来激活内容。手电筒正如其名,既帮助观众照亮高炉,又照亮其背后的故事。

这种方式跟其他所有以观众为中心的技巧一样,要求工作人员能够充分相信观众有能力找到对自己最有帮助的内容。工作人员有了这份信心,说明观众对博物馆世界的预期、兴趣和选择是十分明智的。也正如此,观众才会感觉到自己才是体验的主人。

把观众视作不同的个体

以观众为中心来设计观众进入文化机构的切入点是文化机构个性化的敲门砖,下一步就是要用更加个性化的方式来甄别、答谢和回应观众及其兴趣。

在一些像摇滚演唱会的场合,人们虽互不相识,却沉浸在人山人海中。不过,在其他情境下,这恰恰是很悲哀,甚至是很可怕的。干杯酒吧[1]就是一个"每个人都互相认识的场所",这么做只有一个理由:想要在这个圈子里玩得开心,首先就得尊重每个人的个性。

文化机构在这方面却做得很糟,尤其是在对观众的服务态度上。有时候,即便我自己是某个博物馆的会员,但在他们眼里,我跟其他任何一个走进大门的观众没什么两样。这种毫无个性的迎客方式意味着文化机构根本不重视观众的个性,他们不会去记住观众的脸。

从某种程度而言,记住每位观众的脸其实是一个很简单的问题,只要把服务质量搞上去就行。维什努·兰姆查兰(Vishnu Ramcharan)是安

---

[1] 干杯酒吧是美国同名情景喜剧《干杯酒吧》(Cheers)中虚构的一个酒吧,位于波士顿,内容讲述的就是当地人在酒吧内对饮、闲谈、社交的故事,该剧于 1982—1993 年在美国全国广播公司(NBC)播出——译者注。

大略科学中心[1]的前台主管。他给下属培训只有一条很简单的原则：前台接待要让每位观众都有被需要的感觉。兰姆查兰说："前台接待不应该满足于来了很多观众，而是为自己来上班而感到兴奋。你要让观众觉得你才是他们来科学中心最想见到的人。"这也许是老生常谈，不过当你看到兰姆查兰那张笑脸时，你会感觉自己仿佛被那种擅于社交的派对主人所牵引——充满了想要加入进来的欲望。

个人资料

一句"欢迎光临"就是一个好的开始，但如果不知道每位观众的具体情况的话，你还是没法把他们当作不同的个体。为此，你要想一个办法，让观众自己提供和你的机构相关的信息。

个性化是社交网站的成功之钥。不论是在虚拟世界还是现实世界，每个人通过自我展现——以外貌、喜好和行为等方式——与其他人发生关联。我们都用个性来宣示我是谁、我想看什么、我不想看什么。你的个性越是清晰详尽，就越是能让组织、社区领导和互联网帮你找到你想要的或是适合你的人和体验。

在社交网站上，个人资料（personal profile）是用户体验的核心。像Facebook[2] 和 LinkedIn[3] 这样的网站就要求用户先完善自己的个人资料，比方说添加自己的兴趣爱好之类的。个人资料的关键点在于要让用户明白个人资料对于用户自身的重要性，因为只有完善个人资料你才能同其他相关的人、产品、组织机构和理念发生交集。有些网站，比如

---

[1] 安大略科学中心(Ontario Science Centre)是一家位于加拿大安大略省多伦多市的科学博物馆，1969 年建成，与美国旧金山的探索馆齐名——译者注。

[2] Facebook 是全球知名的社交网站，2004 年由马克·扎克伯格（Mark Zuckerberg，1984—）创建，公司总部位于美国加州的门洛帕克，在中国港台地区翻译成"脸书"，目前在中国大陆无法访问，但有类似的服务站点，如人人网、QQ 空间等——译者注。

[3] LinkedIn 是全球知名的职场社交网站，2002 年由里德·霍夫曼（Reid Hoffman，1967—）创建，公司总部位于美国加州的山景城，2014 年正式进入中国市场，官方译名"领英"——译者注。

LinkedIn 就把你和他人之间的"关联"（links）体现得非常明显。LinkedIn 并不奢望你对所有用户都感兴趣，它只是帮你和你感兴趣的、与你有着相同兴趣或是本来就认识的人取得联系。

举个例子，我常常上 LibraryThing 网站，它会给我推荐一些书。[1] 我是个书迷，所以我经常上图书馆，但是图书馆却不能给我量身推荐我喜欢的书，我常常为此感到遗憾。除了印有美国国家图书奖[2]获得者和沙滩读物[3]排行榜的宣传单之外，再也没有别的东西能帮我找到好书了。书架上不会写着"文艺、女汉子剧情"或是"讽刺、怪诞但不杂乱无章"的标签。我也不能挨个问图书馆的人什么书比较好看。图书馆的管理员都是大忙人，而且我在家上图书馆网站检索图书的时候，也不能找他们帮忙。即便图书馆里来了很多爱看书的人，我也不能保证随便找个人就跟自己志趣相投，而且他们也不见得会搭理陌生人。

所以，我需要 LibraryThing。我在 LibraryThing 上的个人资料就是我的一个小图书馆。我在个人资料中添加了我读过哪些书，LibraryThing 就生成了一个类似于图书馆的书单。我的个人书单和 LibraryThing 千千万万个用户的书单构成了这个社交网络的一个个节点。LibraryThing 会根据我读过的书的类型自动向我推荐其他的书，而且我还知道谁跟我读过一样的书，LibraryThing 能帮我找到跟我有着相同品味的书友。所以，我经常和这些书友联系，他们会告诉我图书馆里还有哪些好书。我研究个性化也是受 LibraryThing 的运作模式启发。

我在 LibraryThing 的体验到后来一发不可收。我在书单里添加的书越多，LibraryThing 给我推荐的书就越准确。我已经习惯于 LibraryThing 的分类法，因为它不仅仅是一个功能插件，它能对我进行

[1] 了解更多有关 LibraryThing 的信息，请登陆 http://www.participatorymuseum.org/ref2-4/
[2] 美国国家图书奖（National Book Award），是美国文学界的最高荣誉之一，每年举办一次，始于 1936 年，分小说、非虚构、诗歌以及儿童文学四大类——译者注。
[3] 沙滩读物（beach reads）指西方人在度假中阅读的休闲书籍，文字浅显易懂，常为推理、惊悚、言情等小说——译者注。

回应,它重视我的个人兴趣,让我找到更多的书友,把我的阅读变得更加充实。

　　当然,很多图书馆都有爱岗敬业的管理员,他们帮助读者找到需要的书。但是,仅靠管理员或是志愿者是难以为继的,这就好比我想组织排球赛,但不一定每次比赛都得把我的排球教练叫来一样。相比之下,如果能设计出一个对每个个体需求都做出回应的机制,恐怕才更有价值,而且也是长久之计。

现实世界的个人资料

　　我不可能穿着印有一大串书名的衣服走在大街上。在虚拟世界,我可以把个人资料补充得非常细致,但在现实生活中,我却没法把我的独特个性展现得淋漓尽致。我可以穿我喜欢的牌子的 T 恤,我可以遛狗,我可以秀我的纹身。每种个性的表现形式都能帮助自己找到志趣相投的人——摇滚迷、爱狗者、纹身一族。这种看似普通的自我展现恰恰是连接我和其他人的社交灯塔。

　　但在现实生活中,我的个人资料不得不受到我的外表和我能携带的物品的限制。在大街上,我很难找到适当的方式表达出我对背包客、犹太教复兴运动[1]、不插电生活[2]的热爱。但在网上,这些都不是问题。我可以登录不同的网站,发表不同的体验和内容。我在 LibraryThing 上认识的网友跟我在 LinkedIn 认识的网友不是同一拨人。我可以在不

---

〔1〕　犹太教复兴运动(Reconstructionist Judaism)是犹太教在北美的第四次大规模运动,兴起于 20 世纪 20 年代的美国,主张创造性地发展犹太教规和习俗使之适应当代社会的特点——译者注。

〔2〕　不插电生活(off-grid living):本意是指脱离(off)国家的供电系统(national electrical grid)或减少对其依赖而采用区域独立发电、分户独立发电的离网供电模式的生活,现在泛指摆脱各种传统的城市服务设施(如自来水、电力、天然气等供应)的绿色生活方式,深受环保主义者的追捧。在中国,"不插电生活"这个译名多指断绝现有通信工具、远离互联网的生活方式,与英文本意稍有区别——译者注。

同的场合展现自我身份(self-identity)中相适应的一面,然后以此作为我的个人资料进行社交。

　　为什么这个问题对文化机构的参与如此重要呢? 如果你想做出高质量的内容与观众进行互动,你就必须让观众的某一身份与你的机构产生关联。然而,这并不是让他们漫无边际地扯家长里短,而是设计出一种与文化机构体验相关的个人资料模式。如果馆方提供了一项多语言的项目,观众的个人资料里就应该设定他们的语言偏好。如果馆方的收藏十分庞杂,观众的个人资料里就可以设定他们最喜欢的藏品和主题。好的个人资料模式只需要足够的个人信息就能产生高质量的效应。

　　我们来看看三个博物馆创建的三种不同的观众个人资料模式吧。

　　在纽约的索尼奇妙科技实验室[1],观众可以创建详尽的电子版个人资料,并根据它来使用展品。这个实验室其实是一个科学中心,里面陈列的都是可以动手操作的电子科技产品。观众走近实验室,就在一个信息采集处输入自己的姓名、喜欢的颜色、喜欢的音乐类型,并录入自己的声音和照片。然后,每个人的个人资料都会保存在一张 RFID[2] 卡上,使用展品时会用到它。观众走近每件展品,展品都会根据 RFID 卡上记载的观众的名字来向观众打招呼。如果观众之前上传过自己的照片,她还可以使用某些展品来扭曲自己的脸。观众在音乐混搭[3]的时候还可以把自己的声音加进去。虽然这些可能不值一提,却给人以强大的精神感染,展品让观众自我陶醉,还有什么能比自己的照片和声音更

---

〔1〕　索尼奇妙科技实验室(Sony Wonder Technology Lab)是一家由美国索尼公司全资运营的科学博物馆,位于美国纽约,邻近索尼美国总部,1994 年开馆——译者注。

〔2〕　RFID(Radio Frequency Identification):即无线射频识别技术,它利用射频信号通过空间耦合来实现无接触信息传递,并通过所传递的信息进行识别,将一个极小的 IC 晶片贴在商品上,然后利用射频技术将 IC 内存储的辨识资料传送至系统端作为跟踪、统计、查核、结账、存货控制等用途。其应用范围很广,常见于超市和图书馆的自助借书还书设备——译者注。

〔3〕　混搭(mashup):在音乐中指将两首或两首以上的原有音乐(一般曲风不同)重新组合,形成一段新的音乐,后来延伸到互联网领域,指整合互联网上多个资料来源或功能,创造新的内容或应用——译者注。

有吸引力、更能体现个性呢？

观众个人资料模式不一定非得借助于高科技，只要实用就行。巴尔的摩的沃尔特斯艺术博物馆[1]举办了一个名为《英雄：古希腊的凡人和神话》(*Heroes: Mortals and Myths in Ancient Greece*)的临时展览。观众可以通过创建个人资料来测测自己最像希腊神话中的哪个人物：观众先在展厅入口的信息采集处做一个简单的测试，测测自己最像八个古希腊英雄、神和妖怪中的哪一个。信息采集处会发给观众一张标签和磁卡，磁卡上记录了每个英雄的其他更多信息，并且能够提示和引导观众找到和英雄相关的展品。在这个案例中，我们看到，观众的个人资料并没有改变展览内容，只不过是起了一个过滤的作用，把符合观众个性的内容呈送到观众面前，把其他的内容过滤掉。

下面是最后一个案例。每一位观众在进入纽约科学馆[2]的时候都会别上不同胸章，这些胸章是根据他们的会员级别而定的：非会员的胸章只有一种颜色，会员的有两种颜色，捐赠者有三种颜色等等。如此一来，工作人员便能清楚地识别每位观众的身份，知道哪些是第一次来的观众，哪些又是常客。在这个案例中，观众的个人资料只是一个简单的彩色胸章，却让观众有种融入科学馆历史长河中的体验感。

上述三种观众个人资料模式虽然互不相同，但它们都对观众体验给予了充分重视。好的观众个人资料模式要实现三个目标：

1. 文化机构在入口处就要让观众感受到馆方对他们的重视。如果工作人员在跟观众打招呼的时候就能准确地叫出观众的名字，并说出他们的兴趣爱好，那观众心里肯定很舒服。工作人员尊重观众的个人背景和能力，就能帮观众树立自信，

---

〔1〕　沃尔特斯艺术博物馆(Walters Art Museum)是一家位于美国马里兰州巴尔的摩市的公共博物馆，1931 年由美国商人、慈善家、收藏家亨利·沃尔特斯(Henry Walters，1848—1931)临终时依托其庞大的家族收藏设立，1934 年开馆——译者注。

〔2〕　纽约科学馆(New York Hall of Science)是美国纽约的一家科学博物馆，1964 年因纽约举办世博会而建，主要观众为儿童，拥有 400 多件理化生方面的可操作展品——译者注。

促使他们积极参与活动、贡献力量。自我身份对参与体验尤为重要。如果你想让观众分享自己的故事和创意，你就必须把他们视作不同的个体，尊重他们的个性。

2. **文化机构要满足并深化观众的利益需求。**如果来了一位很喜欢火车的观众，她的个人资料就应该写上这门兴趣爱好，工作人员就可以据此提供相应的体验来满足这位观众的需求。约翰·福克的研究表明，观众评价自己的体验是基于博物馆有没有能力迎合自身的独特需求。[1] 所以，急观众之所急，需观众之所需。

3. **文化机构还要帮助观众树立探索未知领域的信心。**政治学家罗伯特·帕特南（Robert Putnam）在《独自打保龄》（*Bowling Alone*）一书中谈到共同的爱好和共同的体验（比如打保龄球）能够跨越种族、财富和社会阶级把人们联系起来。[2] 保龄球联盟、编织会还有天文爱好者俱乐部都在吸纳新的体验和新的创意之时，帮助其成员培养自己的兴趣爱好，享受这份乐趣。

个人资料模式并不仅仅作用于观众，它还可以作用于工作人员和志愿者，帮助他们表达与文化机构相关的利益需求。而最为简单的方法就是"馆员推荐"（staff picks）。几乎在每家书店都能找到店员推荐卡片，店员在上面用简单的几句话表达了自己喜欢哪些书。这种推荐方式其实是一种个性化、非正式的书评，并不代表书店官方意见。

博物馆历史上不乏邀请策展人或客座艺术家设计展览的先例，这些人通过展览彰显自己对文化机构收藏的独特视角。这种展览很正式，比

---

〔1〕 参见约翰·福克：《身份认同与博物馆观众的体验》（*Identity and the Museum Visitor Experience*），2009 年。

〔2〕 参见《独自打保龄》第 22—23 页有关"连接性社会资本"（bridging social capital）的论述。（《独自打保龄》一书已有中文译本，北京大学出版社 2011 年出版，中文版中关于连接性社会资本的论述在第 11—13 页——译者注。）

如弗雷德·威尔逊[1]1992 年在马里兰历史学会[2]策划的《发掘博物馆》(*Mining the Museum*)、达明安·赫斯特[3] 2008 年在荷兰国家博物馆(Rijksmuseum)举办的特展；不过也可以让文化机构内的工作人员和志愿者来设计展览。2008 年，旧金山探索馆(Exploratorium)的《馆员推荐》(*Staff Picks*)就提供了一个典范。这个展览关注的就是馆内的工作人员以非专业视角对展品进行的思考，工作人员可以像个普通观众一样抒发自己对展品的好恶。

书店的店员通常都会在推荐卡片上写有某书的某一章节值得一看，这是一种既个性化又很友好的方式。

有着海量收藏的文化机构通常都给某类展品定一个主题，保管人员根据自己专业的不同对各类展品写说明文字。但是文化的跨学科性又很强，试想一下展览设计师在面对一件古董家具的时候会是什么囧样？科学家在面对一幅山水画的时候又该如何是好？因为博物馆工作人员的构成要远远复杂于书店的店员，所以，《馆员推荐》可以说是一次促进跨学科交流的契机。展现文化机构里科学家、设计师和教育人员的独特视角，不仅可以让他们感受到馆方对自己的重视，更能给观众一种学科混合的微妙体验。

---

〔1〕　弗雷德·威尔逊(Fred Wilson，1954—)，美国黑人艺术家、独立策展人，1976 年毕业于纽约州立大学普切斯分校(SUNY Purchase)，曾给美国自然史博物馆、大都会艺术博物馆等众多博物馆策展，内容多为反种族歧视、弘扬社会正义等，《发掘博物馆》是其最著名的一个展览——译者注。

〔2〕　马里兰历史学会(Maryland Historical Society)，位于美国马里兰州巴尔的摩市，成立于 1844 年，是马里兰州历史最悠久的文化机构，拥有一个博物馆、一个图书馆及大量收藏——译者注。

〔3〕　达明安·赫斯特(Damien Hirst，1965—)，英国著名艺术家，1989 年毕业于伦敦大学金匠学院(Goldsmiths，University of London)，行为怪诞，常以生物有机体为素材，但也是目前在世艺术家中作品价格最高的人之一——译者注。

文化机构鼓励工作人员表达自己的想法,这种模式为尊重不同个体的偏好和意见起到了模范作用。当一线工作人员都能信心满满地与大家分享自己对于机构的观点时,观众也就"亦步亦趋"了。

文化机构观众个人资料模式设计

构建用户个人资料模式并没有一体万用的模板,像做考卷一样,有的模式是主观题,即让用户自行输入关于自己的内容;有的模式是客观题,即提供给用户多个选项,让他们从中选择。关键在于用户的个人资料一旦生成,馆方能否据此对用户做出回应。要注意的是,不要把模式设计得过于复杂——观众不想花时间填没用的信息,馆方也不想搜集没用的信息。

个人资料模式有两种基本类型:**自主录入模式**(aspirational)和**行为生成模式**(you are what you do)。自主录入就是用户根据自我意识进行表达。用户通过更新自己的穿戴、状态、身份来构建自己的个人资料。沃尔特斯艺术博物馆的英雄展采用的就是这种模式:每位观众挑选跟自己最像的或是自己最喜欢的英雄。

自主录入模式与美国犹太人大屠杀纪念博物馆[1]、《泰坦尼克号》(Titanic)巡回展所使用的模式完全不同。观众在这两个展览中可以任意挑选大屠杀中的历史人物或是当年登上泰坦尼克号的乘客。虽然这可以让人切身体验发生在历史人物身上的故事,但这跟观众自己有什么相干呢?反之,自主录入的依据是观众自己的个性、偏好和兴趣。

如果说自主录入是基于用户自我展现出来的言语的话,那么行为生成则是基于用户自身的行为。例如,我家附近的一家攀岩健身房就是用

---

〔1〕　美国犹太人大屠杀纪念博物馆(United States Holocaust Memorial Museum)是美国官方为纪念二战时期纳粹德国对犹太人的大屠杀而设立的博物馆,位于美国首都华盛顿,1993 年开馆——译者注。

的这种模式。每当我进入这家健身房，前台工作人员都会询问我的会员号，查到我的姓名后就会向我问好。他可以在电脑屏幕上看到我来健身房的频率、我选了什么难度的班级，以及其他任何相关记录。除了我的名字之外，其他任何资料都不是由我自己录入进去的。他通过我在健身房的各种行为的记录来了解我，而且我的行为记录也是独一无二的。

行为生成模式在文化机构中的应用前景十分可观。如果你能设计出一种记录观众所有行为的方法——看过的展览、在每件展品上所花的时间、设想的各种体验、在吃饭和购买纪念品上花了多少钱——你就能更好地了解观众，并据此对观众做出回应。

但事实上，很多模式是这两种模式的混合，既重视观众的言语，又重视观众的行为。2009 年，我在波士顿儿童博物馆[1]做了一个线上和线下相结合的体验《我们的绿色之路》(Our Green Trail)，目的是让用户在日常生活中多多关注环保。我们打算将线上部分做成一个个人资料模式，里面记录了用户在生活中的环保行为及其奖励。所以，我们设计了一个"绿色村"(green village)，每位用户都有一个虚拟之家。[2] 用户首先选择一间房子作为自己的家，并给它取个名字来创建自主录入型个人资料。这些房子开始的时候跟普通的房子没什么两样，但随着用户环保行为的积累，房子会逐渐变成绿色。人们不在线上环保，而是在线下，也就是在现实生活中环保——带环保餐盒上学、随手关灯、节约用水等。用户可以在线上设定一个环保任务，不过，他们的虚拟之家只会在环保任务完成后才会变绿。这样，虚拟之家就是一个与用户日常生活相关联的行为生成模式，只要瞄一眼绿色村的房子就知道谁的生活过得更绿色。

---

[1]　波士顿儿童博物馆(Boston Children's Museum)：位于美国马萨诸塞州波士顿市，1913 年由波士顿当地的科学课教师及妇女教育协会发起成立，是美国历史上第二座儿童博物馆。1962—1985 年迈克尔·斯博克(Michael Spock)任馆长时，首次将动手式学习及互动式展品引进博物馆领域，并推动美国博物馆协会接纳儿童博物馆为其会员——译者注。

[2]　你可以通过登陆 http://www.participatorymuseum.org/ref2-7/来创建你在绿色村的小家。

　　针对工作人员的个人资料,大多数机构采用的是行为生成模式,而且用的有点过度,不给工作人员自我展现的机会。2004 年,我去参观了俄亥俄州哥伦布市的科学与产业中心[1]。在工作人员的休息室里,我看到墙上贴满了他们的照片,并标有他们的名字和职位,这样谁是谁、谁是干什么的就一目了然。这在大型机构是一个很好而且很典型的方法,它方便了成员间的沟通和交流。不过,COSI 对这个方法做了改进,墙上除了贴有每位工作人员的照片、名字和职位之外,还附加了一项"梦想头衔"(dream title):一位教育人员的梦想称呼是"香蕉吃货",一位观众服务代表称自己是"泡泡女王",如此还有很多。这个简单的改进让工作人员在展示自我职位的同时,说出自己所想的,而且非常有创意的头衔。

穿戴式个人资料

　　沃尔特斯艺术博物馆的工作人员在为《英雄》展设计观众个人资料模式的时候并不想花大价钱,他们只想要一种简单易用、有趣高效的模式。所以他们创造了一种简单的穿戴式个人资料模式(wearable profiles)。他们发给观众一种很小的金属胸章,上面印有希腊神话中的八个人物。观众可以选择一个代表自己性格和喜好的人物的胸章并且别在身上。这样,不管是陌生人还是朋友,都可以根据胸章上的人物来制造话题进行交流,或是在展览中找到与所选人物相关展品。

　　穿戴式个人资料是最行之有效的模式。很多博物馆要求观众入馆后别上钮扣或是胸章以表明自己是买过票的。为什么不把这种方法借用到观众体验个性化中呢?查票的工作人员可以通过观众身上不同颜色的胸章和腕带来辨别观众的身份,观众同样也可以在胸章上印一个字

---

[1]　科学与产业中心(Center of Science and Industry,简称 COSI)是美国一家科学博物馆和研究中心,成立于 1964 年,1999 年因迁新址及盲目扩张造成了长达六年的财政困难,许多展厅与设施不得不关闭,直到 2006 年大卫・切森堡(David Chesebrough)上任后力挽狂澜,与哥伦布市众多机构进行合作,策划了大量巡回展览,其开发的教育项目数量位居全美科学博物馆之首——译者注。

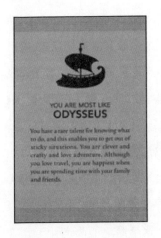

《英雄》展中与古希腊英雄奥德修斯相关的卡片和胸章。卡片一面写有人物个性特征(左),一面注有对应展品信息(中),观众将胸章(右)别在胸前以辨别身份。

或一段话来凸显自己的个性。

　　穿戴式个人资料将观众视为一个个不同的个体,并鼓励他们同其他人分享自己独特的东西。这同样也给了工作人员向观众推荐量身定制的内容的机会,而且还为志同道合的人进行交流搭建了一座社交桥梁。

　　这种模式只在馆方能够给观众提供更好的后续体验时才会奏效。在英雄展里面,更好的后续体验就是观众能够根据自己选择的英雄这条线索找到相关的展品,而且还可以跟其他观众聊聊各自选择的英雄。

　　试想一下,如果只让你问观众一个问题,这个问题要能帮观众构建与博物馆相关的体验,你会问什么?

　　针对个人资料的提问要能够勾勒出观众体验的整体框架,当然,在不同的机构要问不同的问题。当你走进一个空间,有人问你"来点轻松的东西吧",你就会变得放松下来;有人问你"挑战一下吧",你就兴致勃勃起来。所以即便是在历史博物馆问"你最想穿越到哪个朝代"或是在艺术中心问"你最喜欢什么颜色"这种特简单的问题,也能帮助观众展现自我,并为文化机构所用。

穿戴式个人资料可以和文化机构的内容相关（如不同的颜色代表不同的内容），可以和知识背景或个人技能相关（不同的颜色代表不同的身份——新手、学生、业余爱好者、专家），还可以和社交相关（一种颜色代表此人喜欢跟陌生人交流，而另外一种颜色则恰恰相反）。比如，在音乐中心你可以制作出印有这些标签的胸章——"西部乡村音乐""朋克"等，来帮助观众找到跟自己音乐品味相同的其他观众。

更多情况下，诸如"我喜欢××"或是"我对××感兴趣"可以让观众和工作人员表达自己的喜好，并找到和自己趣味相投的人。来自德国的技术员杰伊·卡森斯（Jay Cousins）就做了一个实验，他开会的时候准备了印有"跟我聊聊××"的贴纸，人们在贴纸上面写上自己的兴趣爱好就把它啪的一下贴在后背上或是笔记本电脑上，以此来促进人们之间的交流。

德国柏林"Palomar 5 创新露营活动"（Palomar 5 Innovation Camp）的一位参加者用一张"跟我聊聊××"的贴纸给自己的兴趣爱好打广告，以此来进行社交。

当论及贴纸的受欢迎程度和它最不可能出现的场合时，卡森斯如此说道：

德国电信创意节（Deutsche Telekom Innovation Day）——西装笔挺的人会穿得跟泡泡一样傻来表达自己的情

绪吗？——4/5的人说会。[1]

以上都是自主录入模式的例子，行为生成模式同样可以应用到穿戴式个人资料中——观众使用了哪些展品、看了哪些画、参加了哪些音乐会等。行为生成模式还可以清楚地体现谁是会员、谁是赞助者、谁是合作者、谁是特殊观众等，纽约科学馆使用不同颜色的胸章就是个例子。

穿戴式个人资料不仅适用于观众。其实，工作人员和志愿者在某种程度上已经在使用行为生成模式了，因为他们身上都穿着制服或是带着工作证。我在一家小型科学中心做前台工作的时候就穿着一件蓝色的马甲，我喜欢叫它"魔法马甲"，因为穿上这件马甲，别人就愿意放心跟我交谈跟我玩。

穿戴式个人资料还可能泯灭工作人员的个性。纽约科学馆教育与亲子项目的副主管蒲丽娣·古普达（Preeti Gupta）说她自己穿了几年的红色围裙制服后，心里面还是老犯嘀咕：

> 通常，观众看到我胸前的工作证和腰上别的一串钥匙就知道我是工作人员。我跟观众的交流也很愉快。不过自从我穿上这件围裙之后，我就变得很焦虑了，为什么呢？因为我意识到这不是件普通的围裙，它表明了我的"角色"和"身份"。观众看到我穿着红围裙就知道有什么不懂都可以来问我，而且帮助观众是我的职责。正是这份责任让我倍感焦虑。[2]

采用穿戴式个人资料时，注意要让人们对自己的资料充满自信和激情，而不是让他们感觉自己像是被强按着填资料或是被连蒙带骗一样，对观众和工作人员均是如此。把个人资料穿在袖口，可以让你倍感骄傲

---

[1] 浏览卡森斯2009年12月写的博客文章《跟我聊聊泡泡吧（更新版）》（"Talk to Me Bubbles update"），请登陆 http://www.participatorymuseum.org/ref2-8/

[2] 古普达说话的全文收录在我2009年2月写的博客文章《魔法马甲现象和其他帮你与陌生人交谈的穿戴式工具》（"The Magic Vest Phenomenon and Other Wearable Tools for Talking to Strangers"）中，详情请登陆 http://www.participatorymuseum.org/ref2-9/

自豪。一些人通过佩戴不同颜色的腕带来表示自己是某个党派或是某个社会运动的支持者。他们戴腕带的时候感觉到对自己的信仰有种强烈的情感,他们用腕带向世界展现自己的喜好,表明自己是某一阵营的成员。

你的机构里有哪些阵营呢?更重要的是,哪些阵营才是观众愿意和志同道合的人加入进来的呢?最庞大的阵营并不是靠外表来区分的:男人戴蓝色胸章、女人戴红色胸章,或是 65 岁以上的老人系绿丝带、小孩子系黄丝带,这些都没用。会讲多国语言的工作人员、军事博物馆里的退役军人、科学中心里喜欢探索的观众,让这些人戴特殊胸章才有意义。

个人资料的预设内容不要太多

设计用户个人资料模式时要避开两个误区:预设内容太多、不尊重他们的隐私。

个人资料要有弹性。很多人都有过被购物网站上那些繁琐的个人资料所折磨的经历。买一个漏勺,网站就恨不得把全天下所有的厨具都推荐给你。心血来潮买了本诗集,以后每当这个诗人出了新诗,你都会收到提醒。个人资料模式的预设内容过多,过分的推荐也变得可笑,整个个性化就变得一文不值了,因为个性已经湮没在茫茫人海之中。

当我们去博物馆看展时,我们本身也是在展示自己复杂多变的个性需求与动机。[1] 有时,我陪我侄子在博物馆内嬉闹,在一个又一个的新奇展品面前教他怎么欣赏;有时,我会一个人来参观,寻求一种更为闲适、更合我自己口味的体验。如果我的个人资料在我第一次来的时候就已经锁定为带小孩的女性,那以后我每次来也未必会得到好的服务,即便个人资料在我第一次来的时候记录得非常准确。

最后,馆方还要把个人资料的利用方法向观众交代清楚。有些机构,比如公共图书馆出于保护个人隐私的考虑,会刻意不保留赞助人的

---

[1]　约翰·福克:《身份认同与博物馆观众的体验》(*Identity and the Museum Visitor Experience*),2009 年。

个人信息。如果观众在个人资料中留下了个人信息——尤其是像姓名、照片、联系方式这样的私人信息——馆方就要跟观众说清楚他们的个人信息存在哪了、会做什么用。

冲突式个人资料

有一种情况是例外的，属于这种情况的个人资料系统尽管有着非常繁琐的预设，而且对用户的个人信息并不保密，却运行得很成功：它能产生一种冲突式体验（confrontational experiences）。史密森学会旗下的美国国家历史博物馆（Smithsonian National Museum of American History）1987 年的《牧场到工厂》（*Field to Factory*）展就是这一情况的典型。在进入展厅前，观众需要走过两道门，这两道门上分别写着"白人"和"有色人种"。这样，你先选好符合自己的预设条件，然后进行相应的参观体验，不过这种选择很令人不爽。

这种两道门式的预设装置为众多机构所效法。约翰内斯堡的种族隔离博物馆[1]强制要求观众根据自身是否是白人来选择对应的展线进行参观。馆方发给观众的门票上面也标有观众所属的种族，然后观众被引导到不同的入口，参观不同的展品。白种人和非白种人的展线之间用栅栏隔开，表明非白种人低人一等，不能跟白种人走在一起。这种个人资料系统的目的就是为了把人隔离开来。观众当然会感到失望，而且对馆方的做法颇有微词。这种个人资料系统也许很有效，但对于展览主题没那么激进、具有争议的博物馆来说，这样做无疑会带来不小的压力。

2006 年，瑞士的伦茨堡斯达夫故居[2]举办了一个名叫《信仰问题》

---

[1]　种族隔离博物馆（Apartheid Museum）是位于南非约翰内斯堡的一座以 20 世纪南非史及南非种族隔离为主题的博物馆，原为 Akani Egoli 财团为竞投赌场许可证出资兴建，2001 年开馆——译者注。

[2]　伦茨堡斯达夫故居（Stapferhaus Lenzburg）：位于瑞士的伦茨堡城堡（Schloss Lenzburg），始建于 1599 年，原为磨坊和谷仓，后以瑞士政治家、哲学家菲利普·阿尔伯特·斯达夫（Philipp Albert Stapfer，1766—1840）的名字命名，1960 年后作为斯达夫故居基金会事务中心所在地，常举办关注现实议题的展览等文化活动——译者注。

种族隔离博物馆的一名保安正在馆外检查观众的门票,然后根据他们的肤色,把他们带到不同的入口。

(*A Matter of Faith*)的展览,它就运用了冲突式个人资料系统,让不同的观众从迈入展厅的第一步起就开始感受不一样的体验。观众在进入展厅前都要表明自己是"信教者"还是"不信教者"。两者都要佩戴馆方发的 USB 胸章,来区别自己的身份,有的人会很自豪地展示自己的身份,有的人会把胸章藏进夹克中。副馆长比特·哈什勒(Beat Hächler)称其为"暴露原则"(the principle of exposure),观众在展览中"被"主角。[1] 不过,也不是每位观众都喜欢这种感觉。

入口处的不快在进入展厅后变得更复杂了。展厅里设置了很多小亭子,观众可以进去填写有关宗教信仰的调查问卷,构建更丰富的个人信息。这样,根据信仰程度的不同,观众的个人资料最终被分成了五种。观众可以选择公开自己的个人资料,有 95％的观众愿意公布自己的答案。在最后的展厅里,观众被分成了五组,分别围绕在一个大圆桌前,每

---

〔1〕　引自哈什勒:《把握策展的现在》("Capturing the Present in Exhibition Design"),《展览人》(*Exhibitionist*)2008 年第 2 期,第 45—50 页。

组观众都提供更多的个人信息。哈什勒说,大部分观众最后都直接到属于自己信仰程度的那组去了,他们和本组内的陌生人交流,希望能对自己的信仰有更多的了解。他还说:"基本上,这种特殊的设定可以在有相同的信仰程度的观众之间产生自发的交流。"也许,观众刚开始进入展厅的时候会对暴露自己的信仰感到不快,但最后却能够以跟具有相同信仰程度的同志对话而圆满结束。

文化机构个性化的实践

只有对观众的个性予以积极回应,文化机构个性化实践才能发挥作用。我们已经看了一些案例,知道一个好的个人资料系统是怎么让观众感受到馆方对他们的重视、观众怎么通过完善个人资料来获取更多内容、馆方又是如何把观众和富有挑战意味的创意相关联的。开发个人资料系统不仅需要馆方投入大量的人力物力,而且还会占用观众的时间,所以个人资料系统可不是一次性的东西。文化机构个性化也因此成为观众与馆方建立密切联系所迈出的第一步。

有不少博物馆已与一小部分观众(如捐赠者、专家和社区伙伴)建立了密切联系。捐赠者钱捐得越多,就越会受到当地博物馆规划办的关注;专家鉴定藏品的时间越长,他和保藏人员的关系就越密切。当社区成员被选入社区顾问委员会与馆方进行合作时,他们便同馆方和工作人员有近距离接触,并且会因为自己是活动策划的一员而充分表达自己的意愿与看法。

但这些利基群体[1]都太小了,文化机构个性化的关注点只能覆盖到一些重要的捐赠者、专家和社区顾问,其他的观众就享受不到此等待遇了。文化机构个性化通常遵循宁缺毋滥模式(scarcity model),所以

---

〔1〕　利基群体(niche groups):经济学术语,指具有相同特征的同类群体,比如对一种新近推出的产品或服务具有需求偏好的人群——译者注。

一个工作人员对应一位观众进行交流。社区顾问委员会常常要工作人员投入大把大把的时间。所以想按传统模式将这种合作大规模推广是不切实际的。

那其他的观众怎么样呢？他们的收入并不高，也没有文博专业的博士学位，甚至与馆方没有什么实际联系。与常客建立密切联系很容易，但是他们对馆方的资源没什么要求，所以文化机构不需要设计资源密集型模式来加强与他们的联系。要想建立密切联系，就得给那些积极参与的观众予以看得见的回报，他们便会更加开动脑筋投入进来。而且这也是条底线。如果观众感到馆方对自己不断变化的兴趣与需求都有所回应，那他们肯定乐意再来参观，甚至是成为会员、提升会员级别、愿意把时间和财力花在机构上。[1]

在下面的几节里，我们将看到馆方会采取什么样的办法提供给观众所需要的体验，不参观的时候又是如何与观众建立联系，如何让观众成为回头客，如何给观众提供各种有意义的会员服务。我想把观众的参观行为和各种与文化机构的交集称为"珍珠"，那么和观众建立强有力的联系就是把这些珍珠用线串起来。

把前台一线工作人员打造成联系中介

文化机构与观众建立密切联系的最有效的地方就是在前台。前台的一线工作人员和志愿者，不论是售票员、组织活动的教育人员、保安还是接待员，对绝大部分观众来说，他们代表着文化机构的形象、传递着文化机构的声音。他们最了解观众的需求，也是公众最常接触到的馆方工作人员。前台工作人员如果实现了自身的个性化、与观众保持私人来往，就为观众的个性化体验奠定了基础。

---

〔1〕　了解更多有关以商业模式建构与观众的深度联系的论述，请参考约翰·福克和贝弗利·谢帕德（Beverly Sheppard）2006 年的专著《知识时代欣欣向荣：博物馆和其他文化机构运营的新商业模式》（*Thriving in the Knowledge Age：New Business Models for Museums and Other Cultural Institutions*）。

　　我年轻的时候曾在一家花店打工,那家花店的开店宗旨就是情谊第一。我上班的第一天,老板克里斯就跟我说:

> 　　每个来花店的人都是有故事的人。他们来买花跟你上书店买书或是上必胜客买披萨不一样。每位客人都想倾诉自己的故事,都想满足自己的需求。所以,你要做的就是搞清楚他们的需求是什么,然后卖给他们花,让他们开心。[1]

　　我照老板的吩咐做了,也许其他商店的人对这种做法不屑一顾。我会跟客人聊他们买花是要送给谁,是送给女朋友、老板还是过世的亲人或朋友,再帮他们挑选合适的花。如果客人买得很多的话,我会免费送给他一个花瓶。有些可爱的小孩也会买一朵花带回家。如果是个地痞无赖来闲逛,我会故意涨价或是不卖给他。那个花店的装修其实并不精美,但我们和客人结下了深厚的情谊。

　　我和顾客建立了密切联系,因为这跟克里斯的开店宗旨相符。但不幸的是,很多前台员工只知道和顾客完成交易,并不会和顾客建立联系,他们只是在快手撕门票和提供及时准确的信息方面训练有素。如果你想为自己的机构招徕更多的客人,你就要像克里斯一样,把工作人员调动起来。

　　北卡罗来纳州的生命与科学博物馆(Museum of Life and Science)就想把前台变成一个与观众建立联系的据点,而不是单纯的售票处。营销团队给前台工作人员进行了专业培训,教他们怎样去跟观众建立联系。前台工作人员会与第一次来博物馆的观众进行简单的交谈,问问他们想在博物馆看些什么,而且临走前还会跟他们打招呼说再见。工作人员还到其他机构进行考察,并体悟怎样才能给观众提供更好的服务。会员部的主管杰夫·斯登(Jeff Stern)向我解释道:"我们想让员工知道,

---

[1]　本书提到的所有人我都标注了姓什么,唯独克里斯我不知道他姓什么,不过你可以去洛杉矶的好莱坞花店(Hollywood Flowers)向他买花。

我们非常乐意看到他们在思考如何给观众提供更好的服务，并且我们的态度是很认真的。"文化机构的内部博客和员工大会都会对前台工作人员和志愿者观察到的情况以及反馈进行讨论，这无疑能让基层员工觉得自己也是文化机构这个大家庭的一员，而且那些不在一线工作的员工也能借此机会了解到观众的有关情况。

工作人员还能通过表达个人对展览的看法来和观众建立私人联系。例如，蒙特雷湾水族馆[1]在 1997 年举办的一个名为《钓鱼就搞定》（*Fishing for Solutions*）的临时展览。馆方把工作人员和观众的看法都贴在了评论墙上，即邀请观众发表自己对于鱼群数量狂增的解决办法，并把工作人员的个人看法贴出来。工作人员没有写上水族馆是怎么帮助解决这个问题的，他们写的都是关乎自己日常交通出行、饮食和家庭活动对于这个问题的影响。工作人员在自己的评论后面都会写上自己的名字和职位，这无疑将观众和工作人员间的关系更加个性化了。这种方法效果很好，因为这些平时写展览说明牌的工作人员转而谈自己的个人生活，他们以自身的实际行动为观众树立了一个典范。[2]

一线即在线

只要条件允许，前台一线工作人员就是与观众进行线上互动的最佳人选。如果观众与工作人员建立起了线上联系，那她就很有可能与工作人员进行私下交流。例如，曾经有一位女性观众在明尼苏达科学博物馆（Science Museum of Minnesota）的博客上认识了馆内一名叫雷公的工作人员，后来她去博物馆的时候还专门找他出来聊博客上没有讨论完的话题。他们之间关系的建立有赖于雷公能在博物馆的网站上表达自己

---

〔1〕 蒙特雷湾水族馆（Monterey Bay Aquarium）是位于美国加州蒙特雷市的一座世界闻名的水族馆——译者注。

〔2〕 参考自珍妮·赛尔·兰伯格（Jenny Sayre Ramberg）:《从评论到承诺：蒙特雷湾水族馆的〈钓鱼就搞定〉展》（"*From Comment to Commitment at the Monterey Bay Aquarium*"），载凯瑟琳·麦克林（Kathleen Mclean）、温迪·波洛克（Wendy Pollock）主编:《博物馆展览中来自观众的声音》（*Visitor Voices in Museum Exhibitions*），2007 年，第 37—44 页。

的看法，而且他在网上的实名认证显示他是博物馆某部门的工作人员，所以观众可以很方便地找到他。

在旧金山探索馆，一线工作人员称自己是"探索馆解惑员"（Exploratorium Explainers），他们从 2007 年开始就写关于他们工作内容的博客[1]，话题从最喜欢的展品、幕后的辛苦工作到与观众在现场进行的有趣互动等无所不包。博客文章的口吻常常是无厘头的，不过他们把探索馆的爱与活力贴到了网上，也算是干得不错。解惑员们的博客体现了这样一群热爱探索馆的人，善于把握机会为探索馆代言。一位名叫莱恩·詹金斯（Ryan Jenkins）的解惑员兼博主在谈到写博客的经历时说："最后，我想说的是，写博客让我觉得当一名解惑员是很骄傲很自豪的事情，而且也把探索馆这个神奇地方的革新精神传承下去。"

鼓励一线工作人员和志愿者写专业博客对参与者和馆方而言是共赢行为。这不仅有助于增强和维系文化机构的记忆纽带，更能帮助观众服务部门的新员工掌握一些工作要领。这不仅是对员工聪明才智的肯定，还将他们的热情转换成一种面向公众的产品。如果工作人员开的是私人博客，谁会知道他们会不会对文化机构恶语相加。而在馆方的监管下开博客，他们就被"招安"了。他们想为机构做点实事，但却怕博客被关或是人被开除，所以"招安"无疑是个好方法。

鼓励工作人员参与到凸显他们的个性的活动中来能帮助工作人员更好地理解参与活动。个性化是观众自视为文化机构这个社区家庭的潜在成员的第一步。你不想工作人员也有这种想法吗？

在场体验的个性化

文化机构怎么才能应对观众各种不同又老是在变的兴趣与需求呢？设计师和教育人员会综合考虑各种因素来满足所有观众的需求，如设计

---

[1]　浏览"探索馆解惑员"的博客，请登陆 http://www.participatorymuseum.org/ref2-15/

各种不同的活动空间、设计与重点展品有关的互动装置、提供各种各样的项目等。但是人们又会从博物馆体验的各个方面解读出不同的意思。一位观众可能对铁匠的工具感兴趣,另一位观众又可能对自己做生意所牵涉的劳工政治感兴趣。所以,馆方如何才能给每位观众都提供"恰当"的内容呢?

这个问题不仅关乎如何满足不同类型观众的需要,还涉及观众的需要和兴趣会随着时间不断更新变化。"和观众一起成长"的能力对那些按观众类型定位的机构(如儿童博物馆和科学中心)而言尤为重要。我工作的第一个博物馆是阿克顿科学发现博物馆(Science Discovery Museum),它是一家位于马萨诸塞州阿克顿市的小型科学中心,在那里可以动手操作展品。馆内展示了各种神奇的互动展品,包括那些连我这个工科出身的人都搞不明白的装置。我觉得这些展品既漂亮又神秘,不过说明文字却是小学生水平,所以尤其吸引亲子观众。如果小孩已经到了八九岁,那这家人就超过最佳参观年龄了。如果我们能在互动中提供不同科学家的发现历程,或是提供更多层次的互动探险活动,同样的互动就能为更多年龄层次的观众所用了。

给观众提供既定的内容包括两个方面:对于每一件给定的展品能够从足够多的角度解析出海量内容和信息库;观众可以通过检索机制找到自己感兴趣的内容。

"海量信息库"要怎么做呢?围绕着一件展品、工艺品或是一个项目都可以有很多种方法来扩展其内容。你可以从设计师的视角出发,也可以挖掘收藏家与藏品背后的故事,探讨展品的时代背景,把内容描述得更富诗意更有文采,或是谈谈观众的想法等。通常人们都对自己感兴趣的或是跟自己有关的东西想要更多的内容,所以站在观众的视角来决定添加什么样的内容也是可行的。例如,艺术博物馆可能会觉得自己尤为缺少适合儿童的展品,历史博物馆可能会觉得用第一人称讲口述史的形式比用第三人称描述要好。

多元解读也给工作人员展示自我提供了门路。印第安纳波利斯艺术博物馆[1]有一个很有魅力的园丁，名叫瑞特·里德（Rhett Reed），他就跟博物馆的新媒体团队合作，拍他采访馆内安保部门和文保部门工作人员的视频。拥有优雅的个人谈吐和平易近人的风度的里德无疑是向观众介绍安全监控室和保藏人员工作的不二人选。[2]

多元解读虽说是一种挑战，但却是看得见的挑战。最棘手的地方在于要找到一个合理的分配机制，不会给观众的体验带来太多的麻烦。想象一下，光是采集各方的内容解读（从专家到门外汉、从艺术家到科学家、从观众到保安）就要费九牛二虎之力了。那采集完之后又该怎么展示出来呢？观众又该如何选择哪些是自己想看的呢？

从小范围来说，多频语音讲解器（multi-channel audio tour）和多屏说明牌（multi-panel label）是两种可行的办法，不过超过五种或六种情况的话就派不上用场了。观众需要记很多标记或是编码，甚至会出现选择障碍，所以他们最终会放弃。

信息量过大的问题引发了关于信息简化的讨论，可不可以把语音讲解词、展厅的间隔停顿、说明文字和辅助展品都变少？不过还有其他方法可以解决这一问题，即便是你有 37 个"频道"，也能把观众伺候好。你需要的就是推荐功能。

推荐功能

推荐功能（recommendation engine）是一种基于你的个人资料来向你推荐内容的机制，它也是让 LibraryThing 取得成功的关键。人人都能在书店找到店员推荐的书目，但是哪些书又真正适合你呢？推荐功能在这就有用武之地了。

---

〔1〕 印第安纳波利斯艺术博物馆（Indianapolis Museum of Art，简称 IMA），位于美国印第安纳州印第安纳波利斯市，始建于 1883 年，其收藏十分广泛，是美国第八大综合型艺术博物馆——译者注。

〔2〕 观看 IMA 的园丁瑞特·里德的《里德，我需要你》（*The Need for Reed*）视频采访系列，请登陆 http://www.participatorymuseum.org/ref2-16/

推荐功能的基础是自主录入模式和行为生成模式的强强联合。拿
Netflix 为例，它是美国有名的网上电影出租公司。Netflix 会根据你平
时给电影的评分来向你推荐电影——既会推荐你可能喜欢的电影类型
又会推荐你可能喜欢的电影。Netflix 的推荐功能基于电影评分，所以
首先你要注册一个账号，然后登录 Netflix，这就完成了建立个人资料的
关键两步，系统也因此可以给你提供你喜欢的电影列表。重点在于你的
个人资料越完善，Netflix 越能给你推荐符合你口味的电影。

这种含蓄却有保证的回应驱使着人们给无数部电影进行评分。你
用得越多，它也变得越完善——这就是一种顾客和卖家之间的共生
关系。

对于 Netflix 来说，提升推荐功能、让更多人为电影评分是盈利的必
要手段。Netflix 提供电影月租服务，他们可不想用户取消订单是因为
他们已经把想看的电影都看完了或是找不到一部有趣的电影。Netflix
也不想留给亲朋好友向用户推荐电影或是用户自己认认真真看电影评
论的机会。所以，Netflix 愿意在推荐功能上不惜血本，以便让 Netflix
可以一直向用户推荐他们喜欢的电影。2006 年 10 月份的时候，Netflix
还设立了一个 100 万美元的大奖，奖给可以在现有的基础上把推荐功能
提高 10％的团队。

Netflix 推荐功能的原理就是要给客户提供更多想要的东西——即
带给用户一种更深层次但并不空泛的体验。在博物馆中运用推荐功能
不得不考虑的一个问题就是观众可能只停留在自己感兴趣的展柜前，而
根本不考虑其他有可能带来惊喜的体验，转到其他体验虽然让观众不是
很爽，但亦有其潜在价值。欣慰的是，文化机构不是租电影的营业场所。
网店的推荐功能虽然已经比较完善，但还有其他的办法可以过滤掉多余
的既定信息。

例如，LibraryThing 就有一项功能叫作"不推荐"（Unsuggester），里面
都是"你不喜欢的书"，这跟 LibraryThing 之前的推荐功能完全相反，它根
据你的书单或是别人和你相似的书单来推荐你**最不想看**的书。"不推荐"

在推荐给你讨厌的书的同时，也推荐了你可能从来没见过的书。

设置一个"不推荐"的功能貌似有点傻，但从针对用户个人资料的回应来看还是很有价值的。它是通向一个遥远的未知世界的一扇窗，并且用户对此也予以积极回应。当"不推荐"功能的设计者提姆·斯伯丁（Tim Spalding）说几乎没人会看"不推荐"书单上的书时，一位匿名网友吐槽道：

> 你太小看馆藏用户[1]了。我们其实就想玩点新花样而已，这些跟我们平时读的"正好相反"的书很可能就是我们想要的。[2]

在谈到一些"正好相反"的书，如哲学和鸡仔文学[3]、编程教程和文学时，斯伯丁写道：

> 当然，每个人有自己的口味，每个人也都有自己爱看的书。但是，严谨的读者肯定会同意书是读者世界的缔造者，书的交流就是阅读空间的交流，而且我认为，这种关系是成正比的，你不喜欢看的书可能正好是别人所需要的，这样就弥补了读者世

Did you like?　　You will <u>not</u> like!

"不推荐功能"把你喜欢的和可能不喜欢的书放在一起做比较。

---

[1]　馆藏用户（Thingamabrarian）是指在 LibraryThing 网站上登记编目自己图书的注册用户，称为馆藏用户，比一般的注册用户高一个级别——译者注。

[2]　浏览斯伯丁 2006 年 11 月写的博客文章《图书推荐和不推荐》（"Book Suggester and Unsuggester"）以及网友的回复，请登录 http://www.participatorymuseum.org/ref2-17/

[3]　鸡仔文学（chick lit）指由女性撰写并且主要面向二三十岁的单身职场女性的文学作品，因 chick 在英语中既有"鸡仔"又有"年轻女性"的意思而得名——译者注。

界的空间断层。所以,在团结一致和理解万岁的精神指引下,为什么不在把喜欢的书添加进书单之余,看看那些正好相反的书呢?

试想一下,如果把这种模式应用到参观博物馆,观众可能会突然想到"老是看木乃伊的话,就错过那些鱼缸了"。推荐功能要对用户个人资料做出有意义的回应,但这并不意味着只给观众提供他们早已喜欢的东西。

你的观众要如何完善个人资料来达到上述推荐功能的效果呢?观众参观时会面临很多选择:做什么?怎么做?做多久?和谁做?可惜馆方对这些选择并没有深入研究。除非你已经着手开发能让观众给展品评分、把喜欢的展品和参观路线添加到个人收藏夹等功能,否则推荐功能仍然只是幻影。

不过也别灰心。很多推荐功能(包括"不推荐")根据一位用户的数据就可以生成很多推荐项目。只要在 Netflix 上输入一部电影的名字,你就能在你喜欢的电影列表收到很多推荐的电影,LibraryThing 上也是一样的。对用户个人资料做出回应也只是推荐功能之所以取得成功的原因之一,除此之外,它还借用了文化机构领域中实物与内容之间的联系来使推荐变得更为精准。

【案例分析】
潘多拉——专家推荐功能

在线音乐网站潘多拉(Pandora)的理念有点类似博物馆保藏人员工作时用到的方法。用户可以在线创建一个自己的电台,潘多拉就根据用户的喜好来推荐新的音乐。它的工作原理是:你在电台输入你喜欢的歌手或歌曲的名字,叫作"种子歌手"(seed artist)或"种子歌曲"(seed song),潘多拉就会根据你的种子歌手或种子歌曲播放风格相近的音乐。用户的个人资料系统是自主录入模式(种子歌曲)和行为生成模式(喜欢的歌或在播放过程中想要跳过的歌)的结合体,所以你可以在电台输入一首歌的歌名,然后循环播放,或是通过添加新的种子歌曲、跳过不喜欢的歌、收藏喜欢的歌来不断调整自己的电台。[1]

潘多拉最为奇特之处在于它复杂的过滤功能,它不是简单地把歌手按风格归类,然后播放风格相近的音乐,相反它在每首歌曲上都花大力气标记了上百个关键词,请了一个专业的音乐团队来找寻歌曲之间的关联。潘多拉是"音乐基因组计划"(Music Genome Project)的一项成果,该计划邀请职业音乐家给每首歌都标记很多关键词,就跟"基因"一样,这些"基因"就成了歌曲的"携带者"(vector),能够组成高度复杂的音乐故事。每首歌都要耗费 20~30 分钟的时间进行解码。这是一项很严肃的工作,与博物馆保藏人员的藏品分类和研究并无二致。

例如,我在潘多拉创建了一个电台,只输入了保罗·西蒙(Paul Simon)的一首《她鞋底的钻石》(*Diamonds on the Soles of Her Shoes*),然后电台就播放了下面的歌:

　•贾斯汀·罗伯茨(Justin Roberts)的《她是个黄色的探照灯》(*She's a Yellow Reflector*);

　•Field Music 乐队的《要是月亮出来了》(*If Only the Moon Were Up*);

　•英语拍子乐队(The English Beat)的《她走了》(*She's Going*);

　•保罗·西蒙的《你就是唯一》(*You're The One*);

　•他们可能是巨人乐队(They Might Be Giants)的《希望渺茫》(*Withered Hope*);

　•埃尔顿·约翰(Elton John)的《大勺子》(*Big Dipper*);

　•纽约摇滚乐合唱团(New York Rock & Roll Ensemble)的《等到明天》(*Wait Until Tomorrow*);

　•金发女郎乐队(Blondie)的《高潮迭起》(*The Tide is High*)。

---

[1] 你可以登陆 http://www.participatorymuseum.org/ref2-18/ 来试试潘多拉电台的功能,不过潘多拉仅限于美国国内使用。

这些歌里面除了一首歌和一半的歌手之外,其他的我从来没听过。我喜欢其中的七首歌,而且我都会在每首歌上点击"为什么?"来看看潘多拉推荐这首歌的理由是什么。例如,《高潮迭起》的理由就是它"用摇滚乐器演奏,雷鬼[1]风,稍微用了点人声合唱[2],短旋律反复和伴奏很多"。

音乐基因组计划内有超过 400 种关键词,比如"轻快的摇摆风""叙事型歌词""舒缓的萨克斯独奏"等。执行潘多拉和音乐基因组计划的专家就跟保藏人员一样,对于区分和描述音乐表达的不同内容十分在行。他们的专业知识也给我带来了更棒的用户体验。作为一名业余的音乐听众,我其实说不清楚《她鞋底的钻石》有什么吸引我的地方,但听听潘多拉给我推荐的音乐,看看推荐理由,我就知道我到底喜欢什么和不喜欢什么了,原来我喜欢的是伴奏特别多的歌。在没接触潘多拉之前,我不知道我的喜好,所以潘多拉给我带来的不仅仅是新的音乐,更是探讨音乐的专业词汇。

音乐基因组计划的专家对潘多拉用户还是采取了一种半封闭态度。用户在潘多拉的博客上经常讨论用户过滤功能,一些听众还担心用户过滤功能的慢慢渗入会破坏专家所取得的高质量成果。所以在音乐基因组计划之内,听众意见发挥的作用很有限,该计划的核心理念还是歌曲的专业分类。

想象一下,如果把这种推荐功能引入到文化机构会是什么情况。馆方根据藏品记录卡和馆员推荐提炼出藏品和内容的"基因"。观众在手机上输入一件展品的名字就可以得到一连串相关的展品和文字说明。这种功能还可以高度回应观众偏好,强化观众表达自己喜好的能力。例如,有些观众可能会惊讶于自己喜欢题材取自于画家的童年记忆或是与

---

[1] 雷鬼(reggae)是西印度群岛的一种舞蹈及舞曲,尤其是牙买加的多种舞曲的总称。它的名称源自牙买加某个街道名称,意思是日常生活上一些琐碎的事情,其显著特点是强拍在二、四拍上。雷鬼在 20 世纪 60 年代开始对西方流行音乐产生了很大的影响,在 70 年代和 80 年代非常普及——译者注。

[2] 人声合唱(vocal harmony)是在合唱中将协和音作为主旋律演唱的一种声乐风格,被广泛应用于从民歌到摇滚乐的西方音乐中——译者注。

经济危机相关的历史故事的画作。尽管文化机构在形式上不能迎合每位观众的口味，但至少在内容上可以根据观众的喜好进行概念上的改造和重组，向观众呈现一种精彩纷呈又具有教育意义的体验。

个性化并不仅仅是带给你想要的，它是把新事物呈现在你面前，用词汇武装你，让你更清楚地表达自己喜欢什么、为什么喜欢，从而使你眼前的世界变得更为开阔，引导你继续探索。

个性化内容接收机制

现在只差完成个性化的最后一块拼图了，即观众接收推荐或是个性化互动内容的机制。理想的机制既符合个人需要又能为社交所用。它能对观众的个人资料做出回应、提供建议，却不会把每个人都引向同一条道上。

有的机构用设备来解决这一问题——不是条形码就是 RFID 标签——观众带着这些设备走近展品时就会获得相关信息。这在科学中心是很常见的做法，21 世纪初就已经开始在文化机构应用了。

但是这种方法也存在着两个根本问题：首先，它破坏了观众的社交体验，观众即便是组团来参观也得一个一个地使用展品（或是在这个群体里面选出一个人做代表，由她来使用展品并记录下自己的体验）；第二，它把平时杂乱无章的展品利用方法强制整合成了一条严格故事线。你不能在"中途"使用展品因为刷卡机的设定是从头开始。尤其是对于家庭观众而言，排队等别的观众玩完、寻找设定好的展品、只能有一个家庭成员可以利用展品记录体验、刷完一件展品才能刷下一件展品等麻烦的规定会让他们心生厌倦。

好的机制是遵循观众既有的日常行为模式而不是把新的行为模式强加给观众。这就是为什么阿沃斯塔的高炉用手电筒作为诠释手段很受观众欢迎（见本书第 44 页）——手电筒对于人们来说再熟悉不过了，而且也适合在历史遗址中探险。

要想设计出一个好的工具，你就要多考虑观众现在是怎么参观的、参观些什么内容。如果观众经常使用手机，那手机就是个很好的突破口。例如,布鲁克林博物馆[1]在 2009 年就试行了短信推荐功能。每件展品都在说明牌上标有一条号码,观众如果向这条号码发送短信,系统就知道观众喜欢这件展品,然后据此向观众推送周围其他可能喜欢的展品的信息。如果观众在完善个人资料的时候填写自己喜欢的展品,系统便能提供更精准的推荐,不过那太费事了,现在观众只要发个短信就能享受相同的服务。

文化机构还可采取更为普通的方法来帮助观众与展览内容建立更深的联系。在艺术博物馆,设计师可以设计一个"翻阅式速写本"(browsing sketchbook),每页都印有展品的照片,标有其在馆里的位置,而且还有这样的小字说明:"浏览更多裸体雕像,请翻至第 84 页;浏览更多受折磨的艺术家[2],请翻至第 211 页。"在交通博物馆,观众可以利用船上的航海日志与护照了解自己现在身处何方,并且看看还能去哪玩。在科学博物馆,说明牌可以做得非常小巧,说明文字的观点也可以多种多样,观众可以用放大镜来搜寻自己想看的说明文字,即便有的说明文字可能写得很简单,如"如果你喜欢这件展品,请到下一个展厅继续参观",或是"想要从另外一个视角看这个故事,就到背面的墙上去看看",观众还是能在馆方的帮助下找到为他们设定的路线。

把个性化内容带回家

理想的个性化体验并不会在观众离开文化机构之后就结束。试想一下,一位之前从没来过的观众,他不是会员,逛了一圈就得到了非常棒的体验(但愿是个性化体验),然后就走了,那馆方该怎么做才能让观众的这种体验持续下去呢?

---

[1] 布鲁克林博物馆(Brooklyn Museum):位于美国纽约市布鲁克林区,始建于 1895 年,是纽约第二大艺术博物馆 ——译者注。

[2] 受折磨的艺术家(tortured artist):指自己的作品和生活等不被世人所认同,从而感到内心苦闷的艺术家,他们常常思想偏激,而且患有精神疾病,荷兰画家梵高就是一个典型的例子——译者注。

大多数文化机构都把观众当作一夜情，事后就不会打电话再联系，更不会怀念。如果观众注册成会员，留下了家庭地址和电子邮箱，他们会收到馆方举办活动的通知，却不会收到私人性质的信件。虽然叫工作人员与每一位到馆观众都保持私人联系很不现实，但至少可以说让他们和走出大门的观众保持私人联系还是有可能的。

过去，很多博物馆给观众发电子贺卡或是书签，让观众通过互联网保存自己感兴趣的展品或是自己在博物馆亲手制作的工艺品。20 世纪中期以来，一些艺术博物馆、科学博物馆和历史博物馆就采用了这种模式，观众在博物馆亲身体验，然后保存在网上，以后回家有时间上网再细细品读。这种"现场动手做，回家上网再看"的效果却不怎么理想，观众回家后只有不到 10％ 的人上网看了。[1]

每位观众都会获得一个属于自己的个人网页，网址会印在观众的门票上，但是真正会访问网站的观众根本没几个，因为这种模式是把个性化强行"推给"每个人。确实有的观众想在现场干点更有创意或是收集藏品的活动，但这些观众之中只有一部分想在网上还能继续自己未完成的事，还有更多的观众对这些活动既不关注，又不感兴趣，甚至唯恐避之不及，有的观众还把博物馆的门票给弄丢了，不知道可以在网上访问更多的内容。

比起把体验强推给每个人，观众的主动参与更有利于馆方工作的顺利开展。观众选择积极主动参与（或是"拉取"体验）会比被馆方强行推送体验更能响应馆方的工作。

在邀请观众参与之前，有三个因素会影响到观众在家继续文化机构体验的比率：

---

[1]   浏览西尔维娅·菲利皮尼-范东尼（Silvia Filippini-Fantoni）和乔纳森·鲍文（Jonathan Bowen）合著的论文《博物馆里的书签：参观完后的博物馆体验延伸？》（"Bookmarking in Museums：Extending the Museum Experience Beyond the Visit?"）的"书签应用真的达到博物馆的预期目的吗？"一章（"Do Bookmarking Applications Meet Museums' Expectations?"），请登陆 http://www.participatorymuseum.org/ref2-19/

1. 内容的个性化程度;

2. 现场活动的投入程度;

3. 观众在家访问内容的便宜程度。

前两个经常是交织在一起的,给自己拍张照或是写一份个人担保都是构建个人信息的体验。人都是很自恋的,所以,比起看馆方提供的内容,人们更钟爱自己创造的内容,尤其是有趣又有教育意义的内容。个性化体验会比传统体验更能加深观众的情感联系,所以观众会更容易记得自己体验过什么,也会更乐意再次体验。

就便宜程度而言,给观众发私人电子邮件肯定要比让他们自个儿打字登陆网站方便得多。例如,热带博物馆[1]有个互动展品,叫作"来一张非洲发型自拍照",观众可以在拍完照后把照片发送到自己的电子邮箱,回家打开电子邮箱就可以看到照片。促使观众回家看照片的原因有二:第一,观众主动提供自己的电子邮箱地址,而不是被动接受一张印有网址的门票;第二,在家接收照片是件很简单的事,用不着在浏览器的地址栏输入一大串的字符,只要轻轻一点收件箱就够了。当然,要观众提供邮箱地址本身也是对观众参与程度的一种测试,幸好活动的设计让观众在网上的"参观后体验"(post-visit experience)变得更为简便。

【案例分析】

芝加哥儿童博物馆利用带回家项目深化观众的参与度

有些"带回家项目"(take-home)其实很简单——拍张照或是做游戏,有的就稍显复杂,邀请观众在体验过程中收集内容,而且还有好多步骤。虽然很多耗时间的现场体验让观众望而却步,但体验完活动全程的

---

[1] 热带博物馆(Tropenmuseum)是一座位于荷兰阿姆斯特丹的民族学博物馆,由荷兰皇家热带研究所(Koninklijk Instituut voor de Tropen)运营,始建于 1864 年,最开始名为殖民地博物馆(Koloniaal Museum),主要展示荷兰海外殖民地的资产及居民,1945 年印度尼西亚独立后,其关注范围延伸到其他前殖民地国家以及重要的社会问题——译者注。

观众一定会对自己的成果充满感情。芝加哥儿童博物馆[1]有个叫作《挑战摩天楼》(*Skyscraper Challenge*)的展览。该展览把观众分成若干组,每组要在几分钟之内制作出一个迷你摩天大楼,而且还会同步创建一个记录他们这次体验的相册。在制作过程中,会有相机定时跟踪抓拍。摩天大楼造好后,每组都会坐下来好好聊聊这次体验。观众可以在相机的相册里挑选最能代表"合作融洽的时刻"或是"攻克难关的时刻"的照片。

这个设计很聪明,个性化的过程是全自动的(拍照),照相机能帮助他们留下值得回味的精彩瞬间,然而这种高度个性化的活动很费时间(实际上平均每组要花 15 分钟)。85％的人会把"建筑许可证"带回家以便在活动官网搜索自己的照片。31％的人回家后还会看这些照片——考虑到参加活动的观众的年龄都比较小,而且观众还得亲自动手把建筑许可证上印着的网址输入浏览器地址栏,这个数字算是比较高的了。

利用带回家项目提高观众回访率

文化机构往往在观众参观前和参观后的体验上投入过多,从而限制了观众再次到现场参观的可能。带回家项目虽然能给观众留下美好的记忆和无穷的回味,但点几下鼠标对吸引观众再来博物馆或是与博物馆进行深层次的互动没有多大用处。例如,美国犹太人大屠杀纪念博物馆的《从记忆到行动》(*From Memory to Action*)展讲述的就是世界范围内的种族灭绝事件,观众可以在一台智能终端上刷卡保存展览中还没看完的视频或是其他的多媒体材料,以便自己回家后还能在展览的官网上继续参观。馆方的本意是让观众在家中也能继续看展,因为观众在家的注意力更为集中,尤其是对于这种比较深奥而且夹杂着很多情感因素的话

---

〔1〕　芝加哥儿童博物馆(Chicago Children's Museum)是美国第四大儿童博物馆,1982 年由女性组织青年团(Junior League)芝加哥分团发起,作为对政府在芝加哥公立学校(Chicago Public Schools)裁减活动项目的回应——译者注。

　　一家人正在《挑战摩天楼》展览中动手制作摩天大楼模型（上图），做完后再一起制作一本记录自己体验的电子书（下图）。这本电子书包含了一家人在制作摩天大楼模型过程中的照片和视频。

题。从传播内容的角度看,这种做法是合理的,但是对于构建观众和博物馆的联系来说却是失败的,观众的体验与博物馆只有一个很短暂的交集,整个过程很简单:看展,把喜欢的东西保存起来,回家再看,然后没了。

这种带回家体验只是一个句号而不是逗号。与其老想着扩充观众参观前和参观后的体验,把现场体验多元化才是正道。

例如,芝加哥儿童博物馆就时不时地邀请观众在明信片上写一写自己参观的感受,博物馆把这些明信片收上来,过几天再寄给观众。这项活动本来是想让观众回家之后还能回味在博物馆的体验,并帮助观众巩固所学到的知识。认知心理学家就表示,在学习过程的一些时间节点上进行反复的回想可以产生长期记忆(间隔反复,spaced repetition)。在博物馆情境下就是明信片可以帮助观众保存他们在博物馆所学的知识,并积极回想起在博物馆的体验。[1]

明信片起到的不仅仅是教育作用,它更是一种联系博物馆与观众的纽带。收到一封明信片无疑是种乐趣与享受,对小孩子来说尤为如此。如果观众能在结束外出旅行回到家之后收到一件实在的、私人的而且让人略为等待的小礼品,比如明信片,那么观众与博物馆的联系肯定会在无形中得到强化。这比收到一封电子邮件要好得多,因为实体邮政服务可没有"删除"选项:观众更想要实在的而非虚拟的东西。芝加哥儿童博物馆家教部副主任特西维娅·科亨(Tsivia Cohen)如此说道:

> 我们选择以邮寄的方式给观众发送明信片而不是当场交给观众的一个原因在于我们想特意制造一种等待的时间。我们希望明信片能在几天之内送到观众家里(但愿如此)。此外,

---

〔1〕 了解更多有关间隔反复的信息,请登陆 http://www. participatorymuseum. org/ref2-20/,参阅格里·沃尔夫(Gary Wolf)2008 年 4 月在《连线》杂志(Wired)发表的文章:《想把学过的东西都记住吗? 试试这个方法吧》("Want to Remember Everything You'll Ever Learn? Surrender to This Algorithm")

有的观众还会要求博物馆把明信片寄到没有陪他们来的亲戚家里,我们希望这样的方式也能产生附带效应,观众的亲属可能会给博物馆打个电话表示感谢,这不就又给博物馆与观众进行沟通和交流创造了新的机会了么?

这种活动把带回家的东西转换为一份惊喜的礼物。从博物馆的角度而言,明信片让观众不断回想起在博物馆的体验,同时也达到了强化观众在场学到的知识的目的。这种尽可能私人化的做法也让博物馆更贴近现实生活,观众也更乐意再次去博物馆参观。

【案例分析】
《39 条线索》的跨平台体验

如果馆方把参观视为分享交流这条故事线上的珍珠,那它就有可能建立起沟通观众与自身关系的跨领域平台。2008 年,学乐[1]出版了一套新的丛书,叫作《39 条线索》(The 39 Clues),这套推理小说丛书共有10 本,并且推出了同名网络游戏。《39 条线索》的设计初衷是想构建与读者长期而且递进的联系。学乐邀请 10 位作家写了 10 本不同的书,每隔数月到两年就出一本新书。那么学乐是怎么做到让读者在这么长的间隔后还能保持对该丛书的兴趣和热情的呢?

这个问题可以与博物馆和剧院的观众回访率相比较。参观博物馆就跟读书一样,是一次思维集中且精彩纷呈的体验,但其间也会有一些间隔与休息。绝大部分人不会执着于把同一本书看好几遍或是把同一个展览、表演看好几遍。他们看完上一个之后会期待着看下一个。

学乐可不希望在这段间隔期内丢掉大批读者。他们想要培养读者对《39 条线索》这个品牌的忠诚度,让更多人为之着迷。为了加强与读

----

〔1〕　学乐(Scholastic):全球最大和最知名的少儿图书与多媒体软件的出版和发行商,1920 年成立于美国纽约,出版有著名畅销童书《哈利·波特》和《饥饿游戏》系列等——译者注。

者的这层联系，学乐没有采取出版数量更多或是内容更多的书作为间隔期的弥补策略，而是利用新的媒介推出了一款同名网络游戏。这款网络游戏就是在间隔期仍能与观众保持联系的线索。

《39 条线索》创造的跨平台体验是怎么作用的呢？[1] 在整套丛书当中有 39 条线索，每本书解开其中的一条线索，同时，每本书又包含了 6 张游戏卡，帮助读者找到其他线索。这种安排让读者在享受阅读之余还会不断地买书来获取游戏卡。

丛书的主人公是一群孤儿，故事的大致情节就是他们在不断找寻线索。但在游戏中，玩家是这群孤儿的一员（很神奇吧！），而且和他们一起寻找线索。游戏里会有一些拼图需要玩家完成，而且还有与书中故事相关的原创内容。作为读者，他的体验是以旁观者的角度赏读书中人物的故事；作为游戏玩家，他的体验则是亲身参与故事的构建。这两种体验交织在一起就相得益彰了。

在虚拟与现实世界的线索交织下，《39 条线索》游戏将读者衔接至丛书的叙述架构中。

---

〔1〕 本书付梓之时，《39 条线索》仍在继续，如有兴趣，请登陆 http://www.participatorymuseum.org/ref2-21/

　　尽管学乐本质上是一个书商,但这种跨平台的方法也不仅仅是出于商业目的。学乐这次很大胆,义无反顾地认定读者会把 10 本书都追着看完,而且推出的游戏正好服务于这项长期投资。试想一下,博物馆是不是也可以推出一款类似的游戏,让读者在一年之内来博物馆看六次不同的展览,从而形成一个更为开放的故事呢? 所以,把"做一个展览,观众就会来看"这一套扔掉吧,现在是"做一个故事,观众才会来看"。

观众为什么要做回头客?

　　想要学习学乐,最简单的方法就是假定在观众走出大门后,你还有更多的内容可以提供给他们。我要说的并不是下次要举办的展览或是巡回展览,我说的只是观众在离馆不久后的另一种体验。圣克鲁兹有一家饭店的老板很古怪,他在客人临走前都会跟他们说"明天见!"。他知道人们可能其实并不会第二天还会来他的饭店吃饭,但他假定(同时表达了一种个人愿望),即使人们第二天不会来,以后也还是会来的。

　　下一步就是对自己的假设采取行动,让观众在离馆前给馆方提供一些反馈或是个人信息。比如,可以让观众在填写电子邮箱地址时,用一些词语来形容一下今天的感受("很有启发""没意思了""有意思""很有教育意义"等),并且说一下对本次展览的什么内容感兴趣。至于方式,就多种多样了:观众可以在电子设备上,也可以口头告诉,或是填写一份调查问卷。观众回到家,就收到博物馆发来的电子邮件,内容不要写得像个官方活动通知那样正式,可以这样写:"乔治,我们很高兴您在我们博物馆有所收获。以下是其他观众(或是工作人员)推荐的'很有启发'的展品,当您下次来我们博物馆参观时,可以看看它们。您对我们博物馆的幕后工作很感兴趣,所以在此附上我们观众交流团队的博客和最近一些幕后工作的参观日期。"这种电子邮件可以设置成自动发送,但写邮件的人必须是前台工作人员或是志愿者。

　　不是每位观众都会乐意给予博物馆反馈,但是给予反馈的观众都是值得争取的对象。愿意留电子邮箱地址给博物馆的观众会期待再次参观，他们想让博物馆提供更多的后续内容，即便他们的邮箱中充斥着各种邮件，但内心还是希望**这家**博物馆能够发来让自己感兴趣的内容。

想象一下你就是观众，正心满意足地准备离开博物馆。这时，一名前台志愿者邀请你填写个人邮箱地址。你留下了邮箱地址，几天之后就收到了一封电子邮件，邮件的口吻非常平易近人：非常感谢您能来我们博物馆参观，这里是给您下次参观提供的一些小建议。对于观众而言，这无疑是一种值得做回头客的记忆体验。

个性化与观众回访

一旦观众的回访率变高了，工作人员就得向这些与馆方建立联系的观众表示感谢。有几个很简单的方法能帮助馆方加深与常客之间的联系。首先，前台的电脑应该存有这名观众（或是这名观众的身份证）上次参观的信息。至少，售票员应该知道这名观众是不是之前来过，而且微笑着说："欢迎您再来。"这种事情不用电脑也可以办到，比如咖啡店里的积分卡（punch card），工作人员看到卡上有多少孔就能知道观众是第多少次来了。

咖啡店用的积分卡是人们再熟悉不过的了，买一杯咖啡就会给你打一个孔或是给你一张贴纸，只要累积了一定数目的孔或是贴纸，你就能换得一杯免费的饮料。还有一种虚拟版的积分卡，户外用品商店 REI 就是用的这个，成为 REI 的会员的顾客，在每年年终的时候都可以享受 10％的优惠。洛杉矶的一家剧场甚至做得更出色，它把一部戏切分成好几场，一次只给观众演出一场，要想看完整出戏就得不断地来看，观众下一次来的门票都会在上一次门票的基础上打折。[1]

积分卡虽然很廉价，但效果却很好，因为它做到了以下两件事：

　　1. 它假定你要来很多次；

---

〔1〕　了解更多有关《塔玛拉》(Tamara) 的信息，请登陆 http://www.participatorymuseum. org/ref2-22/

2. 它没什么技术含量, 但工作人员可以一目了然地知道你之前是否来过。

会员也确实是个好方法。但在很多文化机构, 即便是拥有很完整的会员信息数据库, 馆方也还是遗忘对观众参观次数的跟踪调查, 而这些数据对前台工作人员来说是很有用的。在一些电脑发挥不了作用地方, 积分卡却能办到。前台工作人员看到观众的卡上有很多孔, 就知道他来了很多次, 然后就能制造话题, 问问观众之前来参观感觉怎么样, 观众也可以问工作人员今天有什么新展览、新活动, 然后工作人员又可以接着问观众想看什么。

文化机构该如何引入咖啡店的积分卡模式呢? 比起咖啡店, 人们去博物馆、剧院的次数明显少很多, 所以根据来馆次数设计的积分卡恐怕不能吸引观众经常来参观。如果你天天喝咖啡, 而且你常去的那家店有优惠活动, 每喝十杯就能换一杯, 你就每周都能喝到免费的咖啡。然而, 文化机构却做不到。绝大多数人(除了对儿童博物馆和科学博物馆特别有热情的年轻家庭)等不到参观十次就会把积分卡弄丢。

不过一些商家在积分卡的基础上有所创新, 他们的方法可供博物馆等观众到访不是特别频繁的场所借鉴。美淇士(Menchies)是洛杉矶一家冰冻酸奶专卖店, 它也有常规的积分卡, 买七杯酸奶可以换一杯酸奶。不过如果你是第一次来买酸奶, 你拿到的就不是一张"空的"积分卡, 而是一张已经打好了六个孔的卡, 这样就相当于一张买二换一的优惠券了, 你下次来的时候就可以直接使用它。所以, 头一次来的顾客评价相当高, 而且比优惠券更能吸引顾客再来买酸奶。有的博物馆尝试着给来馆学生发放从学校到家的免费车票, 希望能吸引学生下次带着家人一起来; 或许给学生发放积分卡会更能加强他们与馆方的联系。

"蒂娜, 我们向你致敬"(Tina, We Salute You)是一家位于伦敦的时尚咖啡店, 它把积分卡转变成了一种社交体验。这家店实际上没有积分卡, 只是在墙上写下顾客的名字, 顾客每消费一杯饮料, 就在顾客的名字后面画上一颗星。买了十杯饮料就能得到一杯免费的咖啡,而且用一种新的颜色继续在名字后面画星星。这家店没有把对顾客忠诚度的回报弄成私人交易,而是把它公布在墙上,让顾客和工作人员还有其他顾客一起分享,从而在店里营造出一种社区的感觉,吸引更多的顾客加入进来。同时,这种方法还带来一股竞争的火药味,因为人们的参与程度都在墙上明明白白地画着,有的人为了获得更多星星或是给自己长脸就会经常光顾。"蒂娜,我们向你致敬"取得了不小的成功——很快,这面墙就不够用了。这家店的做法简单易行,尤其适用于小型机构,它能激发观众去思考自己是这片文化社区的一员,而且会因为想让自己在墙上的名字变得更光彩而不断追求更高的级别。这面墙就相当于一个低成本,但十分奏效的功德榜。

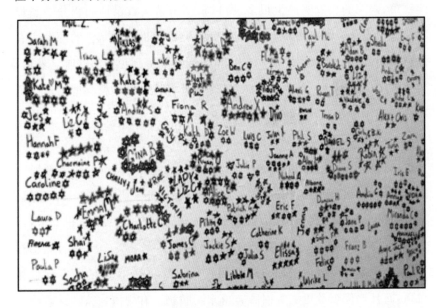

在"蒂娜,我们向你致敬"咖啡店的墙上,顾客的购买记录一目了然。

最后一个例子说的是眨眼蜥蜴酒馆(The Winking Lizard Tavern),这是一家总部位于俄亥俄州的连锁饭店,它有 13 家分店,每年都会举办一次"世界啤酒巡游"活动,届时你将有机会品尝来自世界各地的 150 种啤酒。你只要付 10 美元就可以参加这次活动,而且将得到一本印有各种啤酒彩图的导览册和一张积分卡,同时在活动官网上开通一个账号,同步记录你喝啤酒的信息。当你喝过 50 种啤酒的时候,你就会收到一份礼物,喝过 100 种,你就会收到一件"世界巡游夹克",上面印满了今年供应的啤酒的名字。这有点像会员活动,而且这家店还会向你发送电子邮件,举办一些特别的项目,但它的出发点就是人们会不断地购买新的(而且是不同种类的)啤酒。这个方法很聪明,它没有让观众等到最后,每笔交易都能凸显积分卡的价值。你可以简单地套用这个例子,在文化机构举办类似的活动,吸引观众参观不同的机构、不同的展览、不同的项目(教育活动、讲座、表演、社会活动)等。

会员制很重要

最后一个让观众积极参与的模式就是会员制。会员是付了钱给博物馆的,他们拥有参与馆方事务的一定特权。不过遗憾的是,很多会员与文化机构之间已经沦为赤裸裸的金钱关系:人们成为会员并不是为了与馆方建立联系,或是对馆方的内容有所贡献,而是单纯为了打折的门票。

为什么那么多的机构都把会员特权当成年票在搞?大部分博物馆要靠门票收入维持运营,所以会员就自然而然变为一种商品了(而且转型得很成功)。会员特权像是博物馆体验(有些地方则是博物馆群体验)以低成本、可重复使用的形式打包。大部分博物馆会员都是投机会员(value members),他们成为会员就是为了省钱,他们会计算参观成本,如果成为会员,每年来参观两三次的话还是划得来,所以就这样交钱成为会员了。

投机会员到底问题出在哪?从经济学角度看,他们做的是长期风险投资。投机会员和真心喜欢的铁杆会员(affinity members)有很大的差别。投机会员招之即来,但如果会员制一旦改变,就留不住他们了,这跟铁杆会员恰恰相反。如果你的会员制面向的都是极不稳定的投机会员，那你就很可能会错失那些想跟博物馆建立长期关系的会员，比如捐赠者等。

从理论上说，会员是馆方最好的观众——他们是最有兴趣参与的群体。把会员特权当作年票在搞简直是对文化机构的亵渎，文化机构应该多想想如何提升这些超级观众的利益和价值。

个性化技巧能够同时提升会员特权的价值和对文化机构的感情。首先就要把上面这两种会员分而治之。把年票发给投机会员，对铁杆会员则采用另外一种制度。这就需要馆方多关注其特有资源——门票折扣、个人关注、深度体验的机会——这些资源都是会员想要的。这样既可以避免资源浪费，又能给不同类型的会员带来满意的体验。

对于有年票的会员，个性化技巧就是吸引他们不断来参观。这种人在付钱成为会员时都计算好了，他们每年要来多少次才能"收回成本"。但很多会员买了年票，其实还是不清楚馆方到底能提供什么，这就像那些签名要减肥的人一样，只是觉得减肥是个不错的主意。他们需要馆方的信息反馈，并提供相关的内容。工作人员要跟会员说清楚馆方可以满足他们的个性需求，这样会员才有动力再来。如果投机会员一年之后不再续费了，那说明这家机构根本没让会员知道参观对他们的生活来说有什么关联、有哪些价值。

铁杆会员希望能与文化机构有更深层次的交流。这种愿望要求馆方多多关注会员个人，而不是发个邮件就了事。不同的会员有不同的需求，有的会员想做志愿者，帮馆方做点事；有的想要享受一些特权，比如参观馆方的幕后工作、快速跟踪现场活动、订票等。

【案例分析】

布鲁克林博物馆和 COSI 的利基会员制

2009 年,布鲁克林博物馆实行了一项名为"第一粉丝"(1st Fans)的会员制,这项制度针对的是两类观众:参加周六免费活动[1]的观众和与博物馆保持线上交流的观众。那些参加过好几次博物馆活动的观众已经和博物馆建立了良好联系,但是他们却不是博物馆会员,因为他们并不在意门票是否免费。对此,工作人员推出了一些特别的福利,包括在网上提供现场所没有的内容,可以优先观看周六免费活动里的电影。布鲁克林博物馆把第一粉丝视为"社交网络会员",工作人员会举办私人性质的聚会,创建在线讨论组,帮助第一粉丝之间进行线下交流而不是各搞各的。

第一粉丝制度实行后的第一年就吸引了超过 500 名会员。尽管 80% 的成员都住在纽约,但还是有来自全美 23 个州,甚至其他 10 个国家的会员,他们对布鲁克林博物馆的活动非常支持,如果他们来不了博物馆的话,还可以在网上收到福利。第一粉丝是利基会员制的一次尝试,布鲁克林博物馆希望在未来能给会员提供整体推销。我和布鲁克林博物馆的会员部门主管威尔·卡里(Will Cary)谈到第一粉丝时,他说:"我们希望第一粉丝朝这个方向迈出了第一步。我们在开营销会议时考虑过做整体推销,目的是要吸引退休市民加入到第一粉丝中来。"[2]

俄亥俄州哥伦布市的科学与产业中心(COSI)也进行了一次类似的尝试,其目标定位在有小孩子的家庭,这种家庭的兴趣和需求和有大孩

---

[1] 该活动全称为"目标是第一个星期六"(Target First Saturdays),是布鲁克林博物馆在每月第一个周六下午 5 点到晚上 11 点举办的免费音乐活动——译者注。

[2] 浏览 2009 年 2 月卡里、雪莉·伯恩斯坦(Shelley Bernstern)和第一粉丝的合作人安晓(An Xiao,音译)的访谈记录全文,请登录 http://www.participatorymuseum.org/ref2-23/

　　　在 2009 年 1 月的一次活动中,街头艺术家 Swoon 和她工作室的同事正给"第 1 粉丝"会员制作丝网印画。这些作品(以及活动本身)是"第 1 粉丝"会员的福利。

子的家庭稍微不同。2009 年春,COSI 推出了"高级会员",会费是 125 美元(普通家庭会员只需 88 美元)。高级会员有机会享受一系列的优待,比如,在周末上午可以提前进入小朋友天地[1]、享有参加各项活动的优先权、享受全美其他儿童博物馆的优惠。高级会员设立的前 8 个月,就有 329 个家庭加入,虽然与 COSI 的 18000 名会员总数相比,这点人数算不了什么,但这至少标志着在"因客施服"上迈出了第一步。

　　这种特殊的会员制是针对利基观众群的个性化,而非观众个体的个性化。给会员提供由上到下的整体推销意味着这种特殊的会员制只是投某些利益群体之所好。但是馆方最终要达到的是个性化会员制——一套能够及时追踪并回应每位观众利益需求的机制。有一个机构就已经做到了这点,不过,作为娱乐场所的它有着与文化机构截然不同理念,它就是赌场。

―――――――――――

〔1〕　小朋友天地(*little kidspace*®)是 COSI 内一个专给幼儿玩耍的活动场所——译者注。

【案例分析】

哈乐士的完全回馈卡制度与玩家忠诚度培养

假如你是一家博彩公司的老板,你该怎么让你的客人心甘情愿地掏钱去你家而不是去别家呢?

哈乐士(Harrah's)是全世界最大的跨国赌场供应商[1]。哈乐士取得成功的重要原因在于它通过个性化在顾客心中"建立忠诚度和价值观"。[2] 哈乐士用一种叫作**"完全回馈"**卡(*Total Rewards*)的玩意儿让玩家成为赌场这个"社区"的一员,培养他们的忠诚度。如此一来,人们就会花更多的钱来玩了。[3]

完全回馈卡和银行信用卡的作用相同。玩家在老虎机上刷卡,系统会将玩家的输赢信息保存到卡上,玩家可以用赢来的积分去饭店兑换食物,或是去酒店享受打折优惠。但作为一种行为生成型个人资料模式,完全回馈卡真正的强大之处在于其庞大的覆盖面。哈乐士知道你玩了些什么游戏、玩了多少次、玩了多久,即便你中场休息或是去吃饭的时候也会进行记录。完全回馈卡在哈乐士的赌场、酒店、饭店和度假区通用,而且还会根据你的喜好调整自身的服务。如果你想在 4 月份出去度假,哈乐士在 2、3 月份的时候就会给你推送酒店的打折信息。

完全回馈卡从 20 世纪 90 年代中期开始启用,到现在使哈乐士的营业收入翻了一番。与一般的返利优惠卡不同,完全回馈卡被誉为"客服之星",它能产生如此大的功效可不是出于巧合。哈乐士的首席执行官格里·拉弗曼(Gary Loveman)说:"博彩业这行的聪明之处在于它抓住了钱这个吸引顾客的元素。但我们的策略不一样,我们通过了解顾客来

---

[1]　哈乐士在 2010 年已更名为凯撒(Caesers)——译者注。

[2]　参见 http://www.participatorymuseum.org/ref2-24/

[3]　收听有关哈乐士完全回馈卡故事的广播,请登陆 http://www.participatorymuseum.org/ref2-25/

激发需求。"〔1〕

　　哈乐士非常了解自己的顾客。哈乐士能记录玩家的实时数据——赢钱、输钱、在每台赌博机上花的时间——系统会根据玩家的资料计算出每个人的"痛点"(pain point)——即他在赌场能承受的输钱的下限。如果玩家很快就要输到痛点了,系统管理员就会给赌场的工作人员发出警告,让他通知该玩家,带他去吃一份免费的大餐,或是给他的完全回馈卡上打几美元。哈乐士通过这种方法避免了玩家因为输得精光而留下一段痛苦的回忆,所以玩家来的次数更多了,待的时间也更长了。完全回馈卡通过把玩家的既有行为(把钱存进卡中)和预设行为(认清当前所处的状况)相结合,在没有大幅度改变顾客的行为的情况下就达到了与顾客深化联系的目的。事实上,完全回馈卡得到了大部分玩家的支持,因为这张卡能给他们带来福利。玩家玩得更方便,而且还能得到奖励,哈乐士则得到了赌场里所有玩家的数据。

　　尽管哈乐士的目标是培养玩家对于赌博的忠诚度,不是很积极向上,但完全回馈卡本身是个相当经典的案例,它既是对会员的有力回应,又具有极强的可操作性。不过这种模式可以不必老盯着别人的钱包或是监视别人的一举一动。个性化并不仅仅是要吸引更多的人,做更多的生意;个性化同样可以吸引观众贡献自己的智力和创意。

　　如果把哈乐士的模式引入文化机构又会是什么样子呢?〔2〕试想一下,观众在入口处刷一下卡,就能得到馆方根据观众之前来过的或是登录官网进行的各项行为、观众当前的兴趣和馆方资源等信息。对于散客,系统可以像 Nike+一样(参见本书第 35—38 页)跟踪记录观众的个人体验和学习目标。对于学校团体,系统可以记录学生的课业水平和知识的掌握程度。对于亲子家庭,系统可以记录有关家庭成长体验的相

---

〔1〕　收听有关哈乐士完全回馈卡故事的广播,请登陆 http://www. participatorymuseum. org/ref2-25/

〔2〕　对于该问题的进一步回答,请参见本章之前提到的约翰·福克和贝弗利·谢帕德 2006 年合著的《知识时代欣欣向荣:博物馆和其他文化机构运营的新商业模式》。

册等。

　　做一个像哈乐士的完全回馈卡那么复杂的系统肯定要花大价钱，令人望而却步。那个确实造价不菲，不过你可以做一个小规模的。你可以设计一个痛点——让观众不想参观的主要因素——然后想方设法解决问题，避免给观众留下不好的回忆。如果亲子家庭不来参观的原因是因为孩子已经 10 岁了，那你就专门策划针对 10～11 岁儿童的项目。如果观众来了一次就不想来第二次了，你就给观众解释馆里还有好多其他的资源。当你做过一次痛点的处理，你就会留意其他痛点的处理，到最后，你将构建出处理观众问题的系统方法，也就用不着花大手笔在这上面了。馆方要寻求吸引观众、适应观众需求的策略，这种策略要随着观众的改变而改变，不能一劳永逸。

———

　　如果你的参与目标在于实现社交参与（social engagement），那个性化还只是个开头。高度个性化和观众反馈工具只会导致观众间的隔离——我有我的体验，你有你的体验。在本章的开头我就已经提到过好的社交体验需要三个因素：以观众为中心，每位观众都有属于自己的个人资料，把观众相互联结起来的工具。本章只是探讨了前两个因素，在第 3 章，我们将进一步看到在参与式平台上这些工具是怎么促成观众之间的对话与交流并使观众参与到社区当中的。

第 3 章

从我到我们

Web 2.0 有很多技术层面的定义,不过在 2006 年,出版商提姆·奥莱理[1]把 Web 2.0 的定义浓缩成:**韩信点兵,多多益善**。他还这样解释:

人们打开的网页链接越多,谷歌就越智能;人们使用搜索引擎的次数越多,谷歌就越智能;人们打开的广告越多,谷歌就越智能。总之,谷歌能立马把你想要的体验和信息呈现在你眼前。[2]

不仅谷歌如此,别的网站和应用也都一样。你在 Netflix 上评论的电影越多,它就越能推荐合你口味的电影——不仅仅是推荐给你,所有用户都是如此。你在 LibraryThing 账号的个人图书馆收藏的书越多,人们相互之间就越能找到自己想看的书。这种机制不单单是包含了一种个人的体验,还体现了集体价值。

多多益善在文化机构里会是什么样呢? 很多人——无论是博物馆专家还是观众——都觉得博物馆用的人越多,反而运行得越糟。"用的人越多"不仅意味着观众要挤在人群中间欣赏艺术品,还意味着展厅里吵吵闹闹,展柜玻璃上到处是指纹,简直是一团糟。文化机构的工作人员总是为文化机构的健康着想,他们都建议自己的朋友找个安安静静的

---

[1] 提姆·奥莱理(Tim O'Reilly, 1954—):美国奥莱理媒体出版公司(O'Reilly Media)创始人,自由软件和开放源代码运动的支持者,并以定义和发展 Web 2.0 的概念闻名——译者注。

[2] 浏览奥莱理 2006 年在加州大学伯克利分校信息学院(UC Berkeley School of Information)毕业典礼上演讲的全文,请登陆 http://www.participatorymuseum.org/ref3-1/

时间来参观，那样的体验才叫享受。

但如果馆方可以让观众之间互相增强体验感呢？上一章我们讨论的是个人参与的方法，参与的个人越多，方法越奏效；这一章我们将讨论怎么把每个个人串联起来，让他们进行互动，从而增强体验感。而这就是"从我到我们"的设计模式，文化机构由此从个性化转为社交化。

多多益善式体验可不能简单地理解成解决人多的问题。很多人来参观博物馆的初衷就是为了社交，但他们也不想参观的时候嘴巴一直说不停，或是跟别的观众组成团队，不给自己留一点个人时间。卓有成效的"从我到我们"式体验会协调好个人行为和个人喜好，从而产生一种既有效又有趣的集体价值。技术专家常把这称为"充分发挥集体智慧"。

比如安大略科学中心曾有一个名为《直面火星》（Facing Mars）的巡回展。这个展览在入口处和出口处都设置了一个问题："你想去火星吗？"然后问题下面是两道门，一道门代表"想去"，一道门代表"不想去"。观众根据自身的喜好，穿过不同的门，带着不一样的心情来参观展览，这无疑是一种个性化体验。不过，《直面火星》还留了一手，每道门上还装了一个 LED 显示屏，上面显示的是目前有多少人选择了走这扇门。每位观众在走过一道门的时候，都可以清楚地看见屏幕上的数字增加了一位。观众在回答这个问题的时候不仅享受到了个人的体验，而且他的答案也成为整个展览的组成部分，甚至影响了其他观众的选择。

这个展览在安大略科学中心展出时，大概有 2/3 的观众在进去的时候选择的是"我想去火星"，然而出来的时候，只有 1/3 的人选择"我想去火星"。集体智慧（collective intelligence）告诉观众一个很简单的道理：很多人一开始想去火星，而当看完展览知道火星上的真相时，就改主意了。这个现象很有意思也出乎意料。而且，以这种形式传递的信息更具说服力，因为它的数据来源于观众在展览中的现场参与。虽然如此，这种信息还是无法跟展览中说明文字的可靠度相提并论，即便它是整个展览的核心。

LED 显示屏让观众觉得自己是观众群这个大的社交网络（social network）中的一员——有的人想法和自己一样，有的又不一样。那些看

观众在进入《直面火星》展时,都要穿过"我想去火星"和"我不想去火星"这两道门。在展览的出口处设立了同样的两道门,观众在出去的时候还得再选择一次。

完展览,最终改变自己想法的观众在参观过程中了解了自己动摇的理由,而且也知道了不止自己一个人动摇了;而对于那些坚持想去火星的观众,展览内容能更好地帮助他们理解自己为何与众不同。LED 显示屏营造了一种社交情境,在这个情境之下,个性化体验与个人的选择很好地交织在了一起。

网络效应

《直面火星》展很好地体现了**网络效应**(network effect)。网络效应是社会网络的脊梁,它把个人行为转化为集体利益。它的工作原理如下:

1. **个体与自己进行互动。**他们生成内容、做出选择,然后产生一系列相关数据,或是以个人资料的形式提供个人信息。

2. **将个体之间发生关联的内部运算机制。**它指的是按照个体的兴趣和类型，对他们的个人资料进行分类，给不同的个体之间的关系亲疏程度设定级别，或者就是简单地把用户生成的内容进行聚合。

3. 经过网络化的内容还得再度返回给个体。 就拿《直面火星》展来说，每个人看到的内容都是一样的。留言板也是同样的道理。在 LibraryThing 和潘多拉的例子里（分别参见本书第 46—47 页和第 71—74 页），内容是根据用户的个人偏好而设定的，所以会反馈给用户推荐书目或是曲风相似的音乐。

纽约科学馆有一个叫《靠近》(Near)的展项，它是说明网络效应工作原理的一个最好实例。《靠近》其实就是一个地面装置，当你站在这块大垫子上，你就是一个节点，表示你在垫子上的位置。你在垫子上可以自由移动。其他人站在垫子上也会成为一个节点，并且你和他之间还会出现一条光线，表明你和他是连接在一起的。这些光线便是用户生成的内容。《靠近》有一个简单的运算机制：两个人距离比较近就会产生一条光线。如果垫子上只有两个人，那就有两条线，一条是从你到他，一条是从他到你。如果垫子上站了很多人，那就有很多条线，但不是每两个人之间都会出现光线，如果两个人的距离太远就不行了。当垫子上的人移动的时候，光线也随着两个人之间的距离远近而若隐若现。移动的人越多，产生的光线越复杂多样，这表明了节点可以在这个复杂的系统中被能动地联系起来。

除了说明网络效应的工作原理之外，《靠近》还体现了网络效应在多人展项(multi-person exhibits)中的强大力量。这个展项针对走马观花的观众而言，灵活多变而且可行性高。站在垫子上是一种个人行为，你不必担心别人的乱入会打断你的个性体验。但是，《靠近》立刻就能清晰地表明集体行动的价值所在，从而使垫子上的群体得到鼓舞。它没有要求观众刻意去集体行动，它只是提供给集体行动的观众一种看得见的回报。

靠近看你就能看到垫子上的观众的脚下有几条光线。这些光线随着观众的移动而发生位移。

在网络化和社交化体验之间取得平衡

由于观众类型多样、众口难调，要想设计出高质量的体验，实在不是件容易的事，尤其是有些展项苛求 30 个人玩和 2 个人玩都要一样好玩，有预约的观众和没有预约的散客也要一样好玩。最为可行的方法就是给观众设计出很多不同的选项，这些选项与展览的成败无关，却能引导观众产生一段社交体验。与其设计一个要求在同一时间有规定人数参与才能工作的展项，不如采取一种更为灵活的方法：互动装置只能供一个人使用，但其他没有参与的观众可以在其旁边以旁观者、助手或伙伴的身份进行辅助性参与。例如，有的博物馆就有那种"测试游戏"（quiz game）式的展项，观众在一个巨大的投影屏幕前回答问题。虽然一次只有一位观众可以操纵装置进行答问，但他周围进场聚集了很多人帮他做参谋、陪他玩。

在《靠近》和《直面火星》这两个展览案例中，不管参与者的人数多寡，网络效应都把每个人的行为进行了整合，并且生成了观众相互之间可以共享的内容。为了达到这种效果，设计师就要对观众的个人行为予以充分尊重，还要考虑到留给观众一定的个人空间，这样，他们才会敞开心房投入到社交活动中来。如果《靠近》刻意要求观众之间相互靠近，那样就让观众感觉很不自在，也就吸引不了那么多观众了。

这项原则也适用于博物馆里的多点触摸桌（multi-touch table）。多点触摸桌可是个好东西，一个人玩可以，多个人玩也可以。人们簇拥在桌子周围而不会感到不自在，这是因为每个人在桌子上都有一块属于自己控制的区域。没人动"你的地盘"，但很多时候，大家可以一起合作完成一项任务。每个玩家都是平等的，你可以很容易看到自己和别人玩的进度，而且可以和其他人进行交流。有了自己的一片小天地，观众就更愿意与其他人一起玩了。

我们来回顾一下本书第 32—33 页所讲到的参与社交化的五个阶段。很多非促进式社交参与都是从第三或是第四阶段开始的。《直面火星》就是从第三阶段开始，它给人带来一种投票体验，观众的行为经过网络化，还能通过 LED 显示屏了解观众群体选择的总趋势。文化机构里的很多用户生成内容式体验也处于第三阶段，观众可以生成内容（写说明牌、录视频等），还可以被别的观众看到。然而，第三阶段的体验提高了人们的社交意识，但是缺乏有用的社交参与。有的观众在留言板上写着挑逗性文字，我却不能找到那个人对他当面回复——我只能干看着大部分的评论。别人也许可以看到我做出的贡献，却无法跟我直接交谈。

第三阶段和第四阶段的区别就在于馆方作为一个平台能给观众提供多大程度的直接社交体验。例如，在《直面火星》的案例中，如果可以在选择两扇门之余，给观众提供"我想去火星"和"我不想去火星"的贴纸。[1] 这样，观众不仅知道有多少人选择了想去火星或是不想去火星，还可以在参观的过程中与其他观众进行实时对话，比方像这样打个招呼："嘿，我也想去火星！"或是"嘿，我想去火星而你不想去火

---

〔1〕　这种方法与本书第 60—61 页所提到的斯达夫故居的《信仰问题》展起到的效果是一样的，不过问题却没有那么挑衅，而且方式更为简单。

星,我想知道这是为什么?"这种体验是仅仅一块 LED 显示屏(第三阶段)所无法提供的,更不用说是没有 LED 显示屏而只是投个票了(第二阶段)。

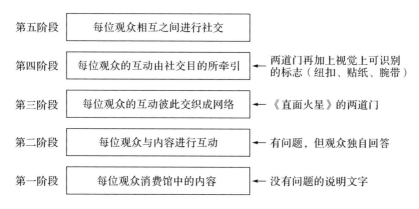

《直面火星》可以设计到"从我到我们"的前四个阶段

如果文化机构想要让观众之间进行直接交流,如果观众想了解其他观众的个人信息和身份背景,那第四阶段的体验便相当奏效。观众想要第四阶段的体验,并不是非得知道别人对某一历史事件的评价如何或是在投票的时候看看别人投了什么。不过,当有些内容和推荐带有强烈的个人色彩时,人们往往想知道是谁说出来的。

【案例分析】

安妮·弗兰克博物馆的《自由选择》展

阿姆斯特丹安妮·弗兰克博物馆[1]的《自由选择》(*Free2Choose*)

---

[1] 即安妮·弗兰克之家(Anne Frank Huis),是纪念犹太人女孩安妮·弗兰克的博物馆。安妮·弗兰克 1929 年出生于德国法兰克福,1934 年因德国反犹主义兴起随父母迁居荷兰阿姆斯特丹,德国占领荷兰后,于 1942—1944 年与其家人躲藏于其父的公司(即今安妮·弗兰克之家),过着隐居生活,期间写下了著名的《安妮日记》,成为二战中纳粹德国灭绝犹太人的重要见证,后被秘密警察逮捕,1945 年病死于集中营,年仅 15 岁,全家只有其父最后幸存下来——译者注。

展便模糊了第三阶段和第四阶段之间的界限。《自由选择》是一个很简单的互动体验项目，它要观众对某些与自由有关的问题进行投票表态。这个展览在一个能容纳 30 个人的小房间内进行，里面摆了一张半圆形长凳，凳子上有坐垫。长凳下面放了很多小投票箱，每个投票箱上装有两个按钮，一个红色，一个绿色。

观众坐在长凳上，观看大屏幕上循环播放预设好的内容。首先，是一段一分钟的视频，提出了一个有关自由的问题（比如，学生可不可以裹头巾上学）。然后，大屏幕上弹出一个对话框："学生可以在学校穿戴表明自己宗教信仰的物件。"接着，大屏幕显示倒计时，观众就开始投票，选择"可以"就按绿色按钮，选择"不可以"就按红色按钮。倒计时结束之后，大屏幕上会显示两个统计结果，一个是"当前观众"的统计结果，一个是"所有观众"（指目前所有参加过这次投票的观众）的统计结果。

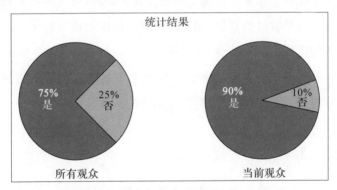

大屏幕上显示的是《自由选择》的统计结果。左右两边的统计数据相差越大，就越能激起在座观众的反应。

当前观众 VS 所有观众使得《自由选择》带来的社交体验十分强烈。如果你只是在门口投了个票，然后进去参观《直面火星》，那结果肯定毫无悬念。我想去火星，看完展览后，我发现 65% 的人跟我有同样的想法。在《自由选择》我选择了可以裹头巾，我发现所有观众中有 65% 的人跟我有同样的想法，但**也**发现当前观众只有 40% 的人站在我这边。当"所有观众"的统计结果和"当前观众"的相差很大时，很多人便会惊呼不已。有一次,我们在场的所有观众都认为新教徒可以在北爱尔兰的天主教地盘游行。然而,当看到"所有观众"里面只有 60% 的人同意这个观点时,我和我的小伙伴们都惊呆了。每轮"当前观众"的组成都不一样,所以每次投票结果无疑都是不一样的。

《自由选择》太棒了,因为它给人带来一种社交压力。如果我投票的时候是少数派,在那种实时的氛围下,我在灵魂上和肉体上都感觉自己是个另类,因为那间小屋经常是座无虚席。我在人群中苦苦搜寻自己的"同伴"却没有办法找到他们,因为你根本不知道谁按了什么按钮。

这就是《自由选择》(大致可以看作是第三阶段的体验)在社交层面上的软肋。这个展览没有任何部分可以突出每个人选的是什么,也不能给不同群体带来交流的机会。当我参加《自由选择》的时候,房间里的讨论很火热——但也只是熟人之间的耳语。一次,我坐在一群英国游客旁边,他们觉得烧国旗是违法行为,我却恰好不这么认为。我们虽然隔得很近——大概只有几厘米远——可以互相瞄到对方按了哪个按钮,但我却不好意思开口问他们选了什么,或是跟他们讨论为啥我们的选择不一样。

《自由选择》怎样才能让观众相互之间直接探讨所投票的问题呢?以下是几点建议,可以帮助《自由选择》跃升至第四或第五阶段:

- 投票要公开透明。当投票结果出来的时候,天花板的灯光可以向观众投射出不同颜色的光线,以表示他们选择的是 yes 还是 no。

- 与其按按钮,不如让选"是"的观众站在房间左侧,让选"否"的观众站在房间右侧。

- 投票结果出来后,大屏幕上可以打出文字,要观众寻找观点不同于自己的人,或是问问他们旁边的人对这个结果有何看法。

- 几个观众间可以共用一个投票箱,然后经过一番讨论,

再得出一个统一的选择。目前的情况就是投票箱很少,观众在

等其他观众按完时也挺尴尬的。

并不是每个人都愿意和陌生人进行交流,但是基于每个人都会和同伴进行交流这样一个现实,所以有些观众会和其他人讨论得很火热。阿姆斯特丹是一座国际化大城市,安妮·弗兰克的故事又牵动着整个世界的心,所以《自由选择》在步入更高阶段和促进跨文化交流上还有很大的提升空间。正如《自由选择》现在所展示的样子,我觉得比较不同群体的不同结果是一件很有趣的事情,但是我却不知道这些结果为什么会不同,我对造成人们在人权问题上产生分歧的原因得不到进一步的认识。我需要的不仅仅是一个好玩的互动体验——我想知道房间里的其他人是怎么想的。《自由选择》如果搞得好,本可以是一次与安妮之家的整体使命相契合的独特体验。

《自由选择》充分暴露了第三阶段体验的局限性:即便你和其他人挤在一个小房间里,表达对于重要问题的相关看法,你却不跟旁边的人搭讪。这层硬伤过于严重,也没有可以克服社交障碍的环节。你投票,然后看到结果(第三阶段),但是这种投票机制却并非社交化产物,不能让你和其他人产生交集(第四阶段)。所以,即便你和其他人都在同一个房间,都在试图解决棘手的问题,你却不能和其他人形成一个团体,进行讨论(第五阶段)。

以自己的方式寻找切入点

并不是说社交网络化程度越高,对展览项目来说就越好。旧金山探索馆有个叫《旋转黑板》(*Spinning Blackboard*)的展项,它没有依照网络化的程序,照样给很多观众带来了高质量的体验。《旋转黑板》邀请观众在一个旋转的沙盘里做沙雕模型。刚开始的时候,只有一个沙盘,所以观众都挤在一个沙盘上做,这就容易把别人的沙雕蹭坏,造成不必要的麻烦。这种共享平台不仅没能帮观众提升个人体验,反而弄得大家心

情都不美丽。

这个展项后来经过微调,就是在原来那个沙盘的旁边增加了几个沙盘,这样观众就能独自制作自己的沙雕模型,同时还能与旁边的观众进行讨论。修改之后的《旋转黑板》重新强调了"我"的体验,同时又使社交参与成为了可能。所以,之后来做模型的观众越来越多,可能还有部分原因是观众很少再为沙雕被人蹭坏而不高兴,而且更能满足自己的探索欲望。[1]

在这个案例中,探索馆的工作人员只是把目标设定为让观众更方便地掌控自己的沙雕。不过他们其实还可以换一种方法,既然一个沙盘里已经有那么多只手了,那干脆就直接让他们合作吧。多人网络游戏《拼字母》(Just Letters)[2]是冰箱贴的网络版,玩家通过点击并拖动字母来拼写单词。拼字母里既不能升级,也不能加分,但是这种多人游戏环境却给玩家提供了各种各样的合作与竞技的机会。这个游戏常常有超过20个人在同时玩,他们有时会决定收集所有的蓝色字母,然后有的人就开始搞破坏,一遍又一遍地拼自己的名字。因为这个游戏不支持玩家实时在线交流,所以那些想要合作的玩家就必须想方设法觉察别人想拼什么、需不需要帮忙。

这种可以搞破坏的游戏机制让最初的《旋转黑板》苦恼不已,但却让《拼字母》游戏千变万化又生动有趣。我在这并不是说某个体验比某个体验要好,我只是想表达社交过程中的摩擦有时也会产生积极的用户体验。当然,这还得取决于你想输出的理念和所期待的观众行为。

---

[1]　参见苏·艾伦(Sue Allen),约什·格特维尔(Josh Gutwill):《将多种互动因素融入科学博物馆的展品设计:五个常见的圈套》("Designing Science Museum Exhibits with Multiple Interactive Features: Five Common Pitfalls"),《策展人》(Curator) 2004 年第 2 期总第 47 期,可登陆 http://www.participatorymuseum.org/ref3-5/ 进行下载(PDF 格式)。

[2]　想在线玩《拼字母》,请登陆 http://www.participatorymuseum.org/ref3-6/

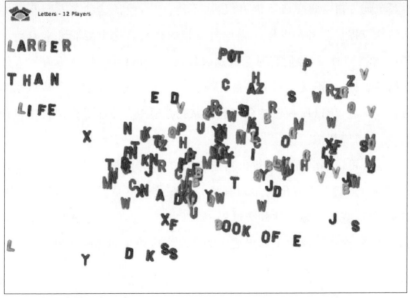

Letters - 12 Players

　　《旋转黑板》的初始版本由于沙盘太小，很多小朋友可以同时把手插进沙盘，搞得互相都做不成沙雕。相反，《拼字母》游戏却鼓励人们搞破坏。

社交体验的技术屏障设计

《拼字母》和《旋转黑板》的不同之处在于：网络在人与人之间形成一道屏障。这是因为跟陌生人在现场一起玩游戏比自己在电脑上玩游戏会感到更加拘谨，尤其是想搞点破坏或是跟人合作的时候。这样，网络技术貌似是社交的屏障，但实际上却有助于社交。

不管怎样，我们已经习惯于网络技术给我们与陌生人社交带来的便利。这种便利既能让人们与网友推心置腹，又能肆无忌惮地骗人，而这种没有约束的感觉就跟小孩子常常隔着车窗对你做鬼脸一样。如果你想越过这层障碍，与陌生人现场进行社交，你可能更愿意采取一种粗鲁的或是给别人制造一点小麻烦的形式。这意味着如果你能设计出恰当的屏障，那么你就能用一种不同寻常的方式把观众有效地组织起来。

《拼字母》当中包含了两个层面的技术屏障：字母和电脑。如果没有了这两层屏障，玩家可能会变得客客气气，互动效果也就没那么好了。假设在博物馆有一面巨大的磁贴诗墙，观众更有可能自己与墙进行互动，如果是组团来的，那就跟团队成员互动，反正就是拼自己的诗句。我还觉得观众不会跟陌生人进行互动，甚至连借一个单词磁贴都不敢启齿。陌生人之间进行社交的障碍实在是太大了。

我们何不如把《拼字母》的网络屏障照搬到现实生活中呢？把磁贴诗墙做成前后两面，两面墙上的单词磁贴中间都用杆子连接起来，这样，外表上看两面墙似乎并不相连，但你在这面墙上移动一个单词，那面墙上的单词也会跟着移动。所以，当你玩的时候，你就会仔细观察，然后想后面的人到底想干什么？这样就会激起你竞争的斗志，或者是与他合作。网络屏障转换为现实屏障，不仅能够创造一种社交的游戏氛围，更是一座陌生人与陌生人进行交流的桥梁。

【案例分析】
网络联机扳手腕是如何促进社交的？

《网络联机扳手腕》（*Internet Arm Wrestling*）就是一个说明技术屏障是如何调节并在博物馆直接促成人际交流的范例。2004 年，全美有六家科学中心都设立了《网络联机扳手腕》。这个展览项目让人们可以和全美所有人比赛扳手腕。当你坐在这个装置前面时，你用手抓住一个金属手腕（它能模拟你的对手的手腕），并且可以通过屏幕与你的对手进行交流。你的对手也许就跟你在同一家科学中心，离你才几米远，也可能在千里之外的另一家科学中心。当屏幕显示"开始"的时候，你就可以发力了。金属手腕向你施的力气与你的对手所施的力气是一样的，反之亦然。最后，先扳倒对方手腕的人就赢了，游戏结束。

《网络联机扳手腕》让人感觉难以置信，甚至还有点诡异，这是因为它能让陌生人之间毫无拘束地进行社交。每位玩家都可以通过眼前的网络摄像头与自己的对手进行交流。不过，早些时候，有几家科学中心把摄像头给拿掉了，这是因为有的孩子在玩的时候互相爆粗口。[1]

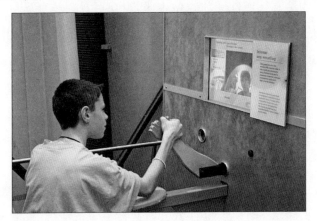

纽约科学馆的一位观众一边用力扳金属手腕，一边聚精会神地看着屏幕上的对手。

---

〔1〕 馆方认为，这种技术在打破社交障碍的时候做过了头。

2007 年,我在纽约科学馆看到好多小朋友玩《网络联机扳手腕》,从一台机器跑到另一台机器,互相之间玩得很开心。有时候,他们还会几个人一起扳一个金属手腕,甚至是坐在金属手腕上面。小朋友们想尽各种办法来增强力气,边扳还边把头伸得老长,嘲笑另一台机器上的对手,然后又把头缩回来,继续使劲。很多时候,这些互不认识的观众之间——无论是大人还是小孩——都会朝着摄像头吐舌头或是做鬼脸,好让对手分心。

仔细一想,这个游戏真是不可思议。无论是大人还是小孩都愿意抓着金属手腕享受这种既充满童心又认真的社交乐趣。你想不想挑战一下一个不认识的小孩子(或大人)?你想和一个萍水相逢的人来干一仗吗?《网络联机扳手腕》让原本不可能发生的人际体验成为现实。

丹麦的实验馆[1]有一个叫《自我陷阱》(*Egotrap*)的游戏,是要求观众在自己的手机上玩的。不过,当打到第四关的时候,玩家就可以与现场的其他玩家同时玩,系统会告诉你现场其他玩家的手机号码,然后你就可以打个电话给他,约个地方见面,和他一起把馆内的其他游戏都玩完。

这种做法听上去并不是特别大胆。很多来玩的观众都是预先组团来的(他们有的是和同学一起,有的是和家人一起),所以他们基本上都是和同学、家人组队玩游戏。但是,这个游戏也引发了一个有趣的思考:如果你想和陌生人一起玩游戏,你该怎么邀请他呢?我们将在下面这个案例进行讨论。

【案例分析】

在《真人图书馆》与陌生人一起学习

《真人图书馆》(*Human Library*)是让陌生人之间互相畅谈偏见的

---

[1]　实验馆(Experimentarium)是一家位于丹麦首都哥本哈根的科学中心,1991 年开馆——译者注。

一项活动。[1] 活动的组织者把《真人图书馆》称为"能够促进和谐相处、拉近人们的距离并尊重每个人的尊严的工具"。读者事先与工作人员签好协议，接着浏览一下各种刻板印象（stereotype），选择一个自己感兴趣的，然后与受这一刻板印象所折磨的真人进行 45 分钟长的对话。《真人图书馆》的组织者如此说道：

> 《真人图书馆》其实跟普通的图书馆一样——读者来借"书"，并在规定的时间内还书。两者只有一点不同：《真人图书馆》的"书"是真人，读者和"书"进行私人交流。这些"书"通常都代表经常被刻板印象所折磨的群体，他们在社会上受到歧视，并被社会边缘化。而读者则是任何想聊聊自己的刻板印象，而且愿意花一个小时的时间参与这种体验的人。在《真人图书馆》，"书"不仅能开口说话，还能回答读者的疑问，甚至还可以向读者发问来进一步了解自己。[2]

《真人图书馆》需要三种人：

1. 书——能真实并公开代表某类被歧视的群体（如四肢瘫痪的残疾人、黑人穆斯林、警察、同性恋）；

2. 读者——能花 45 分钟到 2 个小时的时间与"书"交谈的人；

3. 图书馆管理员——管理整个过程的人。

《真人图书馆》最早于 2000 年在丹麦设立，当时是作为吸引年轻人讨论如何消除暴力的一个渠道，在一个安全、有趣的空间下鼓励人们面对内心的偏见和恐惧。之后，《真人图书馆》走进了全世界的节庆活动、图书馆和工作场所。丹麦最初设立《真人图书馆》时也没想到会这么受欢迎，如今它已成为很多图书馆和教育机构的常设项目之一。有的地方

---

[1] 该项活动原名《活着的图书馆》(*Living Library*)，2010 年因一次法律纠纷而更名为《真人图书馆》。因此，我将所有参考文献都替换成最新的叫法，但是有的文献仍然沿用老的叫法。

[2] 下载完整版的《真人图书馆组织指南》(Human Library Organizer's Guide)，内有八个语种可供选择，请登陆 http://www.participatorymuseum.org/ref3-9/

还把《真人图书馆》所关注的话题从偏见扩展到了学习上。例如,阿肯色大学(University of Arkansas)2009 年秋季《真人图书馆》的书目就包括了"冥想入门"和"怎么打网球",当然也有比较传统的"书",如"女性基督战士"和"我是无神论者"。[1]

《真人图书馆》也得到了人们很高的评价。伊斯坦布尔的一家《真人图书馆》对其中 21 本"书"做了读者调查,484 位受访者里竟然有高达481 人表示他们会向其他人推荐上这儿读"书"。[2] 有些读者对这种真实无比的观念碰撞表示"十分过瘾",而且"很有教育意义"。一位受访者表示:"我在这儿可以找到足以支持与我对立的观点的理由。"另一位土耳其读者则评论道:

> 我没有同性伴侣。当我面对同性恋,聆听他的观点,了解他的身份时,我按捺不住自己内心的小激动。而且他看上去和我并没什么不同,他不是外星人。所以,从今以后,我不再觉得跟同性恋交流是件可耻的事,相反,我会更乐意跟他们交流。

一名在地铁站工作的检票员曾在丹麦的《真人图书馆》担任过"书"的角色,他感慨道:

> 和年轻人交流并了解他们是如何看待我们在地铁站的工作让我觉得非常有意思。他们经常会问我:"你工作的时候是不是一定要摆出一副吓人的气势?""当看到有的人没有车票但又特别着急坐车时,你会不会觉得他们很可怜?""给人检票会不会很困难?"他们会问这些问题,是因为他们曾经遇到过这些情况。我也从我同事那听过很多经历,好的不好的都有。但是跟他们坐下来聊的好处就是我人就在这儿,我可以随时回答他们的问题。遗憾的是,我经常不得不结束聊天,因为时间已经到了。

---

[1] 浏览阿肯色大学的完整书目,请登陆 http://www.participatorymuseum.org/ref3-10/
[2] 下载土耳其《真人图书馆》的完整版读者调查报告(DOC 格式),请登陆 http://www.participatorymuseum.org/ref3-11/

2009 年丹麦哥本哈根国王花园（King's Garden）的《真人图书馆》上，管理员帮助好奇的读者寻找自己喜欢的"书"。

有一个年轻人给我的印象很深。他一看就是骨灰级朋克，头发条染，一身黑色皮革装备；我们谈笑风生，后来越来越多的人加入到我们的聊天中，开始问我问题，最后竟然有 20 个人同时听我调侃"检票员就是一个撕票的坏蛋"。[1]

《真人图书馆》和本章其他的社会网络有所不同，它走的不是观众路线。《真人图书馆》里的"书"并不是与读者相近的人，也不一定与读者的生活发生关联。相反，它让读者得到一种从未有过的体验。《真人图书馆》所营造的社会网络其价值体系所强调的是，与日常固有的观念进行对抗并走出自己的舒适区[2]与弱势群体对话。

而图书馆管理员在其中起了十分重要的作用。他们是读者和"书"之间的联结者而并非内容的传递者。他们花时间采购新的有趣的"书"，为"书"和读者提供一个有保障的空间，对读者的阅读体验进行评价，提

---

〔1〕　本段文字摘录自上文注释提到的《〈真人图书馆〉组织指南》。了解更多有关该书的内容，请登陆 http://www.participatorymuseum.org/ref3-12/

〔2〕　舒适区（comfort zone）：心理学术语，是指一个人所表现的心理状态和习惯性的行为模式，在这个区域里，人会觉得舒服、放松、稳定、能够掌控、很有安全感；一旦走出这个区域，人就会感到别扭、不舒服，或者不习惯——译者注。

高服务质量,而不是学习如何传递"书"的内容(这样不够真实)。

图书馆作为社交的平台之一,管理员实际上也是模拟真实图书馆所不可缺少的元素。《真人图书馆》的很多做法是传统图书馆阅读体验的山寨版。《真人图书馆》的空间布置和装修是仿照真实图书馆的,或者直接就在真实的图书馆进行。读者要填一张特殊的索书单,询问管理员,浏览书目,并花时间阅读自己选择的"书"。管理员维持秩序,不过,如果《真人图书馆》是在节日盛会上举行,那他们就有点不合时宜了。《真人图书馆》的创始人认为图书馆是一个适合学习新知识的安全场所。他们充分利用了图书馆的这份价值向读者提出了一个大胆的建议。他们在图书馆的情境下建构了读者的整个体验——人们同样会遵守真实图书馆的规章制度,同样会在阅览室看书。《真人图书馆》的创始人并不是简单地煽动冲突,而是把风险转化为真正的学习机会。

2009 年,我在华盛顿大学(University of Washington)的学生中心和几位研究生合作,在一项名为《建议》(Advice)的临时展览中运用了类似的手法。[1] 他们在展览中设计了一个咨询台,并找了一些志愿者——很多人都是自愿报名参加的——来提供咨询。就像《真人图书馆》一样,咨询台提供了一种类似的设施(或称为平台),能让人们——不论是 80 岁的老太太,还是纹身艺术家,或是投资管理家——更自在地从陌生人那里获得建议。

这个用胶合板搭建的简单的咨询台能让《建议》的观众在自由自在的氛围下与他人交谈。

---

[1]　有关《建议》,在本书第 266—269 页有更详细的案例分析。

　　这些平台——卡片、咨询台——虽然都是人刻意造出来的,但却相当重要。假如采用其他方法,比如放几张软沙发,上面留个便条,写着:"去跟陌生人聊聊你有什么偏见",或是"给在这儿的其他人一点建议吧"。即便是在一个大展或是外部环境很好的空间里,我觉得也没有多少人会按照便条上的命令去做。咨询台和《真人图书馆》都是用户体验的"支架",它们把看上去很令人不舒服的事情转化为一种既有趣又安全的体验。

　　相反,我们来看看英国艺术家杰里米·戴勒(Jeremy Deller)设计的一个开放式对话项目《眼见为实:聊聊伊拉克》(*It Is What It Is: Conversations About Iraq*),这个项目 2009 年在全美的好几家博物馆都展出过。该项目邀请了两位嘉宾,一位是伊拉克的翻译,一位是美国的民兵,他们俩坐在沙发上等人找他们搭话,沙发旁边摆了一件极具震撼力的展品——一辆在巴格达被自杀式炸弹袭击炸坏了的汽车。这个展览想提供一种"多元开放式的讨论",它的点睛之笔在于观众可以来博物馆与亲身经历过伊拉克战争的人进行对话。

　　我在洛杉矶的哈默博物馆[1]看过两次《眼见为实》。它被摆到了中央广场,每次去我都看到观众在看其他的艺术品,或是和朋友闲逛,没看到有人和那两个嘉宾交流,即便那摆了好多软凳子、一辆炸坏了的车,以及写着"和来自 3-5 的 X 聊聊吧"的标语,因为观众参与的障碍还是太大了。在我看来,《眼见为实》的设计没有足够支撑起一个健全而持久的对话,它没能帮助人们越过那些阻止其和陌生人交流的障碍,也没给人参与进来将会发生什么的暗示(这点需要可以做出来),所以观众对是否要参与犹豫不决。而《真人图书馆》和咨询台都是以观众为中心来设计的,它们把重点放在了观众想要讨论和咨询的欲求上。在《眼见为实》里,我

---

〔1〕　哈默博物馆(Hammer Museum)是一家位于美国加州洛杉矶的艺术博物馆,1990 年由美国著名企业家阿曼德·哈默(Armand Hammer,1898—1990)依托其个人收藏设立,1994 年被加州大学洛杉矶分校(UCLA)接管——译者注。

觉得它是要强制推送给我某些内容，如果我坐在沙发上，某些人可能会向我兜售他们自己的观点。

《真人图书馆》和咨询台都严格遵循了把个性化入口与社交体验相联系的套路，所以能成功地吸引到各式各样的观众。用户体验与平台的构成有关，但却经常变成杰里米·戴勒在《眼见为实》所营建的"多元开放式"对话。但是，如果社交体验的硬件设计不合理，用户体验的结果也会变得很随意。《眼见为实》是一个没有支架的社交平台，个人行为和集体结果并没有被很好地连接起来。开放式平台本该带来有趣又惊奇的社交体验，但这种体验的产生也取决于平台的结构是否合理。

平台和价值

设计一个好的社交平台，并不是要你把文化机构原来的整体框架都推倒，再把观众体验一一嵌入新框架中。照抄《真人图书馆》和咨询台，把机构整个都弄成那样你也不情愿。你的目标是促进社会教育，给观众创造参与的机会，让他们可以针对馆方的内容展开有意义的对话。很多低端的社交平台就可以做到这些，做出来的效果不亚于那些高科技打造的社交平台，甚至比它们更能产生一种自然的亲切感。

好的社交平台设计，关键是要明白你的文化机构或是机构某个项目的目标是什么。你希望观众以一种怎样的方式来互动？你想学《真人图书馆》，让观众对话吗？你想让观众团队合作吗？你想让观众互相回应、互相帮助、共同创造吗？如果你以观众和机构是否获得有用的成果来衡量社交平台的功效而不是单纯为了采集数据，那么你设计出的社交平台就能反映出你期待的参与价值。

我们来看看三个案例，它们都是体现了不同类型文化机构的参与目标。

伍斯特市立美术馆[1]为了加深观众与美术馆藏品的情感联系,特意举办了一个《40大艺术精品展》(Top 40),观众可以给自己最喜欢的画作投上一票。《40大艺术精品展》从该馆的库房中选出40件绘画作品,每件作品都贴有一张说明牌,上面标有一个大大的数字,表示这件作品在《40大艺术精品展》中的排名。这个展览是在2009年夏天举行的,作品的标签每周都更换一次,来反映观众投票的最新进展。该馆的藏品部主任费丽帕·丁思丽(Philippa Tinsley)称:

> 美术馆里面无时无刻都有观众自发讨论这些艺术品的优缺点;观众不分男女老少都一遍又一遍地来美术馆看看自己喜欢的作品排到第几名了,然后又去投票——有时美术馆还没开门,观众就在外面排起了长队。新老观众都期待加入到这场展览中来。[2]

伍斯特市立美术馆设计出的社交平台高度回应了观众的投入,所以实现了该馆期望把观众与馆内藏品相联系的目标。

安大略科学中心的维斯顿家庭创新中心(Weston Family Innovation Centre,简称WFIC)采用了一种把一线工作人员和说明牌相结合的不寻常方法来加深青年观众之间的联系。WFIC的很多展品既没有说明文字也没有图示告诉观众怎么操作,所以观众必须自己想办法。WFIC的工作人员和观众的关系处理得很好,被观众亲切地称为"主人"。当某位观众来问"主人"这件东西怎么弄或是用来干什么时,"主人"通常会问另外一位观众:"朋友,能帮我们个忙吗? 我们想问你一个问题"。这样,"主人"就把观众——通常观众之间互相不认识——给

---

[1]　伍斯特市立美术馆(Worcester City Art Gallery and Museum)是一家位于英国英格兰伍斯特郡郡治伍斯特市的艺术博物馆,1883年由伍斯特郡自然史学会(Worcestershire Natural History Society)的部分成员发起——译者注。

[2]　浏览丁思丽的完整描述,参见2009年11月的一篇博客文章《客座日志:伍斯特市立美术馆〈40大艺术精品展〉倒计时》("Guest Post:Top 40 Countdown at the Worcester City Museum"),请登陆 http://www.participatorymuseum.org/ref3-14/

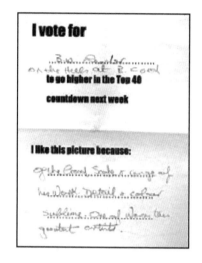

在《40 大艺术精品展》中，观众通过选票（左图）支持自己最喜欢的画作，而且排名每周都会更新（右图）。

连接起来了，而且也给他们营造了一种适合集体学习和玩耍的情境。不过，某些观众对这套方法很反感。但是总体而言，它和 WFIC 的整体基调相符，而且也实现了让观众合作的目标。

为了让观众能和正儿八经的文化机构建立私人联系，荷兰的王妃庭院陶瓷博物馆[1]在 2009 年举办了一场为期 7 个月的展览《瓷片 & 幸福》（*Scherven & Geluk*）。该馆邀请全荷兰的观众来博物馆晒他们的结婚瓷、婚纱照，分享他们在婚礼上的故事。活动一经推出，便得到了观众的热烈响应，无论是在线上还是在现场，该馆的工作人员都在为安排观众提供的婚礼和结婚瓷的体验忙得不可开交，但这无疑强化了观众间的联系，让他们分享家庭的喜悦，从而增强了对话的水准。工作人员甚至举办了一场名为"体验一天婚礼"（wedding for a day）的活动，观众可以

---

[1]　王妃庭院陶瓷博物馆（Princessehof Ceramics Museum）是一家位于荷兰吕伐登（Leeuwarden）的以陶瓷为主题的博物馆，其中的一栋建筑是奥兰治亲王约翰·威廉·弗里索（Johan Willem Friso，1687—1771）的王妃玛丽·路易丝（Maria Louise van Hessen-Kassel，1688—1765）的旧宅，故名——译者注。

自由配对，手挽着手走一趟红地毯，向人群扔花束，就是为了好玩而已。[1]

上述三个例子都说明了馆方是如何通过设计一个平台来把观众的个体行为转化为集体利益的。每个例子都是"多多益善"，而且最重要的是，每个平台都体现了馆方独特的价值和目标。

设计社交平台 传递特殊价值

要想让设计出的平台能够体现馆方或是某个项目的特殊价值，先得考虑三个问题：

1. 什么样的个体行为最有可能为观众所接受；

2. 工作人员要如何利用观众的个体行为，即馆方应该如何回应观众的个体行为、如何利用并将其融入自己的项目中；

3. 馆方如何将聚集起来的观众个体行为展示出来。

我们以博物馆常用到的一种平台（留言板）为例，审视上述每个问题。观众留言板虽然貌不惊人，但只要稍微变动一下设计方法就能得到另外一种社交结果。

个体行为

留言板通常都是观众分享个人观点的平台。不同的设计能让观众走向不同的结果。[2] 便利贴和铅笔通常效率高而且适用性广。打字机、马克笔或是绘图纸亦能深化观众的参与程度。华盛顿大学的《建议》展就给观众提供了便利贴来写下自己的问题，好方便工作人员进行解答，除此之外还有一面"厕所墙"，每位观众都可以上这儿恣意挥毫。虽

---

[1] 浏览《瓷片 & 幸福》的更多信息，并欣赏 24 小时新人的照片，请登陆 http://www.participatorymuseum.org/ref3-15/

[2] 浏览关于不同的留言板和不同的材料如何影响观众的行为，参见洛杉矶郡立艺术博物馆实验室（LACMA Lab）的《纳米》（*Nano*）展的总结评估报告第 16—22 页，请登陆 http://www.participatorymuseum.org/ref3-16/ 进行下载（PDF 格式）。

然没有人会刻意告知观众"你可以在厕所墙上写脏话,但不要写在便利贴纸上",但这些设施本身就不言而喻。

文化机构的回应

观众写完了留言,接下来该做什么？是把它们贴在墙上,还是扔进意见箱等工作人员来处理？在一些机构,工作人员把收到的观众留言挑出一部分进行展出;而在另一些机构,观众可以把自己的留言贴到任何地方,把别人的留言覆盖掉也没事。

有的时候,工作人员不会立马回应,观众把留言投进意见箱以后可能要等好几个星期。有的时候,工作人员又会直接回应观众的留言。苏格兰国家图书馆[1]举办了一场有关出版商约翰·默里公司[2]收到的名作家们寄过来的信件展览,管理员在展览中放了一张维多利亚时代风格的写字桌,并承诺会尽快回复观众写的信。但是他们没想到,自己很快就陷入了观众写给那些死去的作家们的海量信件。不过幸运的是,工作人员总算履行了自己的承诺,但也汲取了一点教训——以后在回应观众的时候应该考虑周全些。

展出

博物馆通常会采取两种方式来展示观众创作的内容:按时间顺序排列或按质量高低排列(有时又是两种兼用)。按时间顺序排列的方法即把最新的观众留言放在最前面或是中间的显眼位置,先前的留言不是已经存档就是放在不那么好找到的地方。按质量高低排列的方法采取的是一种类似策展的法则(基本上都是由工作人员主导)来挑选出最有特色、最切题的内容呈现给观众。时间顺序法(recency-based model)通常

---

[1]　苏格兰国家图书馆(National Library of Scotland):位于苏格兰首府爱丁堡,藏书量达700万册,并藏有众多珍贵的历史文献,包括《古登堡圣经》副本、达尔文《物种起源》手稿、莎士比亚《第一对开本》等——译者注。

[2]　约翰·默里公司(John Murray):英国著名出版商,1768年由英国皇家海军陆战队官员约翰·默里一世(1745—1793)创立,出版过很多知名作家的作品,包括简·奥斯丁、柯南·道尔、拜伦、歌德、达尔文等,2004年被法国出版商阿歇特(Hachette)收购——译者注。

会吸引很多观众参与进来,这是因为观众很快就能看到自己的留言被展示出来,从而得到满足。相反,质量高低法(quality-based model)则没那么多人气,但那些决定留言的观众也肯定写得非常认真。

时间、质量两不误

当展示观众生成的内容时,时间顺序法和质量高低法之间会存在矛盾。时间顺序法唯快是从,很容易忽略有价值的内容。相反,质量高低法需要工作人员花时间去看、去想、去展示最好的内容。但这样,还没等工作人员把成堆的观众留言清理完并展出之前,观众的兴趣就淡化了。那么,怎么才能把这两种方法有效地融合起来呢?

工作人员没必要独自承担展出观众生成内容的任务。我在第 1 章里已经说过,还有大把的人喜欢观看和评论远甚于创作。把这些观众组织起来对观众生成内容进行分类的评级,能让本来就没多少时间的工作人员减轻不少负担。这样做,还可以给本来对集体结果无甚贡献的"批评者"观众提供参与和贡献的机会,减轻他们失落的情绪。把观众生成内容展示出来可不是简单地表达我喜欢哪些、我不喜欢哪些,它是一种非常实用的认知行为,教人如何评价、如何关联观众生成的内容。有很多历史学家、策展人和科学家都把更多时间花在了评价和分析内容上而并非创作上。既然这样,何不让更多的观众参与到这项能够锻炼人的认知能力的重要活动中来呢?

通过不断把社交化观众的偏好和选择进行整合,这样由观众生成的展品便能不断给观看者提供高质量的内容。但是这样做还存在着一个潜在的风险,观众可能只会挑选好玩的项目,或是挑选他们的朋友制作的内容,反正总有可能和博物馆的理念背道而驰。

解决该问题的最好办法就是给出详尽的标准。如果你想让观众按照一条特定的标准进行评价,你就直接把标准给他们,跟他们说:"把你认为最能表达主题的照片挑出来"或是"把最具挑逗性的留言挑出来",你也可以这么说:"根据你自己的判断,选出你觉得最有价值的东西。"详尽明确的标准能够帮助你实现目标,不过这些标准也不是非详尽不可。有时候,让观众参与进来就表明你对他们的一种信任,就跟对待工作人员一样,接受他们正当的价值信念和判断标准。

平台设计的创意路线

"梦想有多大,舞台就有多大。"在如何分享观众生成内容的那个例子当中,其实还有很多方法比时间顺序法和质量高低法更奏效。那么,让我们来看看同一个机制如何兼顾无组织的发散思维和有组织的规矩讨论。

比如,在一个历史博物馆里,你可以设置一个视频采集亭,观众可以在里面"分享"与展览中的历史事件相关的个人故事。当然,这种平台要想设计得出彩的话,就得设置很多个视频采集亭,里面设定了很多不同的问题和主题,以多维角度来审视同一参观体验。作为评论者的观众的任务可能就是按照不同的切入视角,将观众录的视频进行分类,这比单纯要他们给每个视频打分或是挑自己最喜欢的要好很多。另一种情况下,评论者观众可能要在每一类中挑选出自己最喜欢的,这样,观看者观众看到的就不仅仅是比较笼统的"最佳"留言了,而是最能代表某类视角的"最佳"留言。

现在,我们再来看看,还是在视频采集亭,但以不同的模式进行操作会发生什么。观众选出一段其他观众录制的视频,然后以此为切入点,针对这段视频做出回应,并录好自己的视频,而不是回应馆方所提供的问题。对于评论者观众而言,这种模式关注的是评论别人的视频而并非打分和分类。这样做出的视频可能就变成连续剧,而不去管它是不是代表着不同的切入视角。在这种情况下,观看者观众看到的就是一段很多观众在视频里进行的大讨论。

两种平台、两种设计、两种目标还有观众渴望的体验。不过,视频采集亭的纸上谈兵先放到一边,我们先来看看两个真实的平台——《科记大畅想》(*Signific*)和《点击!》(*Click*!)——它们才算真正体现了设计价值。

【案例分析】

《科记大畅想》游戏构建的玩家对话机制

《科记大畅想》便是在各种野性思维中取得对话与沟通的游戏平台。未来研究所[1]于2009年启动了该项目，旨在帮助普通玩家预言未来。《科记大畅想》尽管并不是博物馆项目，却是一个可为文化机构所用的低科技含量的集思广益工具。它的组成部分很简单，就是一个供玩家相互之间对话的留言板。

这个游戏的工作原理是这样的：工作人员先展示一段所谓的2019年是什么样子的视频来挑起玩家的兴致，然后向玩家发问："如果未来上太空跟现在上网一样方便，你会打算做什么？"视频里还会解释："在2019年，立方体卫星(cubesats)——一种比鞋盒还小的人造卫星——相当便宜，而且非常流行。只要100美元，任何人都能发射一个属于自己的卫星到近地轨道上去。"然后，弹出一个简单的问题："未来的世界将有什么不同呢？"

玩家不可以给个很笼统折中的答案。他们要么"积极想象"(positive imagination，即往最好的方面想)，要么"消极想象"(dark imagination，即往最坏的方面想)。而且答案要精练——140个字以内——最后还会展示出来，看上去跟索引卡片(index cards)一样。游戏的设计者简·麦克尼格尔把《科记大畅想》叫作"微预言"[2]，并称其设计初衷是"让玩家能够以一种简单易行的方式尽快地分享他们对于未来

---

〔1〕　未来研究所(Institute for the Future)：美国智库兰德公司(RAND Corporation)的一个派生机构，创立于1968年，总部位于加州帕罗奥图，主要研究领域为未来学——译者注。

〔2〕　Twitter与中国的新浪微博、QQ空间等微博客应用对用户发送的文本都有不超过140字的字数限制——译者注。

的一点看法"。

　　玩家可以快速浏览这些写着积极和消极想象答案的卡片,然后挑一张自己感兴趣的进行回复。但是玩家不可以随意进行回复,而是要从以下四种模式中选择一个:补充(momentum)、反对(antagonism)、同意(adaptation)和待查(investigation)。玩家如果选择了补充就要补充其他的观点,选择了反对就要提出你的不同观点,选择了同意就要提供与他的观点相符的潜在证明,选择了待查就要提出质疑。回复字数同样限定在 140 个以内。

　　玩家可以回复任何人的卡片,而自己的卡片又可以被任何人所回复,这样就形成了一棵长长的讨论树,卡片都被交织在一张网里,通过对话这条线把众多话题点给串联起来。游戏管理者会把每天写得最有意思的卡片展示出来,并对那些虽然不可能实现但是很有创意的"外行"观点进行嘉奖。

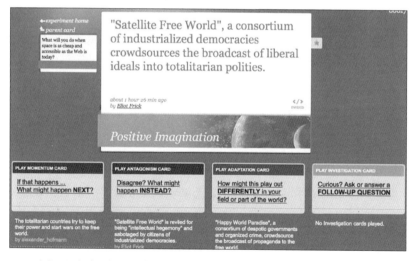

一张"积极想象"卡片引来了四种回复。

　　《科记大畅想》所建构的机制和框架把玩家对于未来集思广益的成果放在了首位。它在设计上有四个闪光点促成了其目标的实现:

　　1.回复字数简短。字数限制可以方便玩家能够迅速浏览这些卡片,然后选择自己最感兴趣的进行回复,这样就避免了面对长篇大论时的无奈,同样还可以提高回复效率。玩家不会把时间花在品评回复的文采上,而是会选择那些最能挑起他们回复欲望的卡片。

　　2.积分系统能促进人际交流,而不是简单的参与。玩家回复别人的和被别人回复得越多,就能累积越多的分数。如果能在玩家之间展开一场火热的讨论,那就能比单纯发表个人看法赚更多的积分。

　　3.个人资料鼓励玩家尝试不同的讨论方法。每位玩家都有一张个人资料,里面详细记录了你写的每种卡片的数目,而且还有一行小字提示:"你是不是在某些方面比其他人要厉害呢? 多写一写其他种类的卡片来平衡一下你的实力吧。"这行小小的提示鼓励玩家多去尝试新的讨论方法,而不是固守自己经常使用的方法,因为老是使用同一种方法对他们来说太简单了。

　　4.对"外行"观点进行嘉奖,并放在显眼的位置。积分系统会给那些提出"超有趣"观点的玩家奖励一种特殊的徽章。预言未来的一个很重要的技巧就是刻意寻找反常的可能性。因为这种不寻常的卡片在游戏过程中并不一定会受到关注,所以需要工作人员把它们放到显眼的地方,让更多的玩家打开思路、大胆想象。

　　《科记大畅想》并不是一锅粥,而是一个有明确指导理念、结构合理的交互平台。它的目的在于收集玩家对于未来是什么样子的各种想象和看法。这个平台很好地体现了未来研究所"帮助人们对未来做出更好、更有见地的决策"的理念。

　　这也是很多公共机构和文化机构的理念,所以无论是对于社区问题的专家头脑风暴还是众包对话(crowdsourced dialogue),《科记大畅想》都可以被借用过来。尽管这个游戏采用的是便于收集卡片的在线平台,但也可以用彩色贴纸的方法改造成实体游戏。比如,摆几个箱子,上面贴着不同颜色的贴纸——红的代表补充,绿的代表反对,蓝的代表同意等。实体平台可以不必提出一个话题让玩家进行回复,而是鼓励玩家们

score

forecasting points　　　　　　　　　　**00105**

strengths

- Dark Imagination
- Positive Imagination
- Momentum
- Antagonism
- Adaptation
- Investigation

Are you stronger in some areas than others? Play another card to balance your strengths.

一位《科记大畅想》玩家的个人资料。右侧的长条表示的是玩家分别贡献了多少张不同类型的卡片。

自己想出一个未来的情境,比如未来的交通、多语言教育体制或是转基因人类等。[1]

【案例分析】

布鲁克林博物馆测试群体的智慧

《点击!群体策展》(*Click! A Crowed-Curated Exhibition*)是布鲁克林博物馆 2008 年举办的一项活动,旨在调查群体能不能靠"智慧"评

---

〔1〕　2009 年在美国纽约州柏油村(Tarrytown,NY)举办的"博物馆对话"峰会(*Museums in Conversation*)期间,伊丽莎白·梅里特(Elizabeth Merritt)就在午餐时间以博物馆的未来为情境对在场嘉宾进行了测试。纽约州的博物馆从业人员很快就想出了博物馆未来的一些积极的和消极的方面——大家以调侃且离奇的口吻对他们的观点表示支持或是质疑。

价一些主观性很强的事物（如艺术）。[1]《点击!》包含了三个阶段：公开征集、网上评选、实地展出。在公开征集阶段，人们可以在博物馆官网上传与"布鲁克林的变化"这个主题相关的照片。第一阶段结束后，观众可以在网上对这些照片进行评选，判断标准是它们的艺术价值如何、与主题是否相关。最后，工作人员会把这些照片在博物馆实地展出，并且每张照片的打印尺寸对应它在网上评选阶段的排名。当然，这些照片也会在博物馆官网上展出，而且网上还有关于每幅照片的更多信息以及评选细节。

《点击!》的公开征集阶段还比较常规，但网上评选和实地展出阶段就很不一样了。尽管布鲁克林博物馆在社交网络很活跃，但设计团队想尽可能减小社会因素对观众体验的影响。观众靠自己对照片做出判断和评价，他们既看不到每张照片的累计得分，也看不到别人是怎么评价的。观众不能跳过不喜欢的照片而只看自己最想评价的照片，也不能把链接发给朋友、叫他们帮忙给自己喜欢的照片加分。

布鲁克林博物馆为何要刻意限制社交行为呢？简单来说，他们想要搭建一个公允的平台来测试一下群体的智慧。社会学家詹姆斯·索罗维基（James Surowiecki）认为，群体只有当个人不受别人的影响时，才能体现"智慧"。如果每个人都分别猜罐子里有多少颗糖，那每个人猜测的平均值才会接近于真实的数目。但如果每个人都把自己猜的数目告诉别人的话，或是叫自己的朋友也来猜，那平均数就远没那么准确了。

限制社交行为同样也是对艺术品的一种尊重。它能使观众的评价只针对照片本身，而不是探讨一些别的东西。基于同样的道理，观众通过移动照片旁边的滑尺来打分，而不是从五张图里选出最好的一张或是

---

[1] 《点击!》展是受社会学家詹姆斯·索罗维基 2004 年所出《群体的智慧》（*The Wisdom of Crowds*）一书的启发，该书认为当一群非专家的群体中的每个个体所做出的决定都不受对方的干扰时，群体的智慧就显现出来了。（该书目前在中国有两个中文译本：(1)《群众的智慧：如何让个人、团队、企业与社会变得更聪明》，台北：远流出版事业股份有限公司 2005 年版；《群体的智慧：如何做出最聪明的决策》，北京：中信出版社 2010 年版——译者注。）

直接给个数字。设计团队发现,比起用计分的方式评价,这种主观的判断更能减少人们对于分数的依赖。

　　《点击!》的网上评价平台。观众可以通过调节页面右边的滑尺来评价每张照片的艺术价值和主题切合度,同时还可以进行评论,但是观众的评论要到评价阶段结束之后才能公开。评价平台没有任何社交内容和痕迹,只是还在页面右下角提供个人数据以便观众据此继续完成自己的评价工作。

　　该平台还要观众在评价的时候留下两份个人数据:居住地和艺术知识了解程度。设计团队想通过这些数据对那些自称是专家的人和新手之间做一个对比,看看他们评价照片的时候有什么不同,而且还可以看看住在布鲁克林的观众和来自其他地方的观众是否对"布鲁克林的变化"有着不同的理解。

　　最后,照片会同时在官网和实地展出。实地展出并没有主题,完全就是任意组合摆放的。实地展出的照片的大小是固定的,但是在官网,观众可以根据评分者的地理位置定位和艺术知识了解程度通过修改参数调整照片的大小。有意思的是,艺术知识了解程度各异的观众选出的十佳照片里竟有八张是一样的,这说明那些对艺术知识了解不多的"群体"的欣赏水平并不亚于那些专家。

《点击!》激活了参与者和专家间的对话,他们不仅讨论照片的价值,还有文化机构吸引公众参与的方式。本次展览成了社交化程度很高的公共空间。参与到展览中来的观众——无论是上传照片还是做出评选——都相互间分享了自己的体验。

而且,在网上,这场对话仍将继续。[1]观众可以在展览开幕后继续对照片做出评论。他们可以快速浏览"回复最多"的照片,这些照片一般在开展后仍能引发热议。观众在官网还能看到评价相似的照片——观众还可以浏览那些在地理位置定位和艺术知识了解程度各异的观众群体"意见分歧"最大的照片。这样就把照片的讨论主体扩展到更大范围的公众群体,而地理位置相同或艺术知识了解程度相同的观众群体讨论照片的美学价值和主题相关度无论是在能力还是立场上都会有失偏颇。

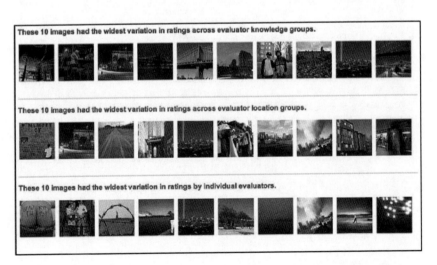

观众在网上可以通过众多照片间的对比感受《点击!》展如何把数据可视化。

　　《点击!》一经推出便引发了争议,因为它的展品遴选方式与传统的艺术机构(甚至是布鲁克林博物馆自身)有着很大的不同。它的目的不是为了发掘和展示拍出来的最佳照片,而是做一项关于群体决策行为的调查。正如《点击!》的负责人雪莉·伯恩斯坦(Shelley Bernstein)所说:"它是一次把概念贴在墙上的行动。"

　　概念并不意味着按传统的方式才能办好展览。布鲁克林博物馆的当代艺术策展人尤金妮·蔡(Eugenie Tsai)说:"《点击!》就是把数据可视化。这不是一次照片展,我平时做照片展也不是这么做的呀。"[1]伯恩斯坦和蔡都道出了一个事实,所有的照片都经过统一的遴选过程,它们的打印尺寸完全是由观众的评价所决定的,而不是根据其美学价值。《纽约时报》和《华盛顿邮报》发表评论称,最后的实地展出在视觉效果上并不是很让人感到震撼。这两家媒体把《点击!》和普通的照片展混为一谈了,伯恩斯坦认为这是不合理的。不管观众的意愿如何,《点击!》应该更接近于标签云图(tag clouds)和示意图(spark charts)等可视化数据形式。

　　《点击!》是布鲁克林博物馆对某种理论的一次刻意尝试,所以才大声疾呼"不要把它看成是艺术来判断"。这句话不是每个人都乐意听。一些上传照片的摄影者并不觉得把自己的照片打印尺寸的决定权交给外人有什么好惊讶的。但另一些摄影者就不这么想了,他们甚至质疑这个群体策展平台的有效性。有位摄影者就如此说道:"凭什么由群体来决定就比我自己决定要好,这种方式真让人不舒服。"[2]对于某些人来说,这完全是馆方为了达到自己的目的而强制执行的集体协作活动。万幸的是,伯恩斯坦说,还好她和她的团队始终与艺术家们进行了公开透明的交流,才使得大部分摄影者都乐于加入活动中来。

　　有些摄影者根本就不介意自己的照片会被当作数据展示出来,他们

---

[1]　收听蔡、伯恩斯坦和网络工程师杰夫·豪(Jeff Howe)关于《点击!》长达一个小时的小组讨论,请登陆 http://www.participatorymuseum.org/ref3-20/

[2]　参见雪莉·伯恩斯坦 2008 年 6 月写的博客文章《准备点击》("Preparing to Click")的 27 楼回复,请登陆 http://www.participatorymuseum.org/ref3-21/

反倒惊讶于照片最后被摆到博物馆展出了。那些进行网上评选的观众同样有着这种感觉。其中一位参与者艾米·德雷埃尔（Amy Dreher）就说："看到墙上展出的照片，我真的是满怀一种成就感，因为从进门的第一张照片到最后一张照片我都进行了评选。"[1]

《点击！》可能会造成博物馆与某些参与者以及媒体之间关系的持续紧张，但是设计团队始终坚守他们最初的目标，观众也还是对展览予以了积极回应。最后，对于博物馆而言，《点击！》最重要的收获在于他们研究了怎么让观众参与策展过程，观众群体是否能靠"智慧"来评价艺术等问题。而展览就是这项研究的成果。

平台与权力

《点击！》会引发争议是因为它改变了传统意义上文化机构的观众和工作人员、专家和业余爱好者之间的关系。社交平台具有政治意味。如果专家、展品和工作人员都不再掌握传播内容的决定权，而是像工具一样，把一个观众的体验和另一个观众的体验相联系，那馆方作为制定和传播内容的权威地位就会受到威胁。文化机构的工作人员长期享有这份特权，所以一旦这种模式得以普及，工作人员就会感到恐慌并进行抵制。

这种权力斗争在教育学界尤为突显。20 世纪六七十年代，以保罗·弗莱雷[2]和伊万·伊利奇[3]为代表的教育改革家强烈反对传统的学校体制，宣称学校这种体制无法在教师和学生当中形成互惠关系，

[1] 德雷埃尔在一篇文章中详细描述了她从与几个摄影师一同漫步于《点击！》展的各种体验，参见《〈点击！〉体验：一个参与者的看法》（"The *Click*! Experience: A Participant's View"），《展览人》（*Exhibitionist*），2009 年第 2 期总第 28 期，第 55—58 页。

[2] 保罗·弗莱雷（Paulo Friere, 1921—1997）：巴西著名教育学家、批判教育学（critical pedagogy）的代表人物，著有《被压迫者教育学》（*Pedagogia do Oprimido*）等——译者注。

[3] 伊万·伊利奇（Ivan Illich, 1926—2002）：奥地利哲学家、天主教牧师、社会批评家、"非学校化社会"理论的创始人和"非学校化运动"的领袖，著有《非学校化社会》、《愉快的工具》（*Tools for Conviviality*）、《医药的报应》（*Medical Nemesis*）等——译者注。

所以他们俩寻求一种相对公平的学习模式,伊利奇便提出过一种通过所谓的"学习网络"(learning web)构建的联网教学。伊利奇在其 1971 年出版的《非学校化社会》(*Deschooling Society*)一书中提出了一种一对一的联网教学模式,用一本电话簿把每个人的技能都收录进去,从修汽车到吟诗作赋,任何技能都可以。[1] 这本电话簿就相当于一张课程表,人们可以在电话簿上提供的技能说明和电话、地址等信息与该人取得联系,并要求接受指导。伊利奇认为,这种由社区成员推动的教育模式比学校体制更能给社区带来实用价值。

但是伊利奇并没有具体说明他设想的电话簿该如何设计。我们从上述几项案例中已经看到,参与式平台的设计都有很多通用的评判标准,那伊利奇的电话簿是不是也是如此呢? 电话簿是不是按技能、指导者的地址、指导者的姓名来组织呢? 电话簿里会不会包括每个人的相关从业经历和技能证书呢? 学习者要不要给自己的学习体验打分,根据打分后的排名来重新调整电话簿的顺序呢? 要不要专门留出一个反馈版块来展示人气老师? 还是设计出一个平台,可以尽可能地在学习者中公平分配学习资源?[2]

针对上述问题的每一种答案都会导致不一样的社区体验。所以说设计师对于用户的体验有很大的决定权,但是这种权力对于那些习惯了设计和展示内容体验的人来说却并不那么熟悉。这种权力并不是要搞一言堂,而是决定由谁来发言、以何种顺序来发言。

要想在日益社交网络化的世界掌握主动权,文化机构必须能够游刃有余地操作平台和提供内容才行。博物馆专家最担心的就是在与观众建立新的联系之时失去内容控制权。然而,在绝大多数文化机构里,工作人员的职业技能——藏品保护、展览策划、项目实施——都跟内容控

---

[1]　参见《非学校化社会》的第六章,尤其是"伙伴选配"(peer-matching networks)一节。(台北桂冠图书股份有限公司在 1992 年出版了该书的中文译本,吴康宁译——译者注。)

[2]　对网络化学习有兴趣的读者,可访问公立学校(The Public School),请登陆 http://www.participatorymuseum.org/ref3-24/

制权无关。这些技能与创造力和体验有关。职业技能即便是在依托平台运行的机构也是有用的。职业技能会产生一种想要控制观众整个体验的欲望,所以问题就来了。人人都有权力欲,掌控权力的滋味是很爽的。它能让你成为该领域唯一的声音。不过,如果你的职业技能含金量很高,那你根本不必牢牢抓住内容控制权不放,你完全可以采取伊利奇说的电话簿模式而非他所批判的学校模式。

设计一个能利用、组织和展示各种不同声音的平台并不意味着把权力全都交给观众。设计师会提供给用户一些设定好的机会——生成自己的内容,优先选择符合自己口味的信息——前提是在一个大的生态系统下。平台是重中之重。文化机构只有在平台搭好的框架下才能(而且应该)拥有控制权,权力就存在于平台的管理和运营当中。

平台管理者拥有以下四种权力:

1. 决定用户可以进行何种互动;
2. 规定用户的行为;
3. 保存和使用用户生成的内容;
4. 推广并展出中意的内容。

这些权力构成了一系列的掌控力,而这些掌控力又构成了一个真实有用的权威。我们来看看每种权力在文化机构是如何运用的。

决定用户可以进行何种互动

这项权力是最基本的,但是却经常被忽略。用户可以在YouTube上分享视频。在《自由选择》,观众可以对个人自由问题进行投票。在《真人图书馆》,人们可以进行一对一的交流。在《科记大畅想》,玩家可以讨论未来科学。每个平台都有预先设定,把用户可以进行操作的基本行为限制在一两个左右。文化机构没有必要把全天下所有的互动都囊括进来——只要把那些最具代表性、最有价值和最富创造力的几个互动挑出来。这项权力还涉及其他一些决定,如观众能否相互之间进行直接交流、观众可不可以评论和打分、观众可不可以创作虚拟工艺品或是实体工艺品。如果工作人员可以把平台的关注点限制在很小的活动范围，他们就可以主导整个用户体验和用户生成内容的发展方向。

规定用户的行为

网络参与平台会从两个方面影响用户和社区行为，一是可用工具（不明显），二是社区管理（很明显）。每个社交网络平台都规定了可以发布什么内容，以及用户应该如何与他人取得关联。这些规定暗示着该平台对于该怎么互动的整体基调。

很多文化机构都靠不成文规定来约束观众的行为，不过，起草一份指导准则或是公告来规定观众该如何参与也是个好办法。9·11 国家纪念博物馆[1]就建了一个"创造历史"（Make History）的网站，要求用户只能分享他们有关 9·11 的个人经历，而且要尽可能地遵守规矩。指导准则也写道："鉴于该事件的强烈影响，某些强硬措辞也许在某些故事里适合，但是本网站面向的是所有年龄阶段的人。"工作人员用指导准则来安抚那些愤慨的经历者，同时又避免他们走极端。[2]

指导准则和规定的不同经常会影响到参与者的组成。如果是文化机构，要确保工作人员对于某些行为的个人偏见不会影响到正在享受参与的观众。如果你做一个项目会涉及某些特定的观众群，那就问问他们认为什么样的行为才是不合理的。一个专为家长设计的平台的指导准则肯定与为艺术家或是青年历史学家设计的有着很大区别。

保存和使用用户生成的内容

平台有权规定其展示内容的保存权和所有权之所属——这些规定所制定的知识产权十分严格，而且往往偏向于平台而非用户。不管看起

---

〔1〕　9·11 国家纪念博物馆（National September 11th Memorial and Museum）：位于美国纽约世贸中心，为纪念 2001 年 9·11 恐怖袭击事件和 1993 年世贸中心爆炸事件而建，分纪念馆与博物馆两大部分，分别于 2011 年及 2014 年对外开放——译者注。

〔2〕　阅读"创造历史"的指导准则全文，请登陆 http://www.participatorymuseum.org/ref3-25/。

来合不合理,每当某位网友在 YouTube 上发布一个视频,就意味着她给了 YouTube 以永久使用其视频的权力。她拥有内容,但是她授权给了YouTube:

> 在全球范围内的免费、不可撤销的无限期的并且可转让的非独家使用权许可,YouTube 有权在 YouTube 网站和YouTube 的相关企业(其后继者和子公司)使用、复制、散布、展示前述内容,包括对前述内容以任何媒体形式、通过任何媒体渠道进行推广和散布部分或者全部 YouTube 网站的内容(及其衍生品)。[1]

这是一项社交网络平台经常使用的标准条款。

文化机构对管理知识产权、保护观众的隐私、购买观众的创意有着不一样的标准。尽管与社交网络平台相比,博物馆更注重保护自身和借展方的知识产权,但它们也注重保护观众的权利。例如,在丹佛艺术博物馆的"驻足小憩"展厅,工作人员并没有主动地把观众制作的海报贴到墙上,而是问他们愿不愿意把自己的海报张贴出来。[2]

有很多模式都可以在尊重馆方和观众利益的前提下分享和使用观众生成的内容。以下就是几个例子:

> • 史密森学会美国艺术博物馆(Smithsonian American Art Museum)曾推出一款《鬼使神差》(*Ghosts of Chance*)的网络游戏,它把玩家在游戏过程中生成的物品记录到藏品数据库的临时文件夹中,明确规定了游戏结束后物品的情况是怎么样(玩家反倒成为游戏的设计者,好像是博物馆承包商一样)。
> • 大都会艺术博物馆(Metropolitan Museum of Art)利用

---

〔1〕 阅读 YouTube 的服务条款全文,请登陆 http://www.participatorymuseum.org/ref3-26/

〔2〕 但是丹佛艺术博物馆的教育人员以评价和收藏为由,对每幅海报都进行了存档。

观众生成的照片在 Flickr 上进行了一项有名的《我们相遇之时》(*It's Time We Met*)广告宣传活动,很好地利用了用户授权许可这条规定。[1]

　　• 芝加哥儿童博物馆利用观众在《挑战摩天楼》(参见本书第 78 页)生成的多媒体故事来研究人们的认知发展过程。

　　• 动力博物馆[2]和布鲁克林博物馆都给观众提供按需打印成书(print-on-demand books)的服务,记录观众在参加社区活动或是网上项目所生成的内容。

　　• 伦敦的维多利亚与阿尔伯特博物馆(Victoria & Albert Museum)的盖尔·德宾(Gail Durbin)把观众在博物馆生成的内容移到博物馆售卖的商品上,比如观众可以订制个性化台历,把每个月的图片做成你最喜欢的展品,观众还可以订制一本书,书的封面和内页的图片采用你在博物馆做女红时的照片。

文化机构也可以学 Web 2.0 网站用各种办法来表示对用户享有知识产权的尊重,制定馆内的规定——运用相关权力——保护观众生成的内容。

推广并展出中意的内容

参与式平台的管理者仍保留了一项非常重要的权力——挑选那些能够很好体现平台理念的内容并进行展出。这就跟报纸的主编有权决定哪些新闻可以刊登、哪些又该枪毙一样,而社交网络对内容的取舍也是如此。回想一下在留言板提到的多种策略吧,这些策略从根本上来说就是要解决什么内容该留下的问题。馆方也许会推广那些最具人气的、

---

〔1〕　浏览"我们相遇之时"的广告,请登陆 http://www.participatorymuseum.org/ref3-28/

〔2〕　动力博物馆(Powerhouse Museum):世界著名的技术博物馆(technology museum),位于澳大利亚悉尼,1879 年设立,内容涵盖了装饰艺术、通信、交通、服装、家具、传媒、计算机、太空等几乎所有技术门类,是悉尼的一大热门景点——译者注。

最新的、由工作人员挑选出来的或是标新立异的内容。尽管有些平台的设计者希望推广过程能够公开透明，但他们大部分的时候还是把自己想看到的内容挑了出来给其他用户作为范式。

Facebook 在 2008—2009 年的网站改版就是有关平台设计权力的很好例子。在这一年的时间里，Facebook 从原来只关注用户的个人信息以及建立用户和熟人的社交小圈子扩展到为用户提供时光轴式的每日生活记录以及状态更新，以便使用户接触到更为广泛的网友。在此之前，Facebook 只是一个用户可以拥有个人资料并且与网友和熟人保持联系的平台，但是到了 2009 年的秋天，Facebook 已经变成了用户的时光轴，就像一份每天都会更新的报纸一样（通过系统默认来与世界发生关联）。一些用户对此不满并退出了 Facebook，不过大多数用户留了下来——而且改变了自己原来的操作习惯以适应 Facebook 的新设计。

推广和组织用户生成内容应该是文化机构管理平台最重要的权力，因为它最能使平台得以展现自己的理念和中意的行为。但它同样又是最有技术要求的权力，因为设计师要知道自己的设计会如何影响用户的行为模式。

文化机构目前还在学习如何有效行使这项权力。博物馆掌握了这项权力，但操作起来却完全不公开透明，用户的行为完全没有参照。观众替博物馆干完了活儿，贡献了数据，然后要等到工作人员的讨论和提交结束之后才能看到被他们遴选出来的内容。在这种不透明的体制下，观众无法根据工作人员的反馈来对自己的内容进行修改和调整。试比较一下伍斯特市立美术馆的《40 大艺术精品展》，观众每个星期都能知晓作品排名的最新信息，正是对挑选出的内容进行不断地更新使得人们在展览期间不断地回访。

文化机构在这个参与的世界里确实要保留与观众的理念、体验和社区行为相关的权威。这项权力并不是让工作人员为所欲为。但是，有了好的设计的约束，工作人员所传达的信息就能增强观众的体验。当你可以华丽而有效地把观众的体验编织起来时，你就同样可以给观众带来新的体验，为文化机构与更多观众建立新的关联，这无论是对馆方还是观众而言都是充满期待而又十分有意义的。

———

本章主要探讨了如何设计出一个平台让文化机构内的观众之间取得关联。但这又给博物馆专家出了一道难题：实物怎么办？如果馆方就只是帮助观众创造、分享和互相学习，那博物馆的藏品该往哪放？第 4 章将讲述实物在参与式文化机构中扮演的独特角色。以平台为基础的体验、观众所聊的对象和创意表达还是要以展品为核心的。

第 4 章

社交实物

假设我们看待一件实物不是从它的历史和艺术价值出发，而是看它能不能激发观众间的交流，那么每个博物馆都有这样的展品，它们可以自然而然地产生社交体验。它可以是一个旧炉灶，让观众讨论起奶奶家的厨房；抑或是一个互动体验装置，需要观众之间进行合作。它也可以是一件能让观众略感惊喜的艺术品，他们带着兴奋之情互相指给对方看；抑或是一张令人若有所思的老照片，观众站在它面前也会不由得与他人讨论几句。它还可以是一曲火车的汽笛声，招呼观众来坐车；抑或是一个教育项目，需要观众协作来完成。

这些展品和体验都是社交实物（social objects）。社交实物能带动社交体验，同时也是观众交流的内容所在。[1] 社交实物可以让观众把注意力放在"第三者"上，而不是仅仅在两个人之间，这样也会使得人际交流更加愉悦。两个陌生人之间如果对某些特定的物品有着共同的兴趣，交流就产生了。有些社交话题聊的是名人八卦，有些则是名车，还有的是宗教。我们会和别人聊自己的兴趣爱好，分享与身边物品有关的体验。

2005 年，于里·安捷斯道姆（Jyri Engeström）率先使用"社交实物"

---

[1] 为了行文方便，我将"实物"（object）定义为观众在文化机构可以接触到的（不管是展览中的展品，还是教育项目中的辅助品以及观众可以使用的任何物品）具有外在实体的物品。本章中有时候说的"实物"是指观众体验，但绝大多数时候，我还是指文化机构收藏、保护、展示的藏品。

和"实物定位型社交"(object-centered sociality)来强调实物在社交网络中的角色。[1] 他认为，各种实物，而非概括性的内容或是人际关系，才是社交网络赖以成功的基础。例如，在 Flickr 上，即便你加入了摄影技术讨论组，你也不一定和他人只讨论摄影技术本身。相反，你会和别人讨论你们分享的照片和照片上拍摄的各式各样的对象。所以，每张照片实际上就是社交网络上的一点，把上传的用户、评论的用户和消费的用户连接成一个三角形网络。同理，LibraryThing 把人联系起来也是靠读的书而不是阅读这个动作本身。Flickr 也是靠照片而不是拍照这个动作把人联系起来。

实物并不一定要有物化外壳，但一定要有十分明显的实体。安捷斯道姆在阐述如何进行实物定位型设计时如此说道：

> 仔细想想，实物才是人们与特定的人而不是所有人发生关联的原因所在。如果实物是一份工作，它会把我和一拨人关联起来；如果实物是一个时间，它又会把我和另外一拨人关联起来。这么简单的道理，人们在听到"社交网络"这个词的时候，脑子里却怎么想也想不到。有一种谬论认为社交网络就是为了人而设计的。完全不是这样，社交网络虽然以人为主体，但**人们之间是靠实物才能联系在一起**。

无论是对实体博物馆还是虚拟博物馆而言，这都是一针强心剂。网站开发人员往往都为建立新的网络公司而争夺对象目录，文化机构可以准备一些故事和能让观众和藏品发生关联的方法。这并不是在网上才能办到，实物在实体机构中也可以成为对话的核心。本章就从两个方面进行讨论：定义并强化藏品中已经存在的社交实物，给观众提供可以围

---

〔1〕 浏览安捷斯道姆 2005 年 4 月写的博客文章《为什么有的社交网站有用而有的又没用呢？——或许原因在于实物定位型社交》("Why some social network services work and others don't—Or: the case for object-centered sociality")，请登陆 http://www.participatorymuseum.org/ref4-2/

绕实物进行讨论、分享和社交的工具。

如何才能成为社交实物？

　　不是每个实物天生就是社交实物。社交实物就是能把创造它的人、拥有它的人、使用它的人、评论它的人和消费它的人发生关联的实物。社交实物很像交易中的商品，能让各种与之相关联的人之间产生交流。例如，狗是我最喜欢的社交实物。每次我出去遛狗，都有很多人跟我聊天，说得更准确一点，是通过狗和我聊天。狗实现了注意力从"人到人"到"人到物到人"的转变。跟狗打招呼并不是什么难事，而且最终会演变为跟狗的主人打招呼。我们有时还会见到，一些别有用心的狗主人为了接近某位心仪的女生，便刻意计算好时间，把自己的爱犬作为一次浪漫邂逅的触媒。

　　现在在脑子里回想一下，你的文化机构里是不是也有这样的实物或是体验常常招来大量的观众呢？是不是有个地方经常有观众拍照而且引来一群人指指点点呢？它或许是运转中的蒸汽机、巨大的鲸鱼骨架，或是液氮的演示装置、巧克力做成的雕塑，而这些都是社交实物。

　　无论是在实体机构还是虚拟机构，社交实物都具备以下几个特征：

　　　　1. 个性化（personal）；

　　　　2. 话题性（active）；

　　　　3. 刺激性（provocative）；

　　　　4. 关联性（relational）。

个性化实物

　　如果观众看到一个实物，这个实物跟她的个人经历有关系，那她肯定想把自己的故事说出来。它也许是一个盛汤的碗，很像小时候在外婆家看到的那个，也许是自己以前用过的第一套化学实验工具。这些个性化实物能自然而然地使观众兴致勃勃地分享自己的故事。同样，如果是观众自己所拥有、制作或是参与制作的实物，效果同样明显。还记得《点击！》里的一位参与者艾米·德雷埃尔吗？她在参观展览的时候就曾经兴奋地说："看到墙上展出的照片，我真的是满怀一种成就感，因为从进门的第一张照片到最后一张照片我都进行了评选。"[1]

但也不是每个实物都能自动激发观众的反应。工作人员很容易忽略还有很多实物压根儿和观众没有一点联系，而曾经参与保护、研究和修复实物的工作人员和志愿者自然与它们有联系。所以，专家们要时刻记住，不是每位观众都跟自己一样与实物有联系，他们对某些实物也许根本找不到话题可聊。

话题性实物

如果实物可以把自己直接嵌入社交情境下，那么它就可以自然而然地成为陌生人之间讨论的话题。假设一辆刚好经过的救护车或是喷泉的水花溅到你身上，你和其他人的注意力都会转移到它们上面去了，那说明这些实物很好地完成了自己的任务。同样，比赛中的飞镖或是乒乓球飞向观众席的时候，也经常会引起"遭此意外"的观众之间的讨论。

文化机构里的话题性实物通常会有规律地"乱入"。就像白金汉宫的值勤卫士换班一样，时间都是固定的，过路行人通常会不由自主地谈论什么时候换班，换班时卫士会有什么动作。但有些时候，这些动作又是"乱入"的。比如，动物园里的动物一移动或是发出什么声响就会引起游客的评论。无生命的实物也可以产生同样的效果——如火车模型在铁轨上疾驰、机器人表演跳舞也会引发观众的讨论。

---

[1]　了解《点击！》的整个介绍，参见本书第125—130页。

刺激性实物

　　如果一个实物本身就已经很奇特了，那它就没有必要把自己嵌入社交情境下才能成为人们讨论的话题。明尼苏达科学博物馆在 2007 年举办了一个名为《种族：我们真有那么不同吗？》（*Race：Are We So Different*？）的展览。工作人员注意到，观众经常聚集到某些展品前进行指点和评论。其中有一件就是在玻璃柜里摆了好多扎钱的展品，这些钱表示美国不同种族的平均收入。钱本来就是个吸引人的东西，但是这件展品真正吸引人的地方在于钱的数额上的悬殊。人们看了都很惊讶。这种物化的暗示能使信息以一种更为引人注目的方式传递出来，这种影响力是图表说明或是文字渲染所不能及的。

　　观众在《种族：我们真有那么不同吗？》展览里谈论象征美国不同种族之间悬殊收入的展品。

　　刺激也是讲究技巧的。如果观众被某些内容或是展品刺激到了——比如在某些当代艺术博物馆——他们也许会把这份情绪埋在心里而不是与别人进行交流。所以，为了保证效果，一个刺激性实物必须让一眼看到它的观众切实感受到惊讶。

关联性实物

关联性实物需要多人共同操作，从而在观众之间产生联系，这种设计通常是针对陌生人的。电话、台球桌、跷跷板、游戏棋盘都属于关联性实物，像很多互动式博物馆里的展品和雕塑都需要多名观众合作来解决某一问题或是产生一定的效果。例如，很多科学中心的展品说明文字都会写着："本件展品需要两个人共同操作"，一个是玩家，一个是追踪者；一个在左边，一个在右边。这些实物无疑是社交实物，因为它们需要多人操作才能运行。

提高实物的社交性

大部分社交实物所带来的体验都是短暂的。所以，为了能让社交实物给更多用户带来更持久的体验，设计师需要在个性化、话题性、刺激性和关联性上做更多调整。例如，奥克兰的交通与技术博物馆（Museum of Transport and Technology）有一个老式交通信号灯，放在众多展馆的外面。工作人员给交通信号灯装上了定时装置（控制红、绿、黄灯的时间），并且还在信号灯的前面画了一条斑马线，营造出街景的氛围，没想到来博物馆参观的小孩子不约而同地玩起了"红绿灯"[1]的游戏［又名"红灯停绿灯行"（Go Stop），这是新西兰的叫法］。信号灯之间的转换使得信号灯本身成了话题性和关联性实物，而且迅速成了游戏的一部分。

---

〔1〕　红绿灯（Red Light Green Light），一种国内外常见的儿童游戏，中国内地与香港地区比较通行的玩法是：(1)由一人扮"鬼"，站在墙边（或柱前），其他人站远方。(2)鬼首先面向墙，并喊出句子"123 红绿灯过马路要小心"。此时其他人需向着鬼推进。当然，鬼可以控制说话的速度。(3)鬼喊完句子后，需立即转头看其他人。其他人听到句子完结时需停下并不许动。(4)如果没有人动的话，鬼则会面向墙，再次喊句子。如果有人动的话，鬼需要带那人到墙前，并勾着尾指。(5)当有人到达鬼身后时，可以碰一下鬼，然后所有人立刻逃跑。鬼一被人碰到时要大喊"停"，其他人必须停下来。(6)之后，鬼需要用三步到达某人前并碰一下，那人便输，并做下一回合的鬼。如果三步内未能碰到其他人，鬼便输，继续做鬼。(7)如果有人被鬼勾着手指，其他人需要先"救"那个人，方法就是"斩"开勾着的手指。但是"斩"手指的过程中需计算"触碰到鬼"的情况——译者注。

明尼苏达历史学会在其 2006 年《开放的房子：如果墙壁会说话》(*Open House：If Walls Could Talk*)展览中采取了不同的方法。[1] 这个展览讲述的是 118 年间，55 个家庭在明尼苏达州首府圣保罗东城的同一幢房子里发生的故事。策展人以独特的方式把房子居住者的照片和录音材料嵌入到展品当中。只要观众接触或者发现房子里的实物，就会打开一段有关房子居住者的故事。房子里的所有东西，从饭碗到家具都会讲故事。在总结评估时，研究人员发现观众与展览的联系很紧密，平均每位观众至少和三件展品有关联。[2]《开放的房子》通过对日常家什进行个性化和话题性的改造，成功地诱使观众在参观过程中分享与之相关的个人故事。

通过改造实物的物质形态来提高社交体验程度通常都不是最有效或是最实用的方法。文化机构更常用的方法是设计出解读工具或是平台来强化藏品中已经存在的社交实物的社交性。比如，更换说明文字或是把展品放到不同的情境下。不过，这种方法也可以解读成以更为社交的方式"被"展示给观众。于里·安捷斯道姆曾呼吁定义社交实物的时候要使用主动动词(active verb)，也就是要让用户对社交实物"做"(do)些什么——使用它们、评论它们或是给它们加点什么等——并且所有的社交实物都该被用户分享。所以，要设计社交实物，你就要设计出能让实物显而易见地成为话题中心的社交平台。

给社交实物设计平台

解读手段如何才能促进社交体验？社交平台主要解决的是给观众提供何种工具让他们围绕实物进行社交。虽然实物的展出仍有一定的

---

[1] 截至本书付梓之时，《开放的房子》仍在展出，而且暂无截止日期。

[2] 下载 2006 年 12 月《开放的房子》的总结评估报告(PDF 格式)，请登陆 http://www.participatorymuseum.org/ref4-5/

吸引力和作用,但给观众提供讨论和分享的机会也不容忽视。我们来比较一下同样做一个图片展,传统展览和社交网站 Flickr 所带来的社交行为有何不同。

在传统博物馆的图片展里,观众只需要观看挂在墙上的图片就行。他们可以解读图片上的信息,通过阅读图片旁边的说明牌,了解图片的拍摄者是谁,他们甚至还可以推断出这些图片在博物馆收藏中的类别。有些展览允许观众对展出的图片拍照;但有些展览不准观众拍照,连说明牌也不让拍。有些展览会在入口或出口设置留言板,观众可以在那写下自己的看法。有些博物馆商店还有展出图片的复制品或是明信片出售。

在传统的图片展当中,观众可以看、可以了解图片上的信息,但是在浏览过程中无法留下评论也无法与他人分享心得。对图片进行社交使要以观众为导向,但是馆方可能不愿这么干。

我们再来比较一下 Flickr 上的用户行为吧。用户也可以在 Flickr 上看图,解读图片信息,了解拍摄者是谁。不过他们还可以在每张图片下面留下评论,可以把喜欢的图片放进收藏夹,可以直接在图片上圈人,做进一步的评论,还可以添加标签和地址定位(geocodes)作为描述每张图片的关键词。用户还可以浏览每张图片的评论、标记和标签,跟图片的拍摄者或是其他评论者发私信,向他们问问题或是评论。他们还可以邀请拍摄者给某些群或是虚拟画廊上传图片。他们可以把照片用电子邮件发给朋友,或是把图片发到博客或是社交网站上。这样,他们就可以在 Flickr 和其他网络平台自由谈论每张照片了。

　　Flickr 支持的这么一长串社交行为显然在实体博物馆或是画廊都不可能实现。但这也并不表示 Flickr 提供的图片展体验就更好。从审美角度看,图片被镶上精美的相框,而且在柔和的光线映照下比挤在一堆文字里的 JPEG 要赏心悦目得多。而且,Flickr 的圈人功能会在图片上形成很多个矩形框,这无疑会损害图片的整体美感。所以,给实物提供社交平台很可能会削弱实物的艺术价值。

　　但是,实物社交功能的强化也给用户带来了更多意想不到的体验。请看本书第 148 页的这张照片,它是 1943 年由约翰·瓦尚(John Vachon)所摄,题名"得克萨斯州博蒙特市宾夕法尼亚造船厂的工人下班正离开工厂"(Workers leaving Pennsylvania shipyards,Beaumont,Texas)。2008 年 1 月,美国国会图书馆(Library of Congress)将该照片上传到 Flickr Commons,它是 Flickr 专为收集公共领域图片设置的版块。[1] 这张照片并没有在国会图书馆展出,如果你知道这张照片的题名和拍摄者,就可以在国会图书馆官网的数据库里检索。[2] 换句话说,没有一种很好的方法能让观众体验这张照片的艺术价值和历史价值。所以,它被上传到了 Flickr。

　　在 Flickr,这张照片获得了新生。截至 2010 年 1 月,这张照片有 53 条标签、8 个圈人框、17 条评论。Flickr 上的一个秘鲁人建的群称这张照片为"人民毫无保留展现了当时的服饰和风俗",另一个群则称其为"海洋艺术"。这张照片还被很多博客和电子邮件转发。

---

〔1〕 在 Flickr 上欣赏约翰·瓦尚拍摄的这张照片,请登陆 http://www.partici-patorymuseum.org/ref4-6/
〔2〕 你还可以在美国国会图书馆的数据库里通过检索来欣赏这张照片,请登陆 http://www.participatorymuseum.org/ref4-7/

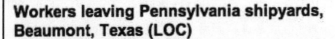

　　Flickr 上瓦尚拍的照片及评论。照片中的方形文本框是某位网友使用圈人功能生成的"批注"。

　　网友在 Flickr 上留下了很多有意思而且具有教育意义评论。它们互相问为什么这个名字叫宾夕法尼亚的造船厂会在得克萨斯州？有两位网友分享了他们在造船厂附近的童年生活，有一位网友还添加了一条历史背景信息，讲的是在这张照片拍摄的同一个月博蒙特市发生的一起种族骚乱事件。

　　Flickr 的用户不是简单地说"照片很好"。他们会回答有关照片内容的问题，分享个人故事，甚至点评当时的社会和政治。他们所做的这些事情都是参观国会图书馆或是登陆国会图书馆官网数据库的观众所办不到的。毫无疑问，Flickr 的功能给内容提供了社交程度更深、更具教育意义的体验。

　　但是，这种牺牲艺术价值所换来的社交价值值吗？这取决于馆方的目标和重点。如果国会图书馆的目标是为了促使观众之间建立社交关系，分享照片上的信息和自己的故事，那么 Flickr 是个不错的选择。同理，如果你想让观众就内容展开社交，那你就要在展品中注入社交功能，即便是会妨碍到其他功能的发挥。

现实世界的社交平台

　　如何把 Flickr 上的社交体验带到你的机构呢？你不必照搬 Flickr 上的所有手段来构建你的实体社交平台。虽然在实体博物馆的展品上圈不了人，但博物馆的实体环境也带来了虚拟世界所不能比的设计机会。在不同的环境下要采用不同的工具和手段，在虚拟世界可行的活动不一定在现实世界也可行。

　　例如，在现实世界，体型较大的实物经常被用作社交实物，因为它们的体型很震撼，让人一眼看去就印象深刻。然而，在虚拟世界就设计不出能让观众产生同样感觉的实物了。此外，那些能让展品更具话题性、更刺激并具有高度浸入感的环境，也是凸显实物社交性的实体平台。

　　本章接下来就要探讨在实体环境下使展品成为社交实物的五个设

计技巧:

1.向观众**提问**(questions),让他们分享对展品的反应(见本书第 151 页);

2.提供**现场阐释**(live interpretation)或表演来帮助观众建立与展品的个人联系(见本书第 164 页);

3.使用**刺激性展示**(provocative presentation)技巧布展,把相关展品并列摆放,把具有对比和矛盾的展品摆放到一起,把能引起对话的展品摆放到一起(见本书第 171 页);

4.给观众以明确**指导**(instructions),让他们围绕展品进行社交,可以是以游戏形式也可以是导览形式(见本书第 177 页);

5.给观众提供**分享**(share)实物的渠道,可以是以实体渠道也可以是虚拟渠道发送给亲戚朋友(见本书第 186 页)。

上述五个技巧中哪个才最适合你的机构呢?一部分取决于工作人员的舒适度(comfort level),不过更多地取决于观众的舒适度。博物馆可以挑战一些让观众无所适从的社交平台。如果观众觉得不自在,而且不能掌控环境的变化,那他们就不会愿意跟陌生人交谈了。

到你自己的馆内去逛逛,听听观众是如何议论的。观察一下观众是不是很自然很自在地跟陌生人谈论展品?他们会不会把展品指给朋友看,或是把朋友拉过来看,与他们一同分享这份体验?他们跟陌生人也一起分享体验吗?如果你的机构有着很浓的社交氛围,刺激性展示、提问和分享等开放式的技巧就更能得到观众的回应。如果你的机构社交氛围不活跃,那就来点直截了当的技巧吧,像说明牌和现场阐释就是个好的开端。

向观众提问

向观众提问是激发观众讨论展品最为常用的技巧。它可以是由工作人员发问，或是把问题写在说明牌上，反正向观众提问就是一种可以鼓励观众回应并融入展品的简单易行方法。

在展览中向观众提问有三个基本目标：

1. 鼓励观众与实物产生较深的个人关联；
2. 激发观众间围绕实物和观念产生对话；
3. 给工作人员提供有关实物和展览的反馈和有用信息。

这三个目标都很有意义，但不幸的是，很少有问题能够达到上述要求。很多文化机构设计的问题急功近利、官腔太重，让观众提不起兴致，更别说与实物产生关联了。有些问题像是故意给家长找茬儿，比如"你的行为对全球变暖有何影响？"还有一些就是老师想要的鹦鹉学舌式答案："什么叫纳米技术？"有些问题问得还很恶俗。最糟糕的是，绝大多数情况下，问问题的人根本就没有考虑过要倾听别人是如何回答的。我过去经常为此困扰。一次，我问我朋友一个问题，后来在听他回答的时候，我竟然被其他东西给迷住了，然后径直走出房间。我会按照社会习惯来问问题，但实际上我却不在乎答案如何。

任何时候，你问别人问题——无论是在展馆中还是其他场合，你都应该真心地倾听别人的回答。我觉得这是在任何需要引起对话的场合都必须遵守的规定。问问题可以在人和物之间、人和人之间产生联系，但这种理想状况也只有双方都倾心于对话中才能实现。工作人员不必总是到场来回应每位观众的问题。甚至，展馆里也不必设置像留言板那样的实体装置来让观众相互之间分享答案。但是，问题的设计要充分尊重观众的时间和智商，只有这样，回答问题，加入由问题引发的对话才会得到回报。

好问题都长什么样？

一般而言，能促成与实物社交的问题都有以下两个特征：

- 问题是开放性的，答案可以多种多样。如果答案只有一个是"正确的"，那这个问题本身便是"错的"。

- 观众要能充满自信并且有能力回答问题。问题考的是他们的知识，而不是他们对文化机构知识的理解程度。

那么，如何根据这两个特征设计问题呢？有个简单的办法可以测出一个问题是否合理、能否得到有意思的回答：那就是问。带你的问题出去兜兜风。向十个人提问，看看他们的回答如何。问你的同事，问你的家人，问你自己。聆听他们的回答，或是把你搜集到的回答大声念出来。如果每个人的回答都是不同的，而且还很奇特，那说明你的问题是个好问题。如果你不好意思问第十个人同样的问题，那你的问题便设计得不好。

每当设计问题给观众时，我都要项目团队的成员聚到一起，把自己想到的问题写到一张纸上，然后相互间参考。每个人会以个人身份把这些问题的答案一一写到纸上。经过几轮回答，设计团队把纸片按顺序排好，看看最后的结果如何。这只是帮助工作人员迅速找出开放性问题的特征的简单训练。这种训练同样也能帮助工作人员了解到什么样的问题容易回答、什么的问题不好回答。

有两种问题最能得到真实、自信且多样的答案：私人问题（personal questions）和推测问题（speculative questions）。私人问题帮助观众把个人经历和实物建立起联系，推测问题要求观众把以前从未经历过的实物和想法融入一定的情境想象中。

问观众私人问题

私人问题需要观众以个人的独特经历来进入社交圈子。自己的事情自己最了解，而且每当人们说起自己的经历之时，他们会用真诚的态度去细致描述。"画上的女人为什么会笑？""通过观察，你能猜出这件东西的作者是谁吗？"诸如这类问题完全跟观众不搭边，都是在讲实物的事情。这类问题也许能促使观众研究实物，但在社交层面上只能是死路一条。如果你的目标是给观众带来社交体验，那你就要从私人问题开始。

【案例分析】

写秘密明信片来聊聊你的私事

你有什么从来没告诉过别人的秘密吗？

这是艺术家弗兰克·华伦（Frank Warren）的《秘密明信片》（*PostSecret*）活动里问的一个问题。从 2004 年起，华伦便通过寄明信片的方式收集别人的秘密。他鼓励人们在明信片上写下简短、可读而且富有创意的文字。很快，秘密明信片就成了全球热议话题。五年内，华伦收到了数以万计的明信片。华伦挑选了一小部分发布在自己那访问量极高的博客上（2006 年的时候还叫 Weblog）[1]、自己的畅销书上以及《秘密明信片》的展览上。

《秘密明信片》的成功源自于这个问题的力量——"你有什么从来没有告诉过别人的秘密吗？"从设计角度看，这是一个相当私人的问题。而且，人们回答这种问题也只能是匿名。一旦人们选择了回答，必定会勾起萦绕于心的回忆。正如弗兰克所说："正是他们的勇气让艺术变得有意义。"回复者非常关心自己的回答，而且他们努力创造有意义的东西，一个值得承载他们的秘密的载体。这些明信片也许在美学欣赏上貌不惊人，但这份真诚和勇气却熠熠生辉。

《秘密明信片》有两组观众：弗兰克·华伦，以及世界各地的参与者

---

〔1〕 浏览《秘密明信片》的博客，请登陆 http://www.participatorymuseum.org/ref4-8/

和读者。人们愿意回答华伦的
问题的一个原因是华伦把自己
塑造成一位富有热情、有兴趣
倾听秘密的听众。他把自己的
地址公布出来，好让人们往他
家寄明信片，这使得在秘密提
供者与接收者之间建立了一层
相互信任、相互尊重的关系。
我曾在 2006 年见过他一面，他
表现出来的对愿意把秘密交给
自己的人的那种爱和谢意让我
印象深刻。[1] 但他也不是唯
一的听众。《秘密明信片》得到
越来越多的关注也是因为这个
问题带来了一种极富魅力的阅

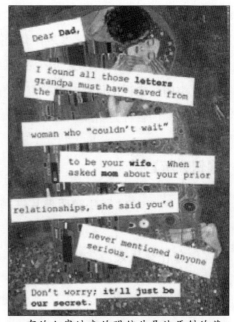

有的人寄过来的明信片是纯原创的艺术作品，有的人则借用了世界名画来分享私人秘密。

读体验。对于秘密的渴求无止境——即便这个秘密埋藏了好几十
年——因为每张明信片本身就说明了它最后还是会公之于众。华伦通
过把部分明信片发布到博客上和出的书上，表明了他最喜欢哪类明信
片——即那些真诚的、多样的、有创意的明信片。

　　华伦在谈到人们为什么会那么喜欢看这些明信片时说，人们都是偷
窥狂，而且这些明信片反映了"人性的本质"。我不敢说他的话对不对，
但确实有很多明信片和我产生了共鸣——我可以想象得到别人看到它
们时是个什么样子。一个全心全意的倾听者提出的一个简单的问题，却
得到了如此巨大的反响，不得不说《秘密明信片》是个"称职"的社交
实物。

---

〔1〕 我在巴尔的摩的美国幻视艺术博物馆（American Visionary Art Museum）的一个人挤人
　　 的展厅里遇见了弗兰克·华伦，这家博物馆也是最先展出《秘密明信片》的博物馆之一。

如何在展览中问私人问题

毫无疑问,《秘密明信片》问的问题是私人问题,但是它却跟内容或是实物本身没有太大关联(除非你开一个秘密博物馆)。如果你想用私人问题让观众和展览或是实物产生联系,你就必须先找出观众与展品有何关联。丹佛艺术博物馆在"驻足小憩"展厅的摇滚音乐海报展问观众"你看的第一场演唱会是谁唱的?""你第一次旅行是去哪?""你第一次见到的歌手是谁?"展厅里另外一个观众反馈点会问观众是乐队巡回演出经理人、嬉皮士,还是对摇滚乐根本不感兴趣。这些都是和展览主题密切相关的私人问题,这些问题非常有吸引力而且得到的回答多种多样。这些问题给观众分享音乐经历、生活方式、神秘的嬉皮士文化提供了交流平台。

简单的名片簿就能让观众在"驻足小憩"展厅中分享与主题相关的个人故事。

私人问题还可以使人在与实物建立联系时更有想法。例如,2007年旧金山探索馆的研究员乔伊斯·马(Joyce Ma)就发表了一份关于《雏菊》(Daisy)的研究简报。《雏菊》是探索馆推出的一款人工智能计算机体验项目,可以和观众在设定的情境下对话。《雏菊》相当于一个聊天机器人,研发人员在她体内事先编入了很多问题,而马的研究便是了解不同的问题对观众的回答有何影响。[1]

在这份研究简报中,马发现观众回答《雏菊》提出的私人问题的答案长度比有关《雏菊》本身问题的长度要长很多。例如,"我怎么知道我是跟一个人类交谈而不是跟另外一台机器交谈?"比"你确定我不是一个在跟你发电子邮件交流的人类吗?"更能引起观众的反应。第一个问题的落脚点在观众,而第二个问题的落脚点在实物。

马还发现如果问题分成两个部分问,观众的回答便更为详尽。例如,观众对这个问两次的问题"你平时做事情理性吗?"(观众回答)"举个例子吧"(观众回答),比这样的一次性问题"你平时做事情理性吗? 或是你的判断会受你的情绪影响吗? 给我举个例子,说说你最近是理性用事还是按感情用事吧"回答得更为具体。简单的任务或是问题都可以帮助观众在参与更为复杂的活动时树立自信。[2]

这种循序渐进的私人问题在纽约历史学会[3]的两个展览——2005年的《纽约的奴隶制》(*Slavery in New York*)和 2006 年的《被分裂的纽约》(*New York Divided*)[4]中也收到了不错的效果。这两个大受欢迎的临时展览综合运用实物、文档和媒体手法,追溯了奴隶交易在纽约历史上扮演的角色以及纽约人对于美国内战的反应。在每个展览的最后都有一个故事采集站(story-capture station),观众可以在那录制视频,回答下列四个问题:

---

[1]　下载《雏菊》的正式研究报告(PDF 格式),请登陆 http://www.participatorymuseum.org/ref4-10/

[2]　本书第 183—185 页还探讨了另外一个让观众分步骤循序渐进进行交流的案例《MP3 试验》(*MP3 Experiments*)。

[3]　纽约历史学会(New York Historical Society):位于美国纽约市曼哈顿区,兼做博物馆和图书馆,1804 年由美国商人、慈善家约翰·宾塔(John Pintard, 1759—1844)创立,是纽约市历史上第一个博物馆——译者注。

[4]　除特别说明外,本案例研究的引文全部出自理查德·拉比诺维茨(Richard Rabinowitz)的《〈纽约的奴隶制〉展的观众研究》("Learning from the Visitors to *Slavery in New York*")和克里斯·劳伦斯(Chris Lawrence)的《对讲文化》("Talk-Back Culture"),载凯瑟琳·麦克林,温迪·波洛克主编:《博物馆展览中来自观众的声音》,2007 年,第 62—68 页。

1. 你是从何种渠道得知本次展览的？

2. 你对本次展览的总体印象如何？

3. 本次展览是否丰富了你对该主题的认识，或是改变了你之前对于该主题的认识？

4. 你觉得本次展览最大的看点在哪？

观众有 4 分钟的时间来回答每个问题，所有视频的平均时长为 10 分钟。《纽约的奴隶制》的策展人理查德·拉比诺维茨（Richard Rabinowitz）称，这四个问题的渐进性能得到观众比较详尽的回答，"尤其是到第三个、第四个问题的时候，他们已经热过身，准备好把既有知识和经历与展览相结合"。拉比诺维茨还深有感触地说："我做了 40 年的历史博物馆展览，从来没有像这次一样从观众那儿学到那么多东西。"正是这种循序渐进式的长篇回复过程使得原本平淡无奇的观众留言变为观众经历的丰富记录。

观众在《纽约的奴隶制》的回答也体现了实物和问题对于观众个人影响的力量，而不仅仅是观众在评头论足。约 3% 的观众选择了在《纽约的奴隶制》的结尾录制视频，其中又有 80% 是非裔美国人。这与整个参展观众类型的构成很不协调（据拉比诺维茨估计，只有 60% 的观众是非裔美国人），这说明非裔美国人比其他类型的观众更愿意分享他们对展览的回应。很多观众反应，展览让他们想起了自己的过去和生活经历。一位年轻妇女表示，她"下个星期回华尔街上班的时候，会对华尔街产生很不一样的感觉，因为我以前并不知道华尔街（Wall Street）的由来"[1]。一位看过这两个展览的观众称其改变了自己"对美国的感觉和对纽约的感觉"[2]。

---

[1] 美国纽约市原为荷兰人的殖民地，后来荷兰移民与美国土著印第安人发生流血冲突，荷兰东印度公司便征用黑人奴隶在当地筑起一道木栏防护墙作为防御工事，这也是华尔街名字的由来（wall 在英语中有"墙"的意思）。此外，1711 年纽约市议会在华尔街开设了纽约历史上第一个官办奴隶市场，贩卖黑人奴隶和印第安人奴隶——译者注。

[2] 观看该视频的一小段剪辑，请登陆 http://www.participatorymuseum.org/ref4-13/

另一群年轻人如此说道:"看完展览我才知道为什么在街上看到你就想给你一脚。我知道我为什么有的时候会很生气,而且还想揍你。"《纽约的奴隶制》的策展助手、实习学生克里斯·劳伦斯(Chris Lawrence)评论道:

> 这位观众把摄像头称为"你",把纽约历史学会视为"白人",在某种程度上等同于"压迫者"。这在年轻人当中并不少见,因为很多非裔美国人把纽约历史学会称作白人的历史学会或是欧裔美国人的历史学会,正好趁这次机会一吐为快。

这些观众把自己和博物馆当作"我"和"你"之间的对话。纽约历史学会把观众录下来的视频发布到 YouTube 上,而且还剪辑了一些视频作为《纽约的奴隶制》和《被分裂的纽约》两个展览的宣传片。通过一场挑逗性的展览,让观众"先开口说",纽约历史学会向公众表示了对观众个人经历的重视,而且还把它们作为展览对话的重要组成部分。

问观众推测问题

私人问题只有当观众有条件讲述自己的个人经历时才奏效。如果你想让观众从已知领域进入到未知领域,那就要用到推测问题。你可以问一个在城市里生活的观众:"如果让你住在一个没有电的乡下小木屋里会怎么样?"她就会开始思考,发挥自己的想象力,来让自己与一段未知的体验发生关联。你还可以问一个成年人:"如果你可以改变你家小孩的基因组成,世界将变得怎样?"他不需要很深的生物化学知识就能回答出来。在文化机构里,"如果……将会……"是启发观众观察与思考实物的灵感的最佳问题,而且答案也不会千篇一律。

例如,动力博物馆有个奇异馆(Odditoreum),观众在里面可以看到很多奇奇怪怪的展品,并且想象一下它们到底是什么东西(见本书第 175—177 页)。《科记大畅想》游戏(见本书第 122—125 页)要求玩家协作思考,基于既有的科学素养来构想未来的生活图景。在这两个案例中,观众都是以实物和物证为基础,充分发挥想象来回答推测问题。

【案例分析】

如果地球上没有石油,我们该怎么活?

2007 年,游戏设计师肯·艾克隆德(Ken Eklund)发行了一款名为《没有石油的世界》(*World Without Oil*)的游戏,玩家被假定在一个能源有限的世界对这场虚构的但合情合理的石油危机做出回应。游戏很简单:每天,一家网站会发布汽油、柴油和喷气式飞机燃料的价格和所剩数量,价格和所剩数量呈反比。玩家就通过提交如何在这场石油危机中生存的办法来玩这个游戏。人们通过写博客、发视频、发微信来交流。很多人还制作了实物,并记录这场虚构的石油危机是如何影响自家的加油站、农贸市场和交通系统的。

玩家总共提交了 1500 份方案,在《没有石油的世界》的官网上发布,而且被疯狂转发。玩家通过把各自的意见和建议交叉、重合并协作形成对思考石油危机情境下的集体回复。一位自称是肯尼迪政治学院(KSG)的玩家如此说道:

> 除了让人"思考"这个问题之外,它(指《没有石油的世界》)还让一大群热心玩家通过游戏里面的博客和游戏外的浸入式虚拟现实游戏[1]论坛来传递和交流各自的想法。这款游戏也给玩家提供了创意空间,激发人们思考如何才能采取一种更好的生活方式来适应这个没有石油的世界。[2]

---

[1] 浸入式虚拟现实游戏(Alternate Reality Game):一种风行欧美,以真实世界为平台,融合了各种虚拟的游戏元素,玩家可以亲自参与到角色扮演中的多媒体互动游戏,其最大特点是模糊了虚拟世界和现实世界之间的界限,通过网站、博客、短信、电话、传真机等通信手段,将游戏者们拉到一起,共同解决一个个环环相扣的谜局——译者注。

[2] KSG 的完整回复在布拉迪·弗雷斯特(Brady Forrest)2007 年 4 月撰写的博客文章《没有石油的世界正式公测》("World Without Oil Launches"),请登陆 http://www.participatorymuseum.org/ref4-14/

　　《没有石油的世界》的游戏玩家利用各种媒体形式来创建游戏内容。詹妮弗·德尔克(Jennifer Delk)就画了一组漫画,来表现城市里的一个家庭是如何度过游戏里那 32 个"星期"的石油危机的。

这款游戏确实激发人们思考不一样的生活方式,对资源消费有了全新的认识,而且在某种程度上,还改变了人们的长期行为习惯。另一位玩家如此说道:"我真希望玩过这个游戏的人都会最终过上他们在游戏里'假想'的生活。"[1]

推测问题常常被比较严肃正经的博物馆所鄙视。但是还有很多很多问题像《没有石油的世界》里面提出的问题一样,不仅与日常生活息息相关,而且还为不久的将来打开了一扇窗。如果借书只是图书馆服务的很小一部分,那图书馆将变成什么样呢?哪些历史文物与我们现在的生活有关联呢?这些问题才是文化机构需要和观众一起探讨的。

问题该放在哪儿?

如果你手头已经有了一个不错的问题,那你就要思考怎么问、在哪儿问才能获得最佳效果。问题的放置点经常是在内容说明牌的末尾,但这样做却不见得很有效。把问题放到说明牌的末尾很容易让人觉得问得很矫情,甚至是画蛇添足。要找到问题的最佳放置点,你必须把你问问题的动机表示清楚。

回想一下向观众提问的三个最基本的缘由:

1. 鼓励观众与实物产生较深的个人关联;
2. 激发观众间围绕实物和观念产生对话;
3. 给工作人员提供有关实物和展览的反馈和有用信息。

如果你的目的是为了鼓励观众与实物产生较深的个人关联,问题就应该放到离实物尽可能近的地方。这样,观众才能更方便地谈论他们目光之所及的实物,这比谈论半个小时之前看到的实物要好很多。

如果文化机构侧重观众对实物的个人情结,《纽约的奴隶制》那种封

---

[1]　你可以登陆 http://www.participatorymuseum.org/ref4-15/ 来获取《没有石油的世界》的玩家回复、教育资料和游戏的设定资料档案。

闭式的视频录制空间就比较奏效。因为观众在讲述和分享个人经历的时候要花上一段时间,所以设计空间的时候就一定要考虑观众的感受并减少外界干扰。[1] 还有一些项目,比如温蒂·克拉克(Wendy Clarke)的《爱情磁带》(*Love Tapes*)甚至允许人们自己调节回答问题的空间。参与者可以选择空间背景和背景音乐来搭配自己所要讲述的爱情故事。[2] 这种个性化设计让参与者可以自由调控自己的情感体验。

如果你的目的是为了争取更多的观众回答问题,那就要思考如何让观众对文化机构的"官方"内容回答地更体面。如果说明牌被华丽地贴在有机玻璃上,观众却要把答案用蜡笔写在便利贴上,那观众就会觉得自己被馆方小看了,而且馆方根本不尊重观众的感受,所以会以牙还牙。丹佛艺术博物馆的"驻足小憩"展厅能够吸引观众的一点就是观众贡献的内容被抬高到与馆方预先给定的内容的同等地位。展厅里的绝大部分标识都是工作人员在撕下来的硬纸片上手写的,所以观众就会感觉自己用笔写在纸上跟展厅的设计风格相一致。用简单且人性的技巧来传递馆方的声音能让观众与馆方的对话更自然、平等。

如果你的目的是为了激发观众间围绕实物和观念产生对话,那么问题和答案的组织结构就必须清晰明了,让观众互评能够有迹可循。《科记大畅想》游戏(见本书第 122—125 页)就做到了这一点,玩家可以在别的玩家的评论下面"跟帖"。这是在虚拟世界的一种方法,不过在现实世界当中操作起来更为简单,比如给观众提供不同颜色的纸和笔来回答不同的问题,或是鼓励观众互评,抑或是把观点相同(或相反)的观众评论收集到一起。

如果你的目的是为了让观众相互借用回复,那你就要把问题摆在对观众来说最有用处的地方。如果你想让观众推荐展览里的展品,那观众

---

[1] 时下流行的故事团(StoryCorps)便是采用的这种设计理念。

[2] 参见克拉克的《做〈爱情磁带〉》("Making 'Love Tapes'"),载凯瑟琳·麦克林、温迪·波洛克主编:《博物馆展览中来自观众的声音》,2007 年,第 101—105 页。

推荐肯定要摆在展览的入口而不是出口。如果观众能看到自己的声音吸引到那么多人讨论,他就会以更加认真的态度对待馆方的问题和自己的答案。

最后,如果你的目的是给工作人员提供有关实物和展览的反馈和有用信息,那问题的摆放地就应该让观众明白自己对文化机构的贡献具有实用价值。史密森学会美国艺术博物馆有个叫《填空》(*Fill the Gap*)的项目,观众需要找出一些实物来填补展区内因为借展等原因造成的空白。观众既可以在博物馆内的留言板上参加这项活动,还可以在 Flickr 上进行回答。

《填空》活动站把这个简单但是很有意义的问题用显眼的方式表现出来。

"这儿应该放一个什么呢?"这种问题虽然并不能勾起人们太多的欲念,却是制造工作人员和观众之间对话的良机。文化机构据此表明了工作人员会倾听并回应观众的回答。该活动要求观众仔细观察实物,并且详细说明为什么要填这个实物,与工作人员展开发散式的讨论。讨论的结果一目了然,观众可以再去文化机构看看哪些实物被选上然后填补了空白。观众愿意回答问题并与实物发生联系是因为他们知道自己的回答对文化机构来说具有实际意义。

导览有助于社交体验

问问题虽然是最常用的技巧，但帮助观众与实物建立社交联系的最可靠方法还是与工作人员进行表演、导览、示范等类型的互动。工作人员其实是唯一能够运用多种手段与观众进行互动，从而使实物变得个性化、话题性、刺激性和关联性的人。我们这一节并不探讨现场阐释能够帮助观众理解并体验博物馆实物的力量，而是以阐释可以给观众带来社交体验为要。

让导览和实物展示更为社交

如何才能使导览和实物展示更为社交？如果讲解员可以让观众体验更富个性，并使观众成为主动的参与者，那体验的社交价值和教育意义将得到大幅度提升。邀请一部分观众上前操作实物进行示范无疑会加深观众与实物的私人关联。工作人员如果还能问观众一点有深度的问题、给观众思考的时间、将观众分组讨论，就更有可能产生独一无二的社交体验。

希伯来大学自然公园[1]2004—2006 年的一份研究表明，导览前的个性化处理即便只有几分钟，都能提高观众的整体满意度和学习效果。[2] 在其一项名为《树林漫步的探索之旅》(*Discovery Tree Walk*)的游览活动开始前都有 3 分钟的讨论时间，游客在这段时间内可以聊聊自

---

[1]　全称叫自然公园和艺廊(Nature Park & Galleries)，是位于耶路撒冷希伯来大学 (Hebrew University of Jerusalem)的一座露天博物馆，2003 年建立，最开始由在校研究生担任导游，引导观众参观，2013 年后改由观众自助导览参观——译者注。

[2]　迪娜·特斯布尔斯卡娅(Dina Tsybulskaya)、杰夫·卡米(Jeff Camhi)：《游客在入口的叙述在博物馆导览中的应用》("Accessing and Incorporating Visitors' Entrance Narratives in Guided Museum Tours")，载《策展人》2009 年第 1 期总第 52 期，第 81—100 页。

己的个人经历和与树相关的回忆。然后,导游再将"入口的叙述"(entrance narratives)见缝插针到游览活动本身。比起一般的带团游览(就是在正式游览之前和游客随意聊聊,但不聊树),这种带团游览方式能融入游客更多的个人内容,游客在游览结束后对体验的好评程度也更高。

在一些有计划的体验中,馆方鼓励观众像专业研究人员一样对实物发表自己独到的见解,构建自己的理论。在艺术博物馆领域,教育专家菲利普·耶拿怀恩(Philip Yenawine)和认知心理学家阿比盖尔·豪森(Abigail Housen)在 20 世纪 80 年代末提出了**视觉思考策略**(Visual Thinking Strategies,VTS),这是运用建构主义教学法来鼓励观众与艺术品对话从而学习艺术的一种讲解方法。表面上看 VTS 好像很简单,工作人员只用三个问题——"这幅画上画了什么?""你为什么会这么说,你在画上看到了什么?"和"我们还能找出点什么?"——与观众对话。工作人员要耐心倾听观众的回答,并改述观众的回答来求得观众确认,然后反复使用这三个问题使对话不断持续下去。

与传统的艺术博物馆导览不同,VTS 讲解员并没有提供给观众艺术品的历史背景知识,而且在大多数情况下,讲解员甚至都不知道画的作者是谁、这幅画到底叫什么。VTS 并不是要传授给观众知识,而是鼓励观众打开思维、打开嘴巴、打开心扉来与人探讨艺术究竟是什么、艺术是如何工作的。一些研究表明参加过 VTS 项目的学生的视觉解读能力、分析思考能力和尊重他人观点的涵养得到提高。[1] 这种鼓励观众通过观察来交流的模式,在非促进式体验上也可以加以应用。

刺激性项目

刺激性实物可以引发对话,由工作人员设定的刺激性项目同样可以

---

〔1〕　请登陆 http://www.participatorymuseum.org/ref4-19/ 来获取 VTS 的评估报告和相关的研究技巧。

给观众带来独特的社交体验。[1] 最有名的刺激性体验项目大概要属《黑暗中的对话》(*Dialogue in the Dark*, *DITD*)了。DITD 是一个巡回展览，从 1988 年起，已经在 30 个国家有超过六百万人体验过。观众在盲人的导览下，在完全黑暗的环境中进行多重感官体验。这种体验的社交性很强，观众只能依靠盲人导览员的帮助才能穿梭于令人紧张和疑惑的场景，比如闹市街头或是超市。

DITD 的社交体验给观众带来了很大的影响。在观众回访中，他们无不谈到这次体验对他们心灵上的冲击、那种对盲人世界的全新认识以及对盲人导览员由衷的感谢与敬佩。2005 年对参加过 2000 年德国汉堡 DITD 的随机调查显示，这 50 名受访者都记得那次体验，而且 98％的人跟其他人谈到过这次体验，60％的人改变了对盲人的看法，28％的人改变了对残障人士的看法。[2] 2007 年对欧洲 DITD 六个巡展点的 44 名盲人导览员的研究表明，他们在 DITD 的工作经历使他们的自信心、交流能力和与家人朋友的关系都得到了加强。[3]

虽然 DITD 的设定很奇特而且让人紧张，但是这种体验却很安全可靠。相反，位于印第安纳州的生态博物馆康纳派瑞(Conner Prairie)的《跟着北极星走》(*Follow the North Star*)则是把紧张的社交体验设定在了悠然见南山的乡村。《跟着北极星走》是在 1836 年开展的一项角色扮演活动。观众扮演一群随奴隶主搬迁到自由州印第安纳的途中策划逃跑的奴隶。与由工作人员扮演角色，观众在台下观看的传统表演方法正好相反，《跟着北极星走》让观众走到了舞台中央。正如历史学家卡尔·温伯格(Carl Weinberg)所说："作为观众，我们不再是简单重复昔日的任务，我们是一出戏的主角，我们被赋予了全新的身份，同时，接受

---

[1] 本节所指的"实物"是体验本身。

[2] 下载 2005 年的 DITD 观众调查报告（PDF 格式），请登陆 http://www.participatorymuseum.org/ref4-21/

[3] 下载 2007 年的 DITD 盲人导览员研究报告（PDF 格式），请登陆 http://www.participatorymuseum.org/ref4-22/

这个身份也要冒一定风险。"[1]

这种方法可以在成员内部形成较强烈的社交体验。观众可能会相互角力,并且决定谁应该成为与工作人员扮成的奴隶主谈判的筹码。听你的同伴叫你"快跑!"比听一个拿了演出费的工作人员叫你"快跑!"的气氛要紧张得多。

所有的成员都在演出结束之后接受了回访,而且观众之间常常互相分享心得体会。观众体验部门主管米歇尔·埃文斯(Michelle Evans)说了一段很火的回访记录:

> 有一组观众里既有白人又有黑人,他们接受回访时的气氛有点紧张。一位白人观众说完了自己的体验后,一位黑人妇女就摇了摇头,说道:"你根本不明白。"但幸运的是,这也促成了观众间的对话,后来这组观众都到 Steak and Shake 餐厅里继续这场讨论了。[2]

设计一个像《跟着北极星走》的体验项目相当复杂,你必须权衡观众因社交动力驱使而协作完成既定的体验所遇到的剧情张弛。我曾是国际间谍博物馆(International Spy Museum)《间谍活动》(*Operation Spy*)体验项目的设计者。观众在该项目中扮演在国外执行一项时间紧迫的任务的情报机构官员。在设计阶段,我们一再强调观众需要合作而不是单枪匹马地冒险。与《跟着北极星走》一样,我们必须在满足观众的欲望(和观众精力)和保持故事完整性进行之间做出平衡。最后,《间谍活动》的导览员既当演员,又当解说员。所以,要想在满足观众相互交流和个人需要的同时保持剧情张弛真是不容易。

---

[1]　参见卡尔·温伯格:《不舒服地带:康纳派瑞重启奴隶制》("The Discomfort Zone:Reenacting Slavery at Connor Prairie"),《美国历史学家协会历史杂志》(*OAH Magazine of History*) 2009 年第 2 期总第 23 期,请登陆 http://www.participatorymuseum.org/ref4-23/

[2]　同上注。

【案例分析】

印第安纳波利斯儿童博物馆充满实物的现场演出

《跟着北极星走》和《间谍活动》的设计成本较高，操作起来也比较麻烦。不过，将现场演出（live theater）引入展厅也不失为一个好办法，而且它也可以把观众与重点实物和故事自然地联系起来。

其中一个最好的例子便是印第安纳波利斯儿童博物馆（Indianapolis Children's Museum）的基本陈列《英雄出少年》（*The Power of Children*）。《英雄出少年》展示的是世界史上三个勇敢小孩的故事：安妮·弗兰克、露比·布里奇斯[1]和瑞安·怀特[2]。通过打开几扇设定好的门，观众可以从原来的开放展览空间过渡到一些封闭式的剧场房间。展览里每天都有几场 10～15 分钟长的现场演出，每场都有一位成年人出演。我看过讲露比·布里奇斯上一年级时只有她一个人在教室上课的那场。露比·布里奇斯是个黑人小女孩，整个一学年教室都只有她一个人在上课，因为她的同学都是白人，他们家长怕自家小

---

〔1〕　露比·布里奇斯（Ruby Bridges，1954—），美国社会活动家，出生于美国南部密西西比州泰勒顿（Tylertown）的一个黑人家庭，1960 年考入路易斯安那州奥尔良市威廉·弗兰茨小学（William Frantz Elementary School）。该小学以前是全白人学校，因艾森豪威尔总统（Dwight Eisenhower，1890—1969）取消种族隔离政策而始招有色人种学生，布里奇斯亦是美国南部历史上第一个进入全白人学校就读的黑人儿童。但美国南部因受奴隶制影响较深，学生家长及学校老师对布里奇斯异常排斥，将近一年时间学校老师中只有芭芭拉·亨利（Babara Henry）一人留下来给她上课，有的学生家长甚至将一黑人婴儿布偶放入棺材进行抗议，并威胁要毒死布里奇斯，艾森豪威尔总统因此派查尔斯·伯克斯（Charles Burks）等警长护送布里奇斯上学，并只允许她食用从家里带来的饭菜——译者注。

〔2〕　瑞安·怀特（Ryan White，1971—1990），美国抗击艾滋病和消除艾滋病歧视的标志人物。出生于印第安纳州科科莫镇（Kokomo），原是一名血友病患者，13 岁时在一次输血治疗中感染了艾滋病，因当时公众对艾滋病的恐惧与缺乏了解，怀特所在学校在家长的压力下将其开除，怀特因此起诉学校，随后展开了一个漫长的司法诉讼过程。他也因此声名大噪，频繁出现在电视节目和报纸上，去各地巡讲，呼吁人们以理性、平等的态度对待艾滋病患者，并得到了众多名人的支持和关怀。怀特去世后，美国国会通过了瑞安·怀特健保法案（Ryan White Care Act），这是美国最大的针对艾滋病患者及携带者的免费治疗法案——译者注。

孩被"玷污",所以把他们都转到别的学校念书去了。

　　这场演出把观众视为参与者,而非被动的观看者。在我看过的那场演出中,一位男演员扮演保护布里奇斯上学的警察局长。他利用各种实物(当时的照片、教室里的教具),并通过向观众提问来把观众与当时发生的故事和故事的真人发生联系。这位男演员既是讲故事的"剧中人",又和其他观众一样是"旁观者",这种双重身份能够使他与我们观众建立私人联系。当我们遇到他所经历的冲突时,我们可能是他的战友,也可能是那些歧视过布里奇斯的大人。观众在这里不是要**成为**露比·布里奇斯,而是成为她那个时代对黑人抱有恐惧、疑惑和不信任态度的民众。

　　这场演出也把我们与房间里的实物发生关联。我们坐在教室的凳子上,面朝黑板,而他则面对着我们。整场演出让我们仿佛回到了布里奇斯上课的时候。**如果**我是班上唯一的学生会怎么样? 要是我每天上学途中都要遭受人们的谩骂会怎么样?

　　这场演出并没有把观众和表演隔离开来。我们可以登上舞台,与演员共同出演,并分享实物和故事。演出结束之后,我们还可以继续待在舞台上。因为这间房子既是展示空间又是舞台空间,观众可以在演出结束之后继续参观,不用急着走,留在教室仔细观摩实物和教具,还可以与男演员以及其他观众进一步讨论刚刚的演出。

　　相反,还有很多文化机构的现场演出做得很糟糕,好像是故意无视观众想要参与并进行社交的愿望。2009 年我去了一次美国国家宪法中心[1],我和几位观众参加了一场有关宪法问题的现场演出。四名演员向我们展示了一组图,然后叫我们举手表决每个案子该怎么判。我们只有十个人参加了这个演出,因为我们是很认真地参与举手表决,所以我们本可以就各自的分歧点展开有趣的讨论,然而,我们只是被请来做问卷调查,被说了声感谢,然后走人。由于只有这么几个人,而且又都是成

---

〔1〕　美国国家宪法中心(National Constitution Center)是一家位于宾夕法尼亚州费城的独立广场(Independence Mall)的历史博物馆,2003 年正式对外开放——译者注。

　　一位男演员在以教室为背景的舞台扮演警察局长。讲桌上的照片以及其他背景实物都是当年的原物，让观众更好地与发生在露比·布里奇斯身上的真实故事发生关联。

年人，所以这么长时间地对着四个演员干坐着不讲话感觉很奇怪甚至有点丢脸，其实演出里的讨论可以采用更简单的形式。

学会激发对话而不是光展示内容

　　如果工作人员的任务是激发观众间的讨论而不是单纯向观众灌输内容，新的社交机会才能出现。新南方莱文博物馆[1]有个叫《勇气》（*Courage*）的临时展览，讲述的是美国学校对种族隔离的早期抗争，而且展览中还采用了一种独特的技巧——"谈话圈"（talking circle）。这种从美国原住民那儿学来的对话项目邀请观众以平等、非对抗的方式讨论种族隔离问题。谈话圈把同一类型的观众放在一起，比如学生、企业和市民，这也成为莱文博物馆与社区对话的核心部分。明尼苏达科学博物

─────────────────

〔1〕　新南方莱文博物馆（Levine Museum of the New South）是一家位于美国北卡罗来纳州夏洛特市（Charlotte）的一家历史博物馆，主要讲述的是南北战争后美国南方的历史，1991年成立——译者注。

馆在举办《种族》展览时同样用到了谈话圈,与看完展览的当地社区和企业探讨他们在工作和生活中遇到的种族问题。

学会激发对话是一门艺术。[1] 有很多书都专门讲这个话题,不过其基本原则跟设计公众参与的技巧是一样的,即尊重参与者做出的不同贡献,用心倾听、回应观众的问题和想法,而不是只顾完成自己的工作任务,而且要为观众提供一个安全有条理的环境。

刺激性展示设计

对于观众而言,现场解说的可操作性、实用性和期待值并不都很高。即便是没有解说员,仍有其他的办法可以通过强化实物的刺激性和话题性来产生对话。当人们发现设计和实物不是很和谐时,他们心里就会犯嘀咕,就会想找机会来与别人交流自己的感受与体验。

并列摆放法

刺激观众进行社交回应的最为简单有效的手段就是并列摆放法(juxtaposition)。实物的并列摆放虽然在网上的虚拟平台应用不多,但却是几个超级大展,如弗雷德・威尔逊 1992 年在马里兰历史学会策划的《发掘博物馆》的根基。威尔逊从马里兰历史学会的库房里挑选出一些藏品——学会的工作人员很少留意到这些实物,或是觉得它们没什么大用处——把它们组合成具有高度刺激性、话题性和关联性的展品。他把一套高级银制茶具和一双铐奴隶的手铐放在一起,把白人政治家的胸像和美国黑人英雄的胸像放在一起,把 3K 党的党服和婴儿车放在一起进行对比。

---

〔1〕 了解更多有关在文化机构激发对话的信息,请参考《博物馆和社会问题》(*Museums and Social Issues*)2007 年第 2 期总第 2 期,该期是市民交流专刊。

《发掘博物馆》所展出的实物虽然不值钱也不精美（大部分是如此），却在展示自己的同时附上了一层更深的内涵。并列展示法通常会暗示出很明显的问题："为什么把它放在这儿？为什么不把其他东西放在这儿？""这到底是什么意思？"策展人和博物馆教育人员经常会问这种问题，不过一旦这些问题在展览中不言自明，就没有策展人和教育人员什么事了。在《发掘博物馆》中，尽管这些问题不是那么露骨，但还是很自然而然地第一时间在观众脑海中浮现，这样观众就有话题可聊了。

《发掘博物馆》激发了很多专业层面和学术层面的交流，观众讨论的问题直到今天依然存在。不过，展览同样激发了观众来马里兰历史学会参观的热情，他们聚集在反映社区集体记忆的展品前，通过口头方式和书面形式与其他观众和工作人员进行交流。《发掘博物馆》也是马里兰历史学会目前参观人数最多的展览，并从根本上改变了其对其藏品和对自身与社区联系的认识。

一些艺术博物馆的展览也采用把展品成对展示的方法来激发观众的参与，不过没有那么浓的政治意味。1990 年赫希洪博物馆和雕塑园[1]举办了一个名为《对比：一次视觉试验》（*Comparisons：An Exercise in Looking*）的展览，策展人把绘画作品成对挂在墙上，并在两幅画中间贴上一个问题。这些问题虽然很主观，却能让观众深入观察作品。有些问题是开放式的："你对左边那幅画是不是比对右边那幅画更有感觉？"有的问题则更有教育意义："在这两幅画里，是不是可以很明显地看出莱格改变了构图，在某些地方重新涂了一层？"

根据对 93 位到访观众的调查显示，大部分观众对该展览的第一印象是"很有教育意义"，而且希望今后能有更多类似的展览。一位观众在留言板上说道："展览很有意思，不过很明显不适合一个人看。"另一位观众评

---

〔1〕　赫希洪博物馆和雕塑园（Hirshhorn Museum and Sculpture Garden）是美国五大现代艺术博物馆之一，位于首都华盛顿，1966 年由史密森学会根据拉脱维亚企业家、收藏家约瑟夫·赫希洪（Joseph H. Hirshhorn，1899—1981）的捐赠而设立——译者注。

论道："来看展览的夫妻居然观点截然不同。"这些问题给观众展开讨论提供了工具，此前，观众在这种场合虽然想讨论，但却不知从何入手。[1]

2004 年，斯坦福大学坎特艺术中心[2]把《对比》的理念进一步阐发，推出了《问题》(Question)。策展人对该展的定位是"让观众提出关于艺术和艺术如何在博物馆展出的问题的一次试验"。《问题》没有单纯地把问题写在说明牌上以一种中立的方式展示艺术，而是采取更激进的展示手法来探讨艺术。《问题》不是回答观众关于艺术的一些基本问题，如"什么才叫艺术？""这东西要多少钱？""这到底是什么意思？"策展人把知名艺术家的画和小孩子的画贴在冰箱门上，把一部分欧洲名画挂在墙上，前面用一条铁链围着；另一部分画就按平常的方式布置，而且还提供座椅给观众休息。所有这些反常奇怪的展示手法就是为了激发对话。展览设计者戴斯·福尔曼(Darcie Fohrman)说："在博物馆界，我们都知道学习通常是在讨论和交流中进行的。所以，我们就想让观众提出问题，并且直截了当地说：'我不知道这是什么意思。'"

在总结评估时，研究人员发现 64％的观众会在参观过程中讨论展品，这个数字相较于平时的展览已经很高了。观众在说明牌上有问题的展品前逗留的时间是没有问题的两倍。那些按互动方式布置的展品比那些按传统方式布置的展品更能激发观众间的交流。除了口头交流，观众经常就展品上的说明文字进行互动。比如，《问题》展的入口有两面涂鸦墙，观众可以透过墙上的小洞来观察和欣赏艺术品，写下自己的问题和感受。涂鸦墙很受欢迎，展览期间上面的涂鸦被观众"刷屏"了不知多少次。

---

〔1〕《对比》在 1992 年的研究报告《欣赏艺术：〈对比：一次视觉试验〉的研究》(Appreciating Art: A study of Comparisons, an exercise in looking)可在史密森学会图书馆查看，请登陆 http://www.participatorymuseum.org/ref4-26/

〔2〕坎特艺术中心(Cantor Art Center)是一家位于美国加州斯坦福大学的艺术博物馆。1891 年，美国实业家、政治家利兰·斯坦福(Leland Stanford，1824—1893)为纪念其独子小利兰·斯坦福的夭折在加州创立了小利兰·斯坦福大学(即斯坦福大学的全称)和小利兰·斯坦福博物馆。该博物馆于 1999 年接受了慈善家坎特夫妇(Iris & B. Gerald Cantor)的大量捐赠而改易现名——译者注。

　　如果我家孩子也可以画成这样，那还叫艺术吗？这种根据不同寻常的展示手法所提出来的问题旨在激发观众间的讨论和辩论。

想象描述法

　　弗雷德·威尔逊不仅通过实物的重新组合来激发观众间的对话，还通过撰写说明文字和解说材料故意曲解展品的意思。艺术家大卫·威尔逊（David Wilson）在洛杉矶创办的侏罗纪工艺博物馆[1]采取了相类似的方法，展示了很多非常奇怪的东西，边上的说明牌的语气很正式，内容却很荒诞。这些艺术家把文化机构用来描述展品、赋予展品意义的方法拿来玩游戏。这样，艺术家们让观众思考文化机构或是展览到底展了些什么。

---

〔1〕 侏罗纪工艺博物馆（Museum of Jurassic Technology）是一家著名且怪异的博物馆，其收藏十分芜杂，且主题不明朗，有评论称其较为接近 16 世纪的珍奇柜（cabinets of curiosities），亦有人认为它是一个关于博物馆的博物馆，在 2006 年诺贝尔文学奖得主、土耳其作家奥尔罕·帕穆克（Orhan Pamuk，1952—）的小说《纯真博物馆》（*Masumiyet Müzesi*）中被提及——译者注。

【案例分析】

动力博物馆对实物的想象描述

和实物玩游戏并不单单是一门很高级的艺术技巧,它还可以帮助观众建构自己对于实物意义的理解,并乐在其间。2009 年夏,动力博物馆的一个名叫奇异馆的临展厅正式对外开放,里面展出了 18 件非常稀奇的展品,每件展品都附有童书作家肖·唐(Shaun Tan)和在校儿童撰写的奇思妙想的说明牌。奇异馆的目标观众群是节假日过来玩的家庭,但动力博物馆称奇异馆的宗旨是建构意义和价值而非纯粹恶搞。序言文字上大谈特谈"稀奇、神秘、搞怪",并说"如果一件东西看上去很奇怪,人的大脑就会想要发掘其中的意义"。观众正是在这段文字的启发下思考这些展品的意义。

奇异馆里有一块地方专门给观众分享他们看过展品后的感受的空间,观众可以自己动手写说明牌,贴在那些奇奇怪怪的展品边上。这部分空间人气很高而且得到了很好的利用。那些由观众撰写的说明牌充满了奇思妙想,常常成为观众热议的话题。

尽管很多博物馆都在搞"撰写属于你自己的说明牌"活动,但奇异馆让观众根据自己的想象撰写说明牌而不是客观描述展品的做法还是首例。很多观众都怕自己描述得不对,不敢下笔,所以不如让他们想象展品可能是什么。奇异馆本身的想象特质让各种教育程度的观众都能加入到建构实物的意义的游戏中来。而且,这种活动仍然要求观众围绕实物来想象,所以每位观众在撰写说明牌时都不得不很仔细地观察实物,找出它们身上可能带来灵感和故事的细节来自圆其说。

奇异馆的设计非常高明,它不通过提问就能激发观众的想象,同时巧妙地吸收了观众撰写的"正确"故事。动力博物馆展示每件展品的"真实"信息时也很巧妙。公共项目负责人海伦·惠蒂(Helen Whitty)说:"我们不希望把那些充满创意的说明牌和展品的真实信息摆在一起,那

在奇异馆那些稀奇古怪的展品和奇思妙想的说明文字的启发下，很多观众也加入到分享自己对展品的独特理解的行列中来。

样我们就功亏一篑了（'你一定会觉得我们这么做是为了好玩,但这确实是一般的展览应该做的'）。"相反,奇异馆把这些真实信息(即"展品的实际描述")全都放在一张大纸板上——观众在离展品不远的地方就能看到,但不作为观众体验的重点。

在所有上述案例中,运用一定的布展手法可以很完美地把展品升华为社交实物。实物放在馆里展出并不是为了要给观众传达最正确无误的信息或是给观众带来最舒适的审美体验。看到一套银质茶具和一双铸奴隶的镣铐被故意摆在一起很难让人感到享受,把米罗[1]的素描贴在冰箱门上也很不搭。策展人把展览成功塑造成为社交平台,虽然在一定程度上吸引了很多新的观众,但也会让一些观众感到反感和不适应。正如 Flickr 的圈人功能虽然可以让人随心所欲地在照片上发表评论,却吸引不了那些追求纯粹摄影艺术的爱好者。为实现社交而做出某种权衡的布展手法面临着文化机构理念与观众期待的挑战。

---

〔1〕 胡安·米罗(Joan Miró, 1893—1983):西班牙画家、雕塑家、超现实主义的代表人物——译者注。

这些项目有馆外艺术家和设计师参与也不是偶然现象。即便这么做会令观众花时间讨论和探索实物的意义，工作人员还是不会让观众按自己的意愿来布置展品，因为他们觉得这样会毁了展品的价值或是会传递出错误信息。所以，如果你想把展品放在刺激性环境下展示，那你就要保持平和的心态——就像上述案例中的设计团队一样——社交才是服务观众最有价值也是最正当的目标。

给观众社交指导

让陌生人之间进行社交的最简单办法就是命令他们社交。刺激性布展手法即便显而易见，也可能被误读。如果你想用一种更直截了当的方法把展品激活为社交实物，那就直接把社交规则写到实物边上吧。

这种做法也许太死板了，却是博物馆专家在处理观众个人体验和互动因素时最乐于使用的办法。说明书式的说明牌会告诉你压铆钉或是旋转磁铁的详细步骤，语音导览器会告诉观众哪里值得一看，教育人员则给观众展示怎么玩。很多游戏和体验就是用说明书作为支架使观众进行社交体验，这个过程更为开放而且自主。

需要一个人以上的观众参与的展品通常都会在说明牌上写道，"坐在你搭档的对面，然后……"或是"在这件展品周围站成一个圈"。对于那些亲子家庭或是团体观众（通常都是博物馆观众的大头），这些说明牌很容易就能照做。但如果是个人观众，那这些说明牌就构成了一大挑战。我上哪儿找搭档啊？怎么才能让别人跟我合作站成一个圈呢？

对于个人观众而言，如果说明牌直截了当地说要观众去"找一个搭档"，那还是很容易的，如果说明得更具体，比如"找一个同性别的人"或是"找一个跟你身高差不多的人"就更简单了。说明文字越具体，观众就能更方便地参与社交，否则观众就会觉得很尴尬。观众可以指着说明牌对另一个人说："这上面说我需要找另外一个女士一起操作这件展品。"另外一个人看完说明牌后就能确认刚才那个人说的话了。这是文化机构主导的互动合作,所以如果别人拒绝参与,那她就不是在拒绝你,而是在拒绝说明牌的指示。她并不是不想跟其他观众待在一起,她只是不想玩这个游戏。表述清楚的说明文字能给提问者和被提问者同样安全的机会,他们都有权选择参与或是不参与社交。

【案例分析】

旧金山现代艺术博物馆的说明牌

在一些传统文化机构尤其是艺术博物馆里,劝说观众和实物进行直接互动都很困难,就更别说是让观众之间进行互动了。2008 年,旧金山现代艺术博物馆[1]举办了一场名为《参与艺术》(*The Art of Participation*)的展览,里面用到了几个很明显的手法指导观众与展品之间、观众与观众之间进行互动。跟一般的艺术博物馆展览相比,SFMOMA 这次的做法显而易见,它把互动展品的说明牌都做成了橙色。在展览的入口,在一张橙色的说明牌上也写着:

> 本次展览中的部分展品是记录某些历史事件的重要文件,不过有些展品却需要您的参与和贡献。请您留意那些橙色的说明牌——看到它们,你就可以动手操作或是亲自触摸这些展品。

换句话说,SFMOMA 专门为了互动项目创造了一种新类型的说明牌。这些橙色的说明牌就好像一场引导观众参与的游戏一样:找橙色的说明牌,然后动手操作展品。如果这些互动项目的说明牌跟普通的说明牌没什么两样的话,那观众在经过这些可以互动的艺术品时就很有可能错过其特别之处。而且反复使用橙色也可能让那些本不想参与的观众

---

[1] 旧金山现代艺术博物馆(San Francisco Museum of Modern Art,简称 SFMOMA)是国际知名的现当代艺术博物馆,1935 年由博物馆学家格蕾丝·莫利(Grace Morley, 1900—1985)创立,也是美国西海岸第一家只收藏 20 世纪艺术作品的博物馆——译者注。

最后也跃跃欲试，因为展览里有那么多的机会可以操作展品。

我去看《参与艺术》的时候，艺术家欧文·乌尔姆(Erwin Wurm)设计的互动项目《一分钟雕塑》(*One Minute Sculptures*)给我留下了深刻印象。这个艺术品就是在博物馆的中央放了一个又矮又宽的台子，台子上摆了很多奇怪的东西(扫帚柄、水果模型、一台小冰箱)，还有乌尔姆的手写文字，上面说让观众用自己的身体摆出搞笑的姿势来平衡这些东西。这个台子上站三个人刚好合适，乌尔姆写的奇怪的指令也激起了观众表现自己欲望。

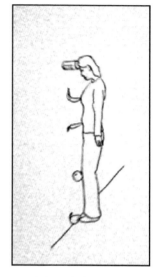

欧文·乌尔姆《一分钟雕塑》说明牌给出的一张示意图。

这个艺术品的橙色说明牌写道：

> 请根据本件艺术品的作者的指令进行操作。然后把你的一分钟雕塑的造型拍成照片，上传到 SFMOMA 的博客上(www. blog. sfmoma. org)并且输入"SFMOMAparticipation"字样的标签，以便其他人也可以找到。

在这个说明牌的鼓舞下，我把手机递给了一个陌生人，请他帮我拍张照。他帮我拍了一张我站在冰箱上保持平衡的照片，而且还建议我再试试更大胆的姿势。没多久，我们就在艺术的指引下很愉快地尝试了很多奇特的姿势。我们还怂恿其他旁观的观众也加入进来，还指导他们怎么用这些东西摆姿势。

展厅最后促成了艺术创造所带来的集体社交体验。这种体验开始后几分钟我就觉察到了一些不同寻常的变化，我的新朋友乔治在摆姿势的时候突然一顿，然后说："我觉得我可以把上衣脱掉。"

我很少在博物馆看见主动脱衣服的人。这种难以置信的社交体验

我的第一张照片,这是乔治帮我拍的。

我们还邀请了另外三位观众加入进来。

馆里一位工作人员也来助兴。

一年后，我还和我的"共犯"乔治保持着联系。

应该是台子上的东西造成的。而且这种体验也是独一无二的，我也不想和博物馆的所有人都来体验这种又好玩、又要动脑、又要身体接触的项目。

但这种体验也并不是孤立的。从我到我们的模式仍然在起作用——乔治和我刚开始都是各自在摆姿势。我们在看完说明牌后才按照上面的指示来创造自我、彰显个性。这个艺术品不仅放对了地方而且其设计让观众自然而然地就成了参与者和潜在参与者。说明牌里直接提示观众之间要互拍照片（这也算是一种简单的社交行为），而且这个艺术品也提供了足够的空间和机会让观众打开思维参与到广泛的艺术社交中来。在表述清楚的说明牌的指导下，我们经历了一次奇特而且难忘的体验。

用音频给观众指导

语音导览器也可以通过给观众一定的指导来给他们带来社交体验。传统的语音导览器只是告诉观众该往哪走、哪些展品值得一看，但是有的艺术家却利用这一媒介来给观众带来意想不到的社交体验。本节将比较一下这种模式下的两段语音社交体验：詹妮特·卡迪芙[1]的《浸没水中言》(*Words Drawn in Water*)和 Improv Everywhere[2] 的《MP3 试验》(*MP3 Experiments*)。这两段体验都是免费的，而且时长都是 35 分钟，分别在华盛顿和纽约进行，却产生了不一样的结果。

2005 年，赫希洪博物馆和雕塑园邀请艺术家詹妮特·卡迪芙为华

〔1〕 詹妮特·卡迪芙（Janet Cardiff，1957—）：加拿大艺术家，1980 年毕业于女王大学（Queen's University），主要以声音装置作为媒介，她将其称为"音频漫步"（audio walks），并与一些国际知名博物馆均有合作——译者注。

〔2〕 Improv Everywhere 是在 2001 年于纽约成立的非正统搞笑团体。improv 意为即兴表演，随处表演、随处搞笑就是这个团体的宗旨。该团体组织过许多在公共场合执行的任务，像是停止的中央车站（Frozen Central Station）、最棒的小学生棒球大联盟（Best Game Ever）、美食街的音乐剧（Food Court：The Musical）等。有些任务甚至动员了上百人的"特务"、飞行船等——译者注。

盛顿特区的国家广场（National Mall）录了一段 33 分钟长的语音导览《浸没水中言》。[1] 游客可以戴上耳机，按照卡迪芙在音频里的指示一步一步走。把详尽的方位描述和虚构的解说相结合，试图给游客带来一系列亲切的实物体验。卡迪芙的这段音频个人主观性太强，而且不能和游客进行实时互动，所以显得很孤立。在参观赫希洪博物馆和雕塑园时，她还在音频里加了很多特效——蜜蜂发出的嗡嗡的声音，士兵齐步走的脚步声——而且，她用了一种挑逗性的超现实方式来讲解詹姆斯·史密斯（James Smith）的炸弹还有弗利尔美术馆（Freer Gallery）的孔雀厅（Peacock Room）。我和我朋友试过一次（我们试完后还讨论了），尽管卡迪芙描述得不厌其烦，但我跟我朋友还是"迷路"了。

　　相反，《MP3 试验》则是给观众带来社交体验而不是个人体验。[2] 跟卡迪芙一样，也是把音频文件发送到穿梭在城市的每个人的收听设备上。不同的是，《MP3 试验》以事件为指令。参与者们都会带着自己的收听设备在一个指定的时间结集到一个现实的场地，时间一到，每个人一齐按下"播放"键。成百上千的人就这样在耳机里无实体的声音的指导下，自发地玩半个小时，整座城市成了他们的游戏手柄，日常生活中的实物都成了能引发社交游戏的物件。参与者们互相指这指那，跟着大部队和别人一起社交。他们把印成国际象棋棋盘的广场地面当作大型扭扭乐[3]的游戏平台。《MP3 试验》是一个把分散孤立的个人体验——在街上听歌——转化为强有力的人际体验的典型。

　　为什么《浸没水中言》是个人体验，而《MP3 试验》才是社交体验呢？它们的区别就在于音频里的指导。在两个例子里，音频里的指导都是在一个日常环境下的非正常指导。但是卡迪芙所添加的叙述内容让游客

---

[1]　收听《浸没水中言》的节选音频，请登陆 http://www.participatorymuseum.org/ref4-27/
[2]　了解更多有关《MP3 试验》的信息，请登陆 http://www.participatorymuseum.org/ref4-28/
[3]　扭扭乐（Twister）：一种肢体游戏，即在一张画满圆圈并涂上颜色的图纸上站立，依靠转盘决定自己手脚的去向，胜利就是要完成转盘所给自己的指示，但是，身体除了手脚以外其他部位决不能接触图纸，违反者就算失败。一般最多四个人来玩，熬到最后的便是胜利者。该游戏看似简单的，实则强调玩家自己的肢体柔韧性——译者注。

感到莫名其妙甚至是反感。这种莫名其妙的感觉使得游客不禁问自己：我现在在哪？我耳朵边上真的有蜜蜂在飞吗？为什么她说我正在英格兰？游客一边要听音频里的指导来行动，一边还要忍受某个人大量的奇奇怪怪的想法的骚扰。

　　《MP3 试验》的指导则跟傻瓜照相机一样简单，就是玩，没有故事也没有谜题。不像《浸没水中言》衔接得那么紧密，就好像漏听了一句就会掉队一样，《MP3 试验》的设计让参与者感到很舒服轻松，他们有足够的时间完成任务。

　　《MP3 试验 4》的参与者们正在听从自己设备上发出的音频指令互相拍照。

　　将《MP3 试验》音频的前几分钟进行解构，我们就能发现它取得成功的原因所在。以下就是 2007 年《MP3 试验 4》前 5 分钟的音频文字内容：[1]

---

〔1〕　你可以登陆 http://www.participatorymuseum.org/ref4-29/ 下载"MP3 试验 4"的音频文件来进行收听。

- 0:00—2:30,音乐。

- 2:30—4:00,现在,无所不能的史蒂夫来向大家介绍一下自己。他说,如果你们接下来好好听他的指示,你们就能一起享受到史上最 high 的一个下午。史蒂夫要你们看看周围都有谁参与进来了。他要你们这群参与者都深呼吸。

- 4:00—4:30,史蒂夫要你们都站起来,互相招手。

- 4:30—5:00,史蒂夫要你们玩"指指看"游戏,把你们能看到的最高建筑指给我看,首先是自由女神像,最后是尼亚加拉大瀑布。史蒂夫停了一下,然后说:"你们的地理都学得很棒嘛。"

- 5:00—5:30,史蒂夫要你们把天上最丑的云指出来。他又停了一下,然后说:"是的,那朵云确实够丑的。"

开头这几分钟的热身就是为了让参与者能够舒舒服服地进行这次体验。开头音乐让人身心放松,而且为正式体验做好了准备。史蒂夫的第一条指令——看一看周围,深呼吸——很简单,也不引人注意,不会威胁到别人。当史蒂夫后来叫参与者都站起来,他问了他们三次准备好了没有,然后才说:"现在,起立。"在指指看游戏当中,史蒂夫还会对参与者进行适度的表扬和鼓励,夸他们地理学得好、能分辨出哪朵云最丑。

史蒂夫赢得了参与者的信任,参与者们感觉史蒂夫的指令放心而友好,所以愿意听从史蒂夫的指令,并与陌生人进行互动。他们跟随大部队,玩木头人游戏(freeze tag),互相拍照,组成一个巨大的飞镖盘。这些不同寻常的行为需要一种安全放心的环境、明确的指令和情感上的认同才能成为现实。

那么,这样就可以说《MP3 试验》比《浸没水中言》更好么? 不能这么说。两个音频是为不同的体验设计的,一个是社交体验,一个是个人体验。它们的指令不同,指令发出的手段也不同。

分享实物

在文化机构之外，人们更常用的一种让实物具有社交性质的方法就是分享它们。人们无时无刻不在分享实物，无论是互赠礼品、给人看照片还是把喜欢的歌混搭在一起。但博物馆对自己的藏品保护得很严，严格限制观众通过虚拟渠道或是现实渠道来分享它们。不过，社交网络让藏品及藏品故事的分享变得更为容易，而且还改变了文化机构工作人员对于分享的态度。

在 Flickr 和 YouTube 这一类的社交网站上，实物可以通过网站自带的功能以各种方式进行自由分享。即便是像电影工作室和职业歌手这样的传统的内容提供者也越来越希望网友把他们的内容广而告之。2008 年，麻省理工学院的传播学家亨利·詹金斯所领导的团队就发布了一份白皮书《不传播，即死亡》(If It Doesn't Spread, It's Dead)[1]。书中称媒体实物对消费者传播、再利用、改编和重新混合起着重要的影响。作者称传播能力不仅仅有助于拓展市场，而且有助于用户"构建意义的过程，就像人们自由使用工具来阐释周围的世界一样"。换句话说，分享内容有助于学习。

文化机构可以通过以下两种方式分享自己的实物：开展与观众分享实物的项目；制定相关政策，鼓励观众与他人分享实物体验。

文化机构如何分享

无论是展品还是互动装置，抑或是项目和演出，文化机构都有很多方法可以与观众分享实物。这些分享实物的设计路线要服从两个偶尔会"掐架"的目标的指导：给观众提供高质量的实物体验和保证藏品的安全。博物馆必须能够确保实物不会被无端地损坏。所以，一般会把实物

---

〔1〕　阅读《不传播，即死亡》，请登陆 http://www.participatorymuseum.org/ref4-30/

放到玻璃柜里，采取一种折中的方法来满足观众的消费需求，在必要的情况下还会避开公众的目光，把实物藏到库房。

为什么分享实物很重要？理论上讲，馆方分享实物的程度决定了观众对该馆的看法——你到底是公益机构还是私人收藏室。工作人员自诩在保护藏品，但有的观众可能会觉得他们在敛财。博物馆经常声称自己的使命是替民众保管藏品，但从民众的角度看，这些藏品的主人不过是收藏它们的那幢房子罢了。观众不能随时去博物馆看藏品，也不能把它们带回家或是靠得太近。博物馆分享实物的方式太吝啬了，不仅制定了严格的参观时间规定，还要收门票钱。

有的文化机构在与观众分享实物方面做了一点改进：

- "学习用品"，在某些教育项目和展厅，部分实物或复制品允许观众把手搭在上面；

- 开放库房，观众就可以看到远比在展厅展出的更多的实物；

- 实物租赁项目，一些特殊观众（比如美国原住民）可以使用某些实物来进行宗教仪式或是文化活动；

- 延长开放时间，这样观众可以按照自己的日程安排来看展了；

- 数字化博物馆，实物的数字化制成品（如果不是实物本身）可以在任意时间任意地点被访问。

有些机构在这方面走得更远，尤其是利用网络媒介。它们中的一些把藏品的数据和图像发布到像 Flickr 和维基百科这样的第三方社交网站上供人分享；有的则建立自己的平台，并在官网上推出特定的工具和功能，允许登陆者使用和分享到其他社交网站上去。还有一些更为大胆的例子，博物馆把藏品数据和软件源代码公布到网上，外部程序员便借以开发自己的平台与体验。布鲁克林博物馆和维多利亚与阿尔伯特博物馆在这一点做得最好。它们都把自己的藏品数据库对外开放，外部程序员可以利用这些资源开发出自己的电脑程序或是手机 APP。[1]

　　在现实环境中,博物馆却对分享自己的实物异常谨慎。馆方通常不会把实物真的交给观众去使用,而是把一些幕后的信息与活动分享给观众。例如,伦敦大学学院博物馆和收藏室(University College of London Museum and Collections)在 2009 年举办了一场为期两周的互动式展览《处理?》(*Disposal?*),让观众来投票选出 10 件应该被踢出博物馆的藏品。这个展览允许工作人员和观众"共享"决策大权,与观众一起决定藏品的价值和收藏范围。[2]

【案例分析】

格拉斯哥开放博物馆与民众分享藏品

　　格拉斯哥开放博物馆(Open Museum)就是把藏品分享给观众,供他们自己使用的一个典例。[3] 开放博物馆其实是格拉斯哥博物馆的一个项目[4],始于 1989 年,其使命是"扩大我市藏品的所有权"。开放博物馆把实物借给观众,让他们自己收藏或是展示,而且还提供有关藏品展示的意见和建议,联络社区成员,帮助社区群体组织自己的展览。在 20 世纪 90 年代初,开放博物馆得到了一些被社会边缘化群体的拥护,如囚犯、精神病患者和老年人等。社区成员在自己住的医院、社区中心做展览,也可以在开放博物馆做展览。展览主题都是很富争议的社会问

---

〔1〕　例如,布鲁克林博物馆的在线应用画廊便展示了外借程序员利用文化机构的数据来开发新软件的方法,请登陆 http://www. participatorymuseum. org/ref4-31/

〔2〕　该展览还因其规模和展期产生了不小的反响。浏览相关媒体报道,请登陆 http://www. participatorymuseum. org/ref4-32/

〔3〕　了解格拉斯哥开放博物馆的历史和影响,可下载《改变的触媒:开放博物馆的社会影响》(*A Catalyst for Change:The Social Impact of the Open Museum*,PDF 格式),请登陆 http://www. participatorymuseum. org/ref4-33/

〔4〕　实际上,在英国苏格兰格拉斯哥市并没有一个博物馆叫开放博物馆。开放博物馆是格拉斯哥博物馆资源中心(Glasgow Museums Resource Centre)提供的一项服务,该中心集中贮藏格拉斯哥市的 9 家博物馆平时不展出的藏品,供当地居民使用——译者注。

题,如无家可归者、母乳喂养和饥荒等。

该项目启动的头十年之内,开放博物馆帮助社区群体举办了 884 个展览,吸引了成千上万的观众前来参观。

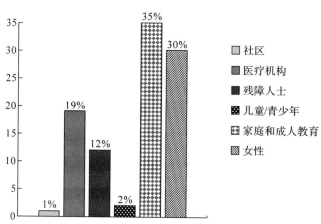

1999—2000 年,格拉斯哥开放博物馆向全市的各类社区群体一共分享了超过 800 件实物。

2002 年在一项对开放博物馆影响力的调查当中,研究者指出该项目对参与者产生了三大影响:新的学习和成长机会,自信心得到提高,改变了过去对博物馆是"老古董"的看法、发现博物馆原来与自己的日常生活如此密切相关。研究者还发现,实物在文化体验过程中起到了不可替代的作用,它们是自我展现的触媒,还有助于学习。最后,研究者总结说:"博物馆设计的体验越是关注观众的个人需求就越能收获到好的影响。"对参与者和观众来说,这都是不争的事实。开放博物馆邀请观众来拿自己想要的东西,这样的博物馆才是真正的以观众为中心的场所。

文化机构分享实物的政策

格拉斯哥开放博物馆与观众分享自己的实物藏品,因此,观众又可以把借出来的藏品分享给别人。这种政策在很多博物馆看来是相当冒险的。然而,当馆方把自己的东西分享给观众时,观众就会感到自己对体验具有强烈的所有权,并且觉得馆方是在支持其对内容的热情而不是泼他们冷水。

在博物馆,观众分享实物最常见的做法就是拍照。观众在博物馆照相通常不会像职业摄影师一样捕捉到实物的核心与精华,或是尽可能还原实物的本来面貌。人们通常只是为了证明自己到此一游,人们分享照片的途径,不是电子邮件就是更潮的、接触面更广的社交网络。这是一种表达自我的方式,一种表达自己喜欢某个馆、喜欢某件东西的方式,一种为了简单地说一句"我在这儿"的方式。

如果博物馆不允许观众拍照,那馆方传递的信息就是:"你不能在我这儿用你的工具分享你的体验。"即便观众知道背后的原因,以版权问题为考量的"不准拍照"规定还是会让观众不解和不满。在一个展厅里可以拍照而在另外一个展厅里又不行,一线工作人员也常常无法回答出为什么可以拍照或不可以拍照。"不准拍照"规定让工作人员把体验强加到观众身上,并削弱了观众分享自己的热情和体验的能力。一位博物馆的常客如此写道:

> 我心目中的博物馆应该是让所有人都能接触历史接触艺术的地方;有了"不准拍照"的限制,博物馆就成了精英的乐园。试想一下,一个本来对艺术一无所知的人,一天突然看到同事在朋友圈分享了一张在博物馆拍的照片,他也跃跃欲试,就存钱计划去那家博物馆看看,而这种体验可能是他这辈子都没想过的。然后他去了博物馆,拍下照片发到朋友圈。还有些人可能没钱出门去大博物馆旅游,不过可以通过其朋友的照片间接感受博物馆的雄伟。这才是让所有人接触艺术![1]

拍照规定很难改变,尤其是当馆方的资金来源很大程度上依赖于藏

---

[1] 你可以在我 2009 年 8 月写的博客文章《博物馆的拍照规定应该尽可能的开放》("Museum Photo Policies Should Be as Open as Possible")看到罗伯塔(Roberta)的全文回复,请登陆 http://www.participatorymuseum.org/ref4-35/

品出借和巡回展览。但是,在博物馆拍照的观众都是很想和朋友、同事分享这趟文化体验的人。这些纳税人想要推广他们所参观的博物馆与实物,所以拍照规定就成了他们能否推广的关键。

把实物当作礼品送出去以及其他分享方法

拍照也并非观众分享实物体验的唯一途径。推荐功能同样可以让观众与他人分享自己喜欢的东西,留言板邀请观众与他人分享自己的评论和感受,就算是把自己感兴趣的展品指给同伴看也算是一种增强观众社交体验的方法。

留念、推荐、评论和照片就像人们平时互赠的礼品。然而,观众通常都流失到礼品商店去了,那么,文化机构该怎么来帮助观众把自己在馆内的体验做成"礼品"分享给他人呢? 20 世纪 90 年代中期,很多酒吧和饭店开始在店里放置一些免费的明信片,用来给自己打广告。设想一下,除了有关展览内容的普通明信片,馆方还可以提供印有展品的免费明信片,提醒观众想起身边可能喜欢展品或展览的亲朋好友。于是,观众可以挑选自己喜欢的明信片,然后像寄邀请函一样寄给他们,请他们也来现场参观这件展品。或者,观众可以在触屏设备上制作一些简单的电子明信片或是一些多媒体文件(照片、音频、视频)发送给亲朋好友。不论是走低技术含量的明信片之路还是高技术含量的触屏设备之路,馆方都可以给观众做示范,告诉他们如何与其他人分享实物体验。

如果文化机构只是笼统地谈"分享体验"而没有抓住赠送礼物这个要点,上述机制便得不到很好的发挥。有的博物馆就引进较为先进的社交平台,让观众编辑照片和文本发送到博物馆的账号,然后博物馆再把观众的照片和文本向公众展示。2008—2009 年,匹兹堡的床垫工厂[1]

---

〔1〕 床垫工厂(Mattress Factory)是一家当代艺术博物馆,1977 年由艺术家芭芭拉·路德罗斯基(Barbara Luderowski)创立于一废弃的床垫工厂,以数量众多的进驻艺术家(artist-in-residence)和善于运用社交媒体手段闻名,亦是美国第一家利用二维码与观众互动的博物馆——译者注。

搞过一个这样的活动,观众可以编辑短信发送到馆内的任意一个数字,这些短信内容会在博物馆大厅的大屏幕上同步显示。床垫工厂的目标是想把观众的短信和照片分享给更多的观众。

但是这种方法也存在着问题。很多人都对馆内的电子设备不怎么感冒,即便是你到处都能看到低头党和拍照党。这些平台受到冷遇是因为观众不知道自己该和谁分享这些内容以及为什么要跟别人分享。观众给朋友发短信或是在社交网站上更新状态是受她自己的人际关系网所驱使,而并非出自她想分享自己体验的欲望。如果文化机构设计的平台只是强调赠送礼品和回赠礼品,而不是开放式的分享,就会止步不前。

送给陌生人礼品

社交实物如果设计得好,陌生人之间不需要直接交流就可以享受互赠礼品的机会。我们来看一个貌似不怎么像社交实物的实物吧——收费站。我的朋友里奥(Leo)有一次开车在收费站排队时,他前面的车主竟然帮他付了钱,这真是一次超值的体验。如果一个陌生人径直走向里奥,敲一敲他的车窗玻璃,递给他 2.5 美元,里奥一定会觉得这人有毛病,而且心里犯嘀咕,甚至觉得对方是在挑衅。但里奥看见帮他付钱的人是一辆蓝色小本田的车主,这就跟在派对上不用和对方进行直接交流是一个道理:大家都在享受若即若离的距离感。

收费站使得两个陌生人之间的私人赠送成了可能,而且把第三者(收费站管理员)也卷入了此次体验。可以说,三个素不相识的人分享了一段美好的体验和有关慷慨的回忆。如果说钱充当的是礼品的角色的话,那收费站本身就是调节这段体验的实物。

设想一下,如果收费站管理处决定把提高车主的社交体验作为目标,你该如何对收费站进行改造使它变成更好的社交实物呢?也许你可以在收费站外面加上一个标志,写上每天一共有多少人给别人赠送了通行费礼品。你也可以宣布给别人赠送通行费礼品可以享受折扣和优惠。你甚至可以专门开通一条通行费礼品车道,让胆子比较大的车主赌一把,看看自己会给别人交路费还是被别人交路费。

这听上去好像痴人说梦,但想想收费站管理处可能得到的好处吧。车子过关的速度会更快,因为有的车主会付两台车的通行费。而且车主不再把管理员看作是收路费的代理人,而是把他们看作好心的传达者和支持者。所以,人们会更加积极地走收费车道,逃费的情况亦可以有效避免。

博物馆的售票处也可以转换成类似的社交实物吗? 在大多数博物馆,门票收入已经用来补贴其他服务的开支了,比如给学校学生免费入场,但大部分观众享受不到此等优待。布朗克斯动物园[1]在其《刚果大猩猩丛林》(*Congo Gorilla Forest*)展区就把"礼品"的理念表现得很到位。在离展区出口不远的电脑设备上,观众可以检索各种与刚果相关的保护项目,选择一个项目就意味着观众把自己的门票钱捐给了这个项目。布朗克斯动物园通过这种方式把门票转换为礼物,不仅使得观众觉得动物园非常慷慨大方,而且改变了其对动物园使用门票收入的看法。同时,观众也感受到了自己积极参与到全球野生动物保护活动中来,而且还为此捐出了自己财物。这种方法对于以往的打标语和捐赠箱的办法构成了一大挑战。

把礼物公之于众

我在酒吧和冰激凌商店看到过一种"礼物板"(gift boards),就像一种给人买东西的公告,上面写着"妮娜送给朱莉娅一只巧克力奶油圣代"或是"本送给提奥双份马提尼酒"。你到前台拿走自己的礼物后,字就会从黑板上擦掉。

礼物的赠送者会被认为很大方,礼物的接受者会被众人所羡慕,两人各取所需。礼物板促进了礼品的互赠,并形成了一条故事线。朱莉娅

---

[1]　布朗克斯动物园(Bronx Zoo):位于美国纽约市布朗克斯区,北美最大的市区动物园,始创于 1899 年——译者注。

喜欢我送的圣代吗？为什么提奥可以收到双份马提尼酒？这些消费场所就通过这种广而告之的手法把自己融入消费者的情感生活。

礼物板就跟功德簿一样，只不过一个是记录观众与观众之间的交易，一个则是观众与馆方之间的交易。这种模式很公平，也很有活力。试想一下，博物馆也可以在一张礼物板上记下观众的门票费、教育工作坊的报名费或是在礼品商店的消费，而这种能把观众分享文化体验的乐趣适时地展现出来的方式是功德簿力有未逮的。

你该如何把自家博物馆的实物做成礼物呢？你该如何大大方方地与观众分享它们，让观众按照自己的意图加以使用呢？如果工作人员找到了可以分享实物的方法，那他们就能乐于与观众分享实物的所有权，从而促进博物馆的健康发展。

————

至此，你已经阅读完了本书有关设计参与的理论部分。现在，我们要去探讨各种参与模式，来解决如何才能通过设计参与式项目来实现文化机构目标的实际问题。本书的第二部分将帮助你规划、评价并管理适合你的机构的使命和文化的各种方法。

第 5 章

界定你想要的参与模式

文化机构要想成为参与式平台需要哪些条件呢？所有参与式项目的制定都基于以下三个要点：

- 渴望能有观众参与进来；

- 相信参与者的能力；

- 对参与者的行为和贡献做出积极回应。

当论及"如何"进行参与时，贯彻这三大要点的方法就多种多样了。即便参与式项目有既定目标，为实现目标而设计的方法也是不同的。以移民与公民权联盟[1]的 14 个博物馆为例，这个成立于 2008 年的联盟，旨在通过参与式项目来引发人们对美国移民问题的关注并交流看法。联盟中的每一个博物馆都有自己的一套办法：

- 底特律的阿拉伯裔美国人博物馆[2]举办了一个名为《与社区相连》（*Connecting Communities*）的多媒体展览，鼓励观众通过手机来互相分享自己的移民故事。

---

[1] 移民与公民权联盟（Immigration and Civil Rights Network）：由国际良知地联盟（International Coalition of Sites of Conscience）发起，2014 年扩大为全美移民对话项目（National Dialogues on Immigration）——译者注。

[2] 阿拉伯裔美国人博物馆（Arab American National Museum）是美国第一家也是唯一一家讲述阿拉伯裔美国人的历史与文化的博物馆，并旨在消除社会对阿拉伯裔美国人及其他少数族裔的歧视和偏见，2005 年由克莱斯勒公司、通用汽车公司、洛克菲勒基金会、沙特阿拉伯及卡塔尔政府等出资建立——译者注。

• 芝加哥的五个文化类博物馆联合开展了一个项目,它们与社区对话,讨论来自柬埔寨、波兰、瑞典和日本的移民在美国的独特经历及面临的挑战。[1]

• 旧金山的天使岛州立公园[2]有一个讨论定位型(discussion-oriented)游览项目,观众可以通过探索以前的华人移民在营房墙壁上刻下的诗词来讨论移民政策的相关问题。

• 洛杉矶的全美日裔博物馆[3]也有一种类似的对话定位型(dialogue-based)参观项目,这个项目是为高中生设计的,目的在于鼓励他们讨论对文化刻板印象(cultural stereotype)与歧视现象的看法。

把文化机构变成参与式平台并没有一体万用的方法。上述机构都是根据自身的使命和资源来发起各自的项目,以激发人们针对移民这个话题进行交流。如何才能找到适合你的机构或项目的最佳模式? 首先你要了解各种可行的参与模式,然后才能找到最能履行你的机构的使命和目标的方法。

参与的模式

参与式项目开发的第一步便是思考观众参与的各种潜在方式。比

---

[1] 该项目由芝加哥文化联盟(Chicago Cultural Alliance)主办,承办的五个文化机构分别是菲尔德博物馆(Field Museum)、柬埔寨裔美国人遗产博物馆与屠场纪念馆(Cambodian American Heritage Museum & Killing Fields Memorial)、美国波兰博物馆(Polish Museum of America)、瑞典裔美国人博物馆中心(Swedish American Museum Center)和芝加哥日裔美国人历史学会(Chicago Japanese American Historical Society)。

[2] 天使岛州立公园(Angel Island State Park):1955 年由加利福尼亚州公园管理局(California State Parks)设立,其中的天使岛在 1910—1940 年被作为美国移民局入境检查站,并因 1882 年的排华法案滞留过成千上万的华人移民,他们便在等待入境期间在营房的墙壁上刻下诗歌——译者注。

[3] 全美日裔博物馆(Japanese American National Museum)是美国第一家专门保存和展示日裔美国人的历史与文化的博物馆,1992 年由日裔美国商人及加利福尼亚州政府等出资设立——译者注。

如观众可以在索引卡上写下自己对表演活动的感想；另一种截然不同的做法就是观众亲自加入到展览中来，成为策展团队的一员。除此之外，还有一种更为不同的类型便是让观众帮助工作人员从头开始开发一个新项目。那么，我们该如何描述观众参与文化机构的各种方式呢？

非正式科学教育促进中心[1]的里克·邦尼（Rick Bonney）及其带领的由教育工作者与科研人员组成的团队便致力于解决这一问题。他们发起了一项名为"公众参与科研"（Public Participation in Scientific Research，简称 PPSR）的项目。[2] 不过早在 19 世纪 80 年代，就有科学家搞过"公众科学"[3]的项目，邀请业余爱好者通过志愿服务来参加正式的科研工作，比如计算鸟的数量、检测土壤质量、记录非本土植物物种等。[4]

尽管邀请普通民众参加科研工作的历史悠久，但几乎没有人留意过公众科学的用处和影响。这种情况直到 20 世纪 80 年代才有所改变。1983 年，里克·邦尼进入康奈尔大学鸟类学实验室[5]，与其他研究人员共同创办了第一个将参与专业化的公众科学项目。邦尼指出，在实验室的几个项目中，不同的参与方式会产生不同的结果。他带领的 PPSR 团队在 2008 年的一项研究中，建构出了公众参与的类型，从而更好地了解不同项目类型之间的差异。

PPSR 的报告将公众参与科研的方式分为三大类：（1）**贡献型**（contribution）；（2）**合作型**（collaboration）；（3）**共同创造型**

---

[1]　非正式科学教育促进中心（Center for Advancement of Informal Science Education，简称 CAISE）：2007 年由美国国家科学基金会（NSF）设立，旨在促进媒体、博物馆、学校、社区等的非正式科学教育——译者注。

[2]　下载 PPSR 的报告（PDF 格式），请登陆 http://www.participatorymusuem.org/ref5-2/

[3]　公众科学（citizen science）：又译"公民科学"，是指公众参与的科学研究，包括非职业的科学家、科学爱好者和志愿者参与的科研活动，范围涵盖科学问题探索、新技术发展、数据收集与分析等——译者注。

[4]　生物学家山姆·德勒格（Sam Droege）对公众科学及其发展历史写过一篇浅显易读的研究综述，可登陆 http://www.participatorymusuem.org/ref5-3/ 进行下载（PDF 格式）。

[5]　康奈尔大学鸟类学实验室（Cornell Lab of Ornithology）：始建于 1915 年，是美国最早的鸟类学研究生课程设置点，拥有约 45000 名会员，并以开展丰富的公众科学项目闻名——译者注。

一位观鸟者参加了《圣诞节来看鸟吧》(Christmas Bird Watch)项目,这项起源于 1900 年的公众科学活动主要记录北美鸟群数量的变化程度。

(co-creation)。分类的依据大致就是公众参与科研工作到什么样的程度和阶段:贡献型是参与者在科学家的指导下收集数据,科学家设计实验问题,指导数据收集,分析试验结果;合作型也是公众收集数据,但他们与科学家合作分析结果,得出结论;共同创造型是公众设计实验问题,科学家与公众合作得出科学的方案,以满足社区需求。

大多数公众科学项目是贡献型。对科学家而言,这是最好管理的项目,因为它只允许有限的、特定的公众参与进来,例如计算鸟的数量,检测土壤的酸度,或是进行已经设计好的其他采集数据活动。PPSR 的报告得出的结论是贡献型公众科学项目在组织公众参与科研内容和活动方面成绩斐然,但缺点是参与者与整个科研过程的联系不够紧密。

合作型和共同创造型项目能帮助参与者提升科研能力。参与者不仅积极进行科学调查和观察,而且还参与到数据分析和研究方法上来。当参与者自己分析数据时,他们那种与自己的社区分享科学成果的迫切心情与能力便在不断强化与提高。PPSR 的报告还称,以社区关注的话题(如地方污染)为中心的共同创造型项目,能够吸引"有心的民众参与到科学研究的过程中来,尽管他们平常从事的活动都与科研无关"。通过运用科学技术来满足社区需求,工作人员能够将潜在群众与科学更紧密地联系起来。

跟科学实验室一样,文化机构也可以在权威专家的指导下生成面向公众的内容。因此,PPSR 的三种公众参与模式可以直接应用到文化机构,只不过在措辞上稍有变化:

- 贡献型项目,馆方引导观众提供有限的、指定的实物和想法,并适时地参与进来,而整个过程由馆方掌控。留言板和故事分享亭都是常见的贡献型项目平台。
- 合作型项目,馆方邀请观众积极参与到项目的制作中来,但项目从头到尾也都由文化机构掌控。《40 大艺术精品展》和《点击!》展就是合作型项目(分别参见本书第 116 页和第 125—130 页),因其观众的投票决定了展览最终的内容和设计方式。
- 共同创造型项目,社区成员与馆方工作人员合作,而且项目目标的确立与项目的运行都要基于社区的利益。格拉斯哥开放博物馆(见本书第 188—189 页)就是一个典型的共同创造型案例。工作人员和观众合作生成的展品和项目要建立在社区成员的利益和馆方收藏的基础之上。

我在 PPSR 的分类上添加了第四种模式:**招待型**(hosted)。招待型项目就是馆方将其部分设施和资源移交给公共团体或一般观众,帮助他们开发、实施并展示自己的项目。有的科研组织和文化机构已经这么做了。这些机构将其空间和工具(从业余天文学家到织布机)拿出来与代表广大群众利益的社区团体共享。程序员可以在线使用藏品登记信息或科研数据,方便自己的研究或产品开发。游戏爱好者可以把机构当作一个巨大的游戏平台,在上面施展拳脚。招待型项目最大限度地减少馆方的干预,让参与者自己使用机构来满足自己的需求。

这四种参与模式互不相同，但许多机构其实兼具多个模式的特点。工作人员真诚邀请观众参与进来时，会经常在各个模式中切换，采取不同的方法、不同的项目来加强与社区的关系。例如，一个艺术博物馆要举办一个面向专业创意人士的深夜项目，博物馆便可借此机会邀请参加者加入社区艺术项目中来。工作人员可以与馆外艺术家合作构想各种要素，如果参加者的兴致颇高，工作人员甚至可以邀请他们与博物馆合作搞自己的项目，这便是一种行之有效的共同创造型项目。

寻找适合你的机构的模式

贡献型、合作型、共同创造型和招待型这四种模式并无高低贵贱之分。他们也不存在所谓通向"最高参与"的层层递进关系。当博物馆向观众征集展品时，体现的便是贡献型模式；而馆方与少数馆外人士共同策划展览时，体现的便是合作型模式。如果一个展览完全是由观众创作而成，并且完全体现观众的呼声，而另一个展览看起来更像是一个"典型的"展览，那哪种项目更具参与性呢？搞艺术和做研究，哪个更具参与性？是开发展品，还是用其混搭成新媒体产品？

文化机构里没有所谓的"最佳"参与模式。不同的参与式项目类型之间的差异与馆方工作人员和观众之间的权力分配有关。所以，不是每一个项目都适用于相同的权力分配结构。馆方自身的文化决定了工作人员对社区成员的信任程度，有时甚至是项目成功的绊脚石。有的贡献型项目只提供一点点参与机会，吸引不了人，而有的共同创造型项目做过了头，其结果又远远超出了预期。

对不同的文化机构而言，哪种模式才最有价值呢？下页的表中描述了各种模式之间的差异，可以帮你在不同的情况下，找到最有效的模式。虽然有的比较另类的创新型项目与我的分类相左，但这个表还是归纳了每种模式的基本特征。

	贡献型	合作型	共同创造型	招待型
你在社区参与时想以什么样的目标为己任？	我们想帮助我们的观众和社区成员成为文化机构的参与者	我们想和某些特定的社区建立较深的合作关系	我们想满足与我馆使命目标相一致的特定社区的需求	我们想邀请社区成员轻松自在地使用我馆，以满足自身的目标和需求
你想在观众参与的过程中掌握多少主动权？	很多——我们想让参与者服从我们的规定，并且提供给我们指定的东西	工作人员控制整个过程，但参与者的行为也会影响到进展方向和最终内容	部分——不过，参与者自身的目标和个人工作风格与工作人员的同等重要	不需要很多——只要观众不违反馆规，他们想干什么就干什么
在项目的进展过程中，你怎么看待馆方与参与者的关系？	馆方对内容做出要求，参与者提供内容并服从馆方的规定	馆方制定项目的总体概念和计划大纲，然后由工作人员与参与者一起执行	馆方给参与者提供工具来引导项目，给予他们支持并帮助他们顺利完成项目	馆方给参与者提供规则和资源，然后让他们做自己的事情
你希望由谁来参与？你对他们有什么要求吗？	我们希望尽可能多的观众能够参与进来，让他们在实体博物馆或是虚拟博物馆稍微替我们做点事就行	我们希望自愿加入进来的观众，不过最好是热心参与的观众	我们希望特意参与的观众，而且倾心投入到整个项目中来	我们鼓励那些想要管理并实现自己的项目的观众
工作人员要投入多少时间来管理项目及与参与者合作？	管理并不轻松，差不多是像管理一个互动展览。不过我们确实想建立这种机制并很好地运行下去	我们会负责管理项目进展过程，不过我们会根据自身的目标和容量来设定参与规则	我们会投入大量时间以确保参与者能够顺利完成目标	越少越好——我们希望建立这种机制并让其按照自己的规律运行下去
你希望参与者能够从项目中收获什么样的技能？	创作内容的能力、搜集数据的能力、表达自我的能力以及利用各种技术手段创造并分享内容的能力	所有贡献型项目提供的能力以及分析、策划、设计和将最终内容表达展现的能力	所有合作型项目提供的能力以及项目构思、目标设定和评估的能力	除了在项目进展和观众参与的过程中自然而然学到的技能之外，馆方不会刻意传授某种技能
你希望没有参与的观众对项目有什么感觉？	该项目会帮他们认识到自己是潜在的参与者，而且觉得如果参与到馆方的项目中来一定会很有意思	该项目会帮他们认识到我馆是一个值得社区支持与联系的地方	该项目会帮他们认识到我馆是为社区利益服务的，所以会有越来越多的人愿意参与进来	该项目会吸引新的观众，这些观众可能之前并不觉得我馆是个很自在很吸引人的地方

第 6—9 章对每种模式提供了详细的解说，展示了它们的组织构成、运行管理和观众接待等方方面面。不过，本章余下部分将首先探讨如何找到最适合某个文化机构目标的模式。

参与和文化机构使命

了解观众可能参与的各种类型是设计参与式项目的第一步。下一步就是寻找最能履行文化机构使命的模式。例如，当雪莉·伯恩斯坦谈及在布鲁克林博物馆利用社交媒体设计的获奖作品时，就不时地在暗示该馆的基本使命就是要打造成为一个社区博物馆（community museum）。她的团队在技术上的贡献也是受馆长阿诺德·雷曼（Arnold Lehman）的独特见解所启发。雷曼馆长认为布鲁克林博物馆是一个"以亲民、多样性和包容为基础，寻求发现艺术的新途径的处所，这样每个人都能觉得自己的行为是受欢迎的而且是明智的。"伯恩斯坦的团队负责的项目便是将雷曼馆长的见解进一步阐发。例如，《点击！》展（参见本书第 125—130 页）鼓励不同的摄影者和观众通过传统的和网络的双向平台进行创作和阐释，形成包容感。阿诺德·雷曼也许并不了解每项技术手段的操作原理，但他相信伯恩斯坦有能力把观众体验传递出来，并提升文化机构的整体价值。

各项工作都朝参与看齐，也给你的机构检视自己的使命宣言提供了很好的机会。通常这份宣言都包含着如何迫切希望观众能够参与进来的强烈措辞。你可能为了履行自己的使命，兑现宣言上的诺言，需要在参与上花更多的工夫。

明尼苏达历史学会的使命宣言是这样写的：

明尼苏达历史学会用历史来联系人们，帮助人们洞察生活。学会保存过去的证明，讲述明尼苏达人自己的故事。

来看看这份宣言中使用的谓语动词吧。学会用历史**联系**人们、**保存**

证明、**讲述**故事。这三个目标在明尼苏达历史学会邀请当地人积极参与的好几个展览和网络虚拟项目中都有所体现：

- 《明尼 150》(MN150)——该学会的一个基本陈列，采集了 150 名社区成员讲述反映明尼苏达州历史变迁的实物和事件的声音，并与观众相联系。
- 《明尼苏达州志》(*Placegraphy*)——一个给人们提供研究和保存查阅档案的工具，用以保存、分享自己家里、邻居和喜欢的地方的故事的维基平台。[1]
- 《明尼苏达州最伟大的一代》(*Minnesota's Greatest Generation*)——一项正在进行的项目，邀请人们收集、保存、讲述、倾听 1901—1924 年间出生的明尼苏达人的生活故事。[2]

每个项目都完成了学会设定的用历史来联系人们，保存过去的证明，讲述明尼苏达人自己的故事的目标。有的构想需要学会做出革新，但是所有项目都在概念上符合学会的核心理念。之所以谈及使命宣言就是要帮助工作人员和利益相关者明白观众参与项目的价值所在，并且敢于试验、开拓创新。

参与独特的教育意义

对于那些肩负着教育使命的文化机构而言，参与式技巧能够帮助观众提高创造、协作和创新等各方面的技能。这些技能经常被称为"21 世

---

[1]　访问《明尼苏达州志》，请登陆 http://www.participatorymusuem.org/ref5-4/
[2]　访问《明尼苏达州最伟大的一代》，请登陆 http://www.participatorymusuem.org/ref5-5/

纪技能""新媒介素养"或是"创新技能"。[1]

　　教育家和政府官员认为这些是人们在日益密切的全球化多元世界取得成功所必备的技能。

　　这些技能涵盖了如下能力：

- 与不同背景的人进行协作和互动。
- 不仅能够独立思考还能与他人一起思考创意。
- 接触、评价和阐释不同的信息源。
- 分析、改编和制作媒体产品。
- 自己控制自己的学习方向。
- 适应各种角色、工作任务、时间规划和外部环境。
- 行动时会考虑到更大社区的利益。

　　参与式项目是帮助观众培养上述技能的不二选择，因为这些项目可以鼓励观众：

- 编制自己的故事、实物或媒体产品。
- 改编和重新利用文化机构内容来创造新的产品并赋予其新的含义。
- 与不同背景的观众共同参与社区项目。
- 在做志愿者的过程中——不论是一次志愿还是长期志愿——都会担负起一定的责任。

　　有的文化机构已经把参与的学习技能纳入整个观众学习技能的规划中。例如，安大略科学中心的维斯顿家庭创意中心就是特意为帮助观众培养符合加拿大政府颁布的《公民创新技能纲要》规定的创新技能而

----

〔1〕　对于这些技能有着各种定义。阅读完整列表和评估准则，请参见：《与21世纪技能合作》（*The Partnership for 21st Century Skills*，请登陆 http://www. participatorymusuem. org/ref5-6a/）、《新媒介素养研究发端》（*New Media Literacies Research Initiative*，请登陆 http://www. participatorymusuem. org/ref5-6b/）或是《公民创新技能纲要》（*Innovation Skills Profile*，请登陆 http://www. participatorymusuem. org/ref5-6c/）。

设计的。维斯顿家庭创意中心提供给观众各式各样的参与式活动,观众可以完成自己的作品并与他人一同分享,其作品包括一些不需要太多技术含量的鞋子、天然雕塑和诸如定格动画[1]的媒体产品。维斯顿家庭创意中心还有一个叫"挑战区"(Challenge Zone)的地方,观众组团协作利用废旧材料来解决现实生活中的问题。这些活动都是创意协作学习模式的升华,这在以批判性思考和科学内容学习的传统科学中心是难以想象的。

　　参与式学习技能不仅在科学中心得到应用,马里兰州巴尔的摩的沃尔特斯艺术博物馆也利用博物馆和图书馆服务研究所[2]发表的《21 世纪技能》(*21th Century Skills*)报告与其青年咨询委员会(Youth Advisory Council)一同规划、资助并评价教育项目。[3] 例如,2009 年,一批青少年观众出版了一本名为《该做什么、不该做什么、怎么做、为什么不做:一本给青少年了解博物馆和艺术的电子杂志》(*Do's,Don't's, How-To's,Why Not's:A Zine For Teens About Museums And Art*)的出版物。这项由博物馆和青少年观众协作完成的项目表达了馆内的不同声音。它也帮助孩子们获得了《21 世纪技能》中所规定的诸如批判性思考、解决问题、创新、想象、协作、交流、视觉和媒介素养[4]、自学、生产、肩负责任、领导和承担义务等能力。沃尔特斯艺术博物馆通过青少

─────────────

〔1〕　定格动画(stop-motion animation):通过逐格拍摄对象然后使之连续放映,从而产生动画效果。通常所指的定格动画一般都是由黏土偶、木偶或混合材料的角色来演出的——译者注。

〔2〕　博物馆和图书馆服务研究所(Institute of Museum and Library Services,简称 IMLS)是美国政府设立的一个独立的办事机构,其主要职能是提升美国博物馆和图书馆的服务水平,提高其资源和设施的利用率,提供多种资金补助以及促进美国公民的终身学习等——译者注。

〔3〕　下载 IMLS 的《21 世纪技能》(PDF 格式),请登陆 http://www. participatorymusuem. org/ref5-7/

〔4〕　视觉素养(visual literacy):传播学术语,又译"图像素养"、"图像识读能力",指个人对视觉影像的理解及运用能力,特别是对艺术品、电视及电影,拥有分析及鉴赏的能力。媒介素养(media literacy):传播学术语,又译"媒体素养",指个人获取、理解、分析、评价、传播、利用、制作媒体信息的能力——译者注。

年电子杂志这个项目不仅实现了参与学习目标,而且筹措到更多经费,同时也给青少年观众带来了不凡的创意合作体验。

但即便在以培养技能著称的文化机构里,参与式技能的培养和文化机构内容的学习之间还是会产生矛盾。2006 年夏天,2400 位观众在旧金山的探索馆一起完成了一件名为《纳米显微镜》(Nanoscape)的巨型雕塑。整个雕塑由球和棍子组成,代表以纳米单位衡量的原子和分子。观众的情绪很高昂,而且学会了如何把众多细小的零件拼到一起,协作完成这么一件巨大的作品,但是他们并不一定就知道这个项目背后所反映的纳米科学是什么。观众认为自己做的原子和微小粒子其实是某种"建筑",评估人员也对项目进展过程中缺乏科普感到失望。[1]

让参与者实实在在工作的意义

如果工作人员说不出参与式活动能够带来什么独特的学习意义,观众便会对整个参与产生质疑。学习参与式技能只是参与式活动的价值之一。很多参与式项目邀请观众给文化机构的内容和研究贡献一点劳动是因为这些项目具有以下三种价值:

1.**学习意义**。观众可以学到研究和创意的技能。

2.**社交意义**。观众可以与文化机构关系更加密切,而且更加有自信自己能够为文化机构(或是项目)做出贡献。

3.**工作意义**。观众的工作对文化机构很有帮助。

在设计参与式体验时要时刻牢记这三个价值。在很多情况下设计师所设计的体验只能让观众贡献出一点点"实实在在的"劳动——工作量太小,还不如不找观众帮忙。有时候,观众的工作是实实在在的,但被简化了,供参与者贡献所耗费的资源比馆内工作人员自己动手工作还

〔1〕　参见艾琳·威尔逊(Erin Wilson):《建造纳米显微镜》("Building Nanoscape"),载凯瑟琳·麦克林,温迪·波洛克主编:《博物馆展览中来自观众的声音》,2007 年,第 145—147 页。

多。如果学习作为一种产出，那么这种简化还算合理——因为观众尽管对文化机构的贡献屈指可数，但他们在这过程中确实学到了新技能。即便观众的产出很低而且参差不齐，这个项目仍是有价值的，因为它毕竟有教育意义和社交价值。

史密森学会美国艺术博物馆鲁斯基金会中心（Luce Foundation Center）的乔治娜·古德兰德（Georgina Goodlander）在谈到《填空》项目的时候对此深有感触。这项活动让观众选出艺术品来填补博物馆库房里的空缺（参见本书第 163 页）。这个项目大受欢迎，但是却一点没让工作人员轻松。古德兰德说：

> 为了这个项目，工作人员首先得挑选出一部分艺术品作为素材资源供观众选择。我们在空缺的地方贴上一张打印好的图片，观众可以在空缺的地方选择不同的艺术品进行填补（艺术品的图片印在小块的薄纸上）。我们还问他们为什么选这个，解释一下选这个的理由。得票最多的艺术品就会补上空缺。这个项目获得了巨大的成功，人们都乐于参与和评论当一个策展人是多么有意思。然而，这并不是一个真正的策展工作，而且没有我们工作人员的劳动这个项目是完成不了的——我们的工作量比自己直接选艺术品布展的工作量要大得多。

古德兰德的最后一句话道出了观众产出的价值所在。《填空》确实是一个"实实在在的"参与式项目，但它所带来的社交价值和学习意义远比对博物馆的实际贡献要多很多。观众并不是策展人或是文物登记员，他们并没有这方面的专业知识和时间在博物馆的海量收藏中搜寻目标，而且也不可能真的把艺术品从库房调出来补到它应该放的地方。古德兰德的办法——给观众小范围的实物供他们选择，然后让他们选出一件，并讨论其该放置的地方——设计得很巧，但并不是虚假的体验。她准确地捕捉到让观众在艺术品中做出选择，得出公论，然后把最恰当的艺术品补到空缺的地方才是有价值的体验，然后设计出供这些体验运作的平台。

　　参与式项目的"真正价值"并不仅仅取决于工作人员为参与投入的财力和精力,它还包括构建社区关系的社交价值和提供给参与者提高技能的体验的教育意义。

　　比较一下和小孩子做菜这种经历吧。大人自己烤一个蛋糕绝对比和一个8岁小孩一起烤蛋糕要轻松得多而且快得多。但是,和小孩子一起做菜的时候,你不仅加深了和他的关系,让他也过了一回当大厨的瘾,还教给他做菜的基本知识以及一些科学和数学常识。这样做出来的蛋糕才会人人都称赞。

参与的战略价值

　　对于有的文化机构而言,参与式技巧并不局限于增强观众体验,它还可以为董事会、首席执行官和管理团队所用,来增强文化机构的战略价值。参与式项目能改善文化机构在公众眼中的形象,带来赞助以及新的合作伙伴关系。特别是对那些自觉与当地社区和民众生活没什么联系的文化机构而言,积极鼓励民众的加入和贡献能给文化机构注入健康与活力。

【案例分析】

参与使科学与产业中心获得重生

　　我们来看看俄亥俄州哥伦布市的科学与产业中心(COSI)的故事吧。COSI是一个互动科学中心,它运用了参与式技巧向其利益相关者、赞助者和公众展示出其作为社区科学教育活动枢纽的重要地位。

　　COSI的参与式策略也是形势所逼。2004年,作为纳税人的哥伦布市民投票决定不再向该中心拨款,所以COSI只好裁员,关掉一些展馆,挣扎着营业。2005年,大卫·切森堡(David Chesebrough)进入董事会并担任首席执行官帮助 COSI 扭转局势。切森堡回忆刚开始在 COSI 的日子时说：

> 我们不得不改变自己的价值定位，之后就马上得到了很多赞助。COSI 以前一直把重点放在了参观人数上，所以各项工作都被误导到这个方向去了。我们不得不换一个以社区为中心的价值定位，对外表明 COSI 是地方社区的重要财产，并且值得支持。

那么，切森堡是如何对外表明 COSI 是地方社区的重要财产，并且值得支持的呢？他们把 COSI 定位成社区的"科学中心"，并且出台了一揽子合作项目，与哥伦布市的科研机构、商业公司和学校建立了强有力的联系。例如：

• COSI 和俄亥俄州立大学（Ohio State University，OSU）开展合作，让观众有机会接触到科学家并参与到科研工作中来。两家机构合作创办了"生命实验室"（*Lab in Life*），让观众有机会与真正的科学家进行互动，并参与到与生理学有关的研究项目中来。科学家们通过与其研究领域相关的展品来展示其工作的教育项目。

• COSI 邀请 OSU 的儿童发展和认知专家与小朋友和他们的父母在"小朋友太空"展馆里一起做科学实验。虽然这是非正式活动，但却大获成功，COSI 为此还专门在"小朋友太空"展馆里辟出一间屋子来搞这项活动。OSU 的家庭研究中心（Center for Family Research，设在 COSI 内）也充分利用 COSI 的展品来帮助那些处在危险边缘的家庭打开社交动力。

• 2008 年，COSI 向当地公共电视广播台 WOSU 提供了 1000 多平方米的场地，供其在 COSI 内播送节目和举办公共项目。WOSU 和 COSI 合作邀请科技专家、非营利性团体和数字媒体爱好者到科学中心并举办了诸如社交媒体线下聚会、报道科技事件等一系列项目活动。两家机构还共同邀请社区成员与学者就当代科学和宗教问题展开对话。

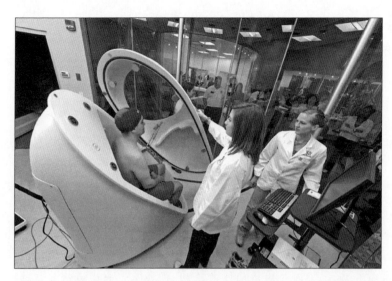

OSU 的研究人员在"生命实验室"用"BodPod"测试一位参与者身体中的脂肪含量和肌肉质量，引来窗外无数人围观。

• COSI 与帮助当地的科技创业融资服务组织"科技哥伦布"（TechColumbus）合作，举办了一个名为《创意橱窗》（*Innovation Showcase*）的展览。该展览展出了一些创意作品并推介当地科研和设计公司名人，还为专业科技团体举行科技会议等活动提供了平台。

除了这些正式的科研、传媒和商业合作外，切森堡还叫 COSI 的各级工作人员在网上和馆内与观众以及哥伦布市民进行直接交流。COSI 还史无前例地设置了一名全职的社区关系主管（Director of Community Relations），专门负责与社区的家庭和青少年的相关事务。切森堡对馆内的各种改革试验表示高度的信任和支持。工作人员则：

• 参与当地科技会议，表明 COSI 支持科学普及和科技事业的发展。

• 广泛参与社交媒体，走群众路线，与观众分享策展的幕后故事、馆长博客、项目通知、营销理念等有关 COSI 的各种事情。

• 把社区成员制作的照片和视频发布到 COSI 的网站上。

　　• 为 COSI 会员、学校和公众举办更多的科学日和专题活动。

　　• 依托政府,建立一项廉价的"家庭会员制度",收效甚佳。

　　• 承办更多重大的社区活动,例如地区发展委员会主办的可持续发展峰会和州长主持的俄亥俄州教育论坛。

　　• 给某些学校提供实习、工作和学习的基地。

　　这些举措都获得了巨大的成功,不仅提高了 COSI 的整体参观人数,还丰富了观众和参与者的构成类型。2004—2009 年的会员人数从 11000 飙升到了 18000 多人,而且截至 2009 年底,20％的会员属于低收入的"家庭会员"。家庭会员的增长率与总会员的增长率相当,而且他们的参与让 COSI 的观众构成与当地的人口构成相契合。

　　COSI 与社区成员建立的新联系并不仅仅是带来了更多的观众和会员,同时也带来了一批赞助者和志愿者骨干。2004—2009 财年,捐助 150 美元及以上的赞助者人数增长了 24％,而这正是 COSI 经费来源的大头。那些从来没有参与过 COSI 的活动的人也开始和 COSI 发生着有趣的关联。志愿者也做出了很多贡献,比如社交媒体的咨询、iPhone 手机 APP 的开发、展厅的打扫和粉刷等。COSI 的公共关系和社交媒体主管凯利·诺维斯基(Kelli Nowinsky)谈到一名参与社交媒体运作的老志愿者时说:

　　　　我在 Twitter 上认识的一位网友想跟我见面。一开始我很犹豫,因为我觉得他想跟我谈 COSI 网站的事情。不过他说他只是想跟我说说他有一些好主意想推荐给 COSI,于是我们就在咖啡馆见面了。他拿出一个笔记本,里面写满了各种主意,并问我:"我能为《创意橱窗》做点什么吗?"我当时就很惊讶,他居然不要任何回报。直到那时,我才发现我对面坐的是一位精通儿童教育的青年专家,如果不是因为社交媒体,他从没想过要加入到 COSI 中来。现在我们建立了业务联系,深入洽谈他可以如何帮助我们维护社交媒体以及联系科技团体。[1]

COSI 通过发展新的合作伙伴关系,与哥伦布市民建立有机联系,从而彻底改变了它在该城的地位。到 2009 年,尽管经济不景气,COSI 的门票收入、会员人数和赞助者人数依然全面攀升。不仅各大赞助者保持并增加对 COSI 的固定投入,地方政客也把 COSI 视为社区不可缺少的重要资源。

切森堡不单单是采用了参与式策略,他还鼓励工作人员以各种方式与社区取得关联。他们的集体努力扭转了 COSI 日渐式微和越来越脱离群众的价值定位。现在 COSI 不仅与家庭和学校建立了密切联系,还和科学家、工程技术专家以及年轻人开展广泛的合作。

————

文化机构的使命如果能让员工接地气并且给予他们全力支持,他们就会开动脑筋、充满信心地通过各种方式发挥参与式技巧,使馆方、观众和他们自己受益。下面四章将会详细介绍本章开头所提到的四种参与式项目模式:贡献型、合作型、共同创造型和招待型。我们先在第 6 章讨论观众可以与文化机构分享想法、实物和创意的贡献型。

---

[1]　浏览 2009 年 2 月对诺维斯基、切森堡和前网络主管凯文·菲费尔(Kevin Pfefferle)的采访笔录,请登陆 http://www.participatorymusuem.org/ref5-9/

第6章

让观众成为贡献者

　　贡献是观众参与文化机构最常见的方式。观众贡献给文化机构的工作包括帮助工作人员检验想法的合理性或是开发新的项目。除此之外，他们还可以互相贡献，比如在公共论坛上分享自己的想法和作品。观众贡献的内容有：

- 参观过程中的和来自特定人群的反馈（口头以及书面形式）。
- 用作展品的私人物品、在活动中制作的作品以及藏品征集方案。
- 参观和教育项目中的意见与留言。
- 发布在网上的照片及回忆。

　　馆方为什么要邀请观众分享他们的故事和物品呢？观众的贡献能给文化机构带来个性化、多样化的声音和体验。它们通过批准观众自己生成的内容证实了观众具备协助工作人员的知识和能力。如果工作人员请求观众贡献，就表明文化机构以开放坦诚的态度，迫切期待观众的参与。[1]

　　贡献型项目无论是对作为管理者的文化机构来说还是对作为参与

---

〔1〕 了解观众贡献带来的效益的详细列表，请参考凯瑟琳·麦克林、温迪·波洛克在其主编的《博物馆展览中来自观众的声音》一书写的序言，2007 年。

者的观众来说都是最简单的模式。贡献型项目不像合作型和共同创造型项目那样只挑选一部分能够深入参与的观众，而是面向所有类型的观众，并且不需要多少事前培训。这种项目需要的工作人员最少，很多操作都是不言自明也不需要工作人员插手。在很多情况下，贡献型项目也是唯一能够让观众在参与者和旁观者这两种角色间进行无缝互换的项目。观众可以写下留言，贴在墙上，然后马上就能体验到他们为馆方做出贡献的喜悦。

但是，观众的贡献也并不都是快餐式活动。贡献型项目也能给观众提供非常有创意的活动：写下自己的故事，制作自己的艺术品以及分享自己的想法等。例如丹佛社区博物馆（Denver Community Museum），它是一家很小的临时博物馆，只展示观众制作的内容的短期展览。[1]博物馆的创始人兼馆长杰米·柯普克（Jaime Kopke）每个月都会准备"社区挑战"（community challenge），让观众制作或是带来与主题相关的作品。例如，第五挑战《漂流瓶！》（*Bottled Up*!）就邀请观众：

> 在一个瓶子里装入与某人在某地的回忆。你可以用任何材料作为回忆的载体——文字、实物、味道、声音、照片——任何可以分享你的故事的东西。我们欢迎各种瓶子。而且由你来决定，瓶子可以给别的观众打开看，还是应该封上。

最后，展览展示了29个由观众贡献的瓶子：香水瓶、药瓶、酒瓶还有自家做的土瓶子，里面装满了东西和图片。很多参与者都把自己的瓶子公开，让其他观众可以分享自己的秘密，闻闻味道或是探索未知的宝藏。有一位小伙子很是兴奋，他每隔几天就来一次博物馆，重新摆放他的玩具瓶子，招徕其他观众玩一玩他的收藏品。

除了提前让观众准备展品之外，柯普克还设计了一个简单的互动展

---

[1]　了解更多有关丹佛社区博物馆的信息，请访问 http://www.participatorymuseum.org/ref6-2/参见杰米·柯普克2009年12月写的博客文章《客座日志：丹佛社区博物馆》（"Guest Post：the Denver Community Museum"）

品：在墙上拼贴一棵树的图案，树枝上挂着几个敞开的瓶子，瓶子身上标有"初恋"和"你的神圣信仰"等字条。观众如果有兴趣的话，可以在一张纸条上写下自己的回忆，放到瓶子里面。柯普克说："没有一件展品是单纯用来看的。我们的展览所展出的东西都是可以摸的、可以拿的……最重要的是，还可以留下来。"

　　丹佛社区博物馆规模非常小，既没有预算，也没有雇员工。但柯普克通过尊重观众和观众的贡献能力，让每个人都感受到自己是参与者或是潜在的参与者，而这种体验是不多见的。

　　几乎没有几个传统文化机构能像丹佛社区博物馆那样完全依赖于观众的贡献。尽管如此，那种尊重观众、尊重观众贡献的基本精神是与那些大馆相通的。2007 年，维多利亚与阿尔伯特博物馆与纺织艺术家苏·洛蒂（Sue Lawty）合作启动了《世界海滩计划》（*World Beach Project*）。这是一个贡献型项目，而且目标很简单：用海滩上的石头做

观众在丹佛社区博物馆参观由社区老少贡献的《漂流瓶！》展。

成艺术品并编织成一幅世界地图。[1]《世界海滩计划》并不要求观众现身维多利亚与阿尔伯特博物馆，它只要求观众做四件事：去海滩（地球上任何一个都行），用石头制作一件艺术品，拍下来，然后发到博物馆的网站上。

　　《世界海滩计划》的官网展出了世界各地数百位参与者制作的海滩艺术品。该项目之所以能取得成功是因为馆方采用了一种鼓励的语气并尊重观众的独特贡献。其官网上的宣传标语非常温和友好："加入我们的活动吧，很简单的"还有"我想把我的海滩作品添加到地图上"，这样就能鼓励网友贡献出自己的作品。该项目尊重参与者的贡献体现在它把观众的海滩作品当作整个项目成果的一部分，并将其纳入博物馆的收藏，还让观众能够很方便地查阅和浏览。

　　《世界海滩计划》的官网将一幅简单的世界地图放置在页面中心，使观众很快就能在全球海滩艺术品间穿梭自如。

---

[1]　截至本书付梓之时，该项目仍在进行中，了解更多信息，请登陆 http://www. participatorymuseum. org/ref6-3/

苏·洛蒂称《世界海滩计划》是一个"跨国画画项目,一个可以看得出作者创作的时间、地点、所采用石头的材质和创作动机的石头画项目"。洛蒂鼓励参与者把自己想象成为艺术圈的一员以及一个与地质有关的生态圈的一员。《世界海滩计划》和丹佛社区博物馆一样并没有让观众做一些微不足道的参与。这两个项目都尊重了观众的创意能力,而且为他们提供了参与活动、贡献力量的平台。

贡献型项目的三种方法

有三种基本方法可供文化机构开发贡献型项目:

1. **必要贡献**(necessary contribution),即项目的成功依赖观众的积极参与;

2. **补充贡献**(supplemental contribution),即观众的贡献可以强化馆方的项目;

3. **教育贡献**(educational contribution),即观众的贡献行为能够给观众提供与馆方使命相关的技能和体验。

丹佛社区博物馆和《世界海滩计划》都属于必要贡献,因为这两个项目的实现离不开观众的积极参与。在这类项目中,观众参与的目标是生成一些对馆方有用、有意义的实体成果。一些必要贡献型项目对工作人员很有帮助,因为观众能提供数据和研究样本;另一些必要贡献型项目则是生成供其他观众探索的新内容。

参与者往往因为其参与促成了项目的成功而产生很强的主人翁意识和自豪感。这种感受并不一定是基于个人的,很多贡献型项目都能让人产生一种共有的主人翁意识与社区意识。一位观察家对探索馆的《纳米显微镜》雕塑(见本书第 206 页)评价颇高,因为这种参与方法"能让来探索馆的人都可以参与进来,而且让人觉得自己就是这些东西的一部分一样"[1]。参与者一个人的力量是不足以拼完这些球和棍子的,集体的力量才造就了这个参与式项目。

由于贡献型项目的成功仰赖观众的参与,所以伴随而来的高风险和高投入不容忽视。如果参与者不按馆方的指令行事,项目就可能面临失败,馆方也不乏观众视频反馈装置无人问津以及留言板上只有一两张纸条之类的先例。但是对于失败的恐惧也促使工作人员在项目设计上投入更多的思考和精力,所以他们才有底气认为观众的贡献能够满足馆方的需求。

我们来看一下那些在明尼苏达历史学会的《明尼 150》展的策展人体验吧。《明尼 150》是该学会的一个基本陈列,里面选取了 150 个"深刻改变明尼苏达"的话题。它于 2007 年开幕,专门纪念明尼苏达州建州 150 周年。

《明尼 150》的策展团队决定把展览话题众包[2]出去,因为他们觉得让一小撮策展人替广袤的明尼苏达州土地上的居民决定家乡历史上最重要的事情是"毫无道理的"。他们走出这一步之后就与北美原住民族群,乡镇和移民社区的领导进行了洽谈,收到了来自全州各地居民的各种提名。在网上征求意见反响不是很强烈时,工作人员就采取了其他办法。他们在明尼苏达州博览会(Minnesota State Fair)租了一个摊位,并把提名表做成扇子,发给逛博览会的游客,让他们在清凉解暑之余顺便贡献出一个话题。在征选期,工作人员一共收到了 2760 份提名——已经远远超出了制作一个反映明尼苏达人各种意见的高质量展览所需要的素材。

并不是所有的贡献型项目都全部依靠观众的参与。在补充贡献型

---

[1] 参见艾琳·威尔逊:《建造纳米显微镜》,载凯瑟琳·麦克林,温迪·波洛克主编:《博物馆展览中来自观众的声音》,2007 年,第 145—147 页。

[2] 众包(crowdsource):互联网与商业领域术语,指一个公司或机构把过去由员工执行的工作任务,以自由自愿的形式外包给非特定的(而且通常是大型的)大众网络的做法。2006 年 6 月由美国《连线》杂志记者杰夫·豪(Jeff Howe)率先提出,是一种全新的经营理念和商业模式——译者注。

《明尼150》的策展团队在明尼苏达州博览会上鼓励民众为展览贡献一点话题。明尼苏达历史学会用穿古装的讲解员、热情的工作人员和空调招徕过往的游客。

项目中,观众的贡献尽管并非缺一不可,但对馆方来说仍是独一无二且值得期待。留言板和手工坊是补充贡献型项目比较常见的形式,观众可以在那儿贡献出自己的艺术创意。补充贡献的目标是为了整合观众的不同声音,给静态的项目注入动态的因素或是为观众的思考和感受提供对话平台。

伦敦科学博物馆[1]举办过一个叫作《玩科学》(*Playing with Science*)的临时展览。展览的内容是关于科学玩具的历史。馆方邀请观众在周末把自家的玩具带过来,并临时征用他们的玩具,在展览的最后部分放到玻璃柜里展示出来。贡献玩具的观众将和自己的玩具合影留念,并写上一些简短的话,如"我玩这个玩具,想象自己在外太空",或

〔1〕　伦敦科学博物馆(London Science Museum):创建于 1857 年,原为维多利亚与阿尔伯特博物馆的前身南肯辛顿博物馆(South Kensington Museum)的一部分,1909 年独立出来,是伦敦热门的旅游景点之一——译者注。

是"我喜欢让女玩偶做男孩子的事情，因为我是个女汉子"[1]。这些观众贡献行为使展览更具个性，并且也勾起了那些没有贡献的观众的儿时回忆，加深了观众与展品之间的联系。同时，它也使得本来静态的历史展览变得生动活泼，也让观众、馆方和展品之间的对话变得更为深入。

伦敦科学博物馆的工作人员弗兰基·罗伯托（Frankie Roberto）为《玩科学》展贡献出了自己的玩具和故事。

有的人参与补充贡献型项目是因为他们很享受看到自己的创意或评论被展出来的瞬间荣耀。其他人参与进来则是因为想把自己对展览内容的深厚感情和对展览内容补充的冲动分享给他人。在很多留言板上可以看到零零散散的诸如"约翰到此一游"的纸条，你还可以看到观众抒发喜欢的、讨厌的，甚至只是讨论某件展品的激烈争论。例如普拉特博物馆[2]在 1989 年为纪念阿拉斯加港湾漏油事件[3]举办了《水变黑了》（*Darkened Waters*）展览，留言板很快就塞满了观众的讨论。观众直接在对方的评论下方回复，或是向博物馆发话，虽然观众并不是在同一时间讨论，但这次展览仍是必要而且有价值的。[4]

如果观众投入到有关馆方内容的对话中，工作人员就要参与讨论并

〔1〕 浏览《玩科学》展中的更多照片，请登陆 http://www.participatorymuseum.org/ref6-5/

〔2〕 普拉特博物馆(Pratt Museum)是一家位于美国阿拉斯加州荷马市(Homer)的社区博物馆，1968 年设立，主要服务于阿拉斯加州中南部喀什马克湾(Kachemak Bay)的民众，经常关注阿拉斯加人的传统、农场生活、地方艺术以及海洋、陆地生物等议题——译者注。

〔3〕 阿拉斯加港湾漏油事件(Exxon Valdez oil spill)发生于 1989 年 3 月 24 日午夜，欲前往加利福尼亚州长滩(Long Beach)的埃克森油轮瓦迪兹号(Exxon Valdez)在阿拉斯加州威廉王子港(Prince William Sound)触礁，泄漏了 1100 万加仑原油，导致威廉王子港的海洋生物大量消亡，当地渔民赖以生存的捕鱼业亦不复存在，是当时最严重的环境污染事件——译者注。

〔4〕 参见迈克·奥米拉(Mike O'Meara's)：《〈水变黑了〉：把话语权交给观众》("*Darkened Waters*: Let the People Speak")，载凯瑟琳·麦克林、温迪·波洛克主编：《博物馆展览中来自观众的声音》，2007 年，第 95—98 页。

予以回应。如果补充贡献型项目只是马后炮，那就没多大用处。当馆方不需要观众的贡献时，工作人员就会不在意甚至对观众的工作不屑一顾。好的补充贡献型项目会给观众独特的自我展现以高度评价。补充贡献不像必要贡献那样为了确保观众贡献的一致性会设置诸多限制，而是给予观众通行，鼓励他们发挥创意和分享自己的感受。

最后是教育贡献型项目。在这种项目中，馆方主要把观众的贡献行为作为有意义的学习体验。我对这种项目的未来很看好，因为越来越多的文化机构强调参与能学到某些技能以及提高新媒介素养。[1] 所以绝大多数这种项目都是旨在传授观众某种技能而不是让观众生成内容。

喜欢尝试和学习新事物的观众更适合教育贡献型项目。因为这种项目更强调动手操作的学习和技能的获得，所以科学中心和儿童博物馆自然而然成为最适合开发这类项目的场所。不过，培养观众参与式技能也可以在历史博物馆和艺术博物馆得到运用。加州伯克利的马格尼斯博物馆[2]是一家有关犹太人艺术和历史的小型博物馆，它有一个叫作《记忆实验室》(Memory Lab)的项目，邀请观众把自己的艺术品和故事贡献给一个犹太人遗产数字档案馆。[3] 尽管该项目强调"制作记忆"，但博物馆的藏品研究部主任弗朗西斯科·斯帕诺罗(Francesco Spagnolo)解释说，这个概念是想让观众学会怎么用数字工具保存、组织和维护他们自己的遗产。该项目虽然是作为提升观众个人体验而推出的，但也帮助观众学到了一定的技能，还让观众对博物馆的工作有了一定的认识和了解。

马格尼斯博物馆的《记忆实验室》获得成功原因在于它邀请观众发

---

[1]　了解更多有关观众参与学习技能以及新媒介素养的相关信息，参见本书第 204 页。

[2]　马格尼斯博物馆 (Magnes Museum)：1961 年由弗洛默夫妇 (Seymour and Rebecca Fromer) 创建，以耶路撒冷希伯来大学的创始人之一，拉比犹大·马格尼斯 (Judah Magnes，1877—1948) 的名字命名，2012 年被加州大学伯克利分校接管，更名为马格尼斯犹太人艺术与生活收藏室 (Magnes Collection of Jewish Art and Life)——译者注。

[3]　了解更多有关《记忆实验室》的信息，请登陆 http://www.participatorymuseum.org/ref6-8/

现和探寻自家的遗产,而不在于笼统地教观众学习数字化处理的技能。所以,人们更容易在清楚地看到这些新技能与自己的生活密切相关的同时,接受这种新技能的学习。

要求观众贡献

贡献型项目离不开两大因素:简单和明确。只是跟观众说"分享你的故事"或是"画一幅画"这样笼统的句子是远远比不上要求观众在一定限制条件下贡献特定的内容。如果馆方能给观众提供有趣又好理解的贡献机会,观众就会踊跃参加。

从参与者的角度出发,一个好的贡献型项目应该:

- 给观众提供具体、清楚地表达自我的机会。
- 不管观众的知识背景如何,都能让观众享受这次参与体验。
- 尊重观众的时间和能力。
- 公开说明观众的贡献会被如何展示、收藏和使用。

【案例分析】

维多利亚与阿尔伯特博物馆如何要求观众贡献

"要求"观众贡献在维多利亚与阿尔伯特博物馆的《世界海滩计划》体现得非常明显。该项目的官网把这项活动的内容解释得很清楚。

> 本活动分两个阶段、两个地点:首先,你选一个海滩,用海滩上的石头拼出你的图案,用相机记录下你的创作过程。然后,你在一台电脑上把照片发到我们网站上,整个活动就完成了。[1]

---

〔1〕 浏览《世界海滩计划》的完整指导,请登陆 http://www.participatorymuseum.org/ref6-9/

这份简短的声明就是一份步骤说明书，教你从选海滩、选石头，到拍照片、上传到网上的所有过程。这些指示帮一些不懂创作的艺术家们扫清了障碍，而且建议他们把石头分组、分类来创作自己的作品。这些指示也同样帮助了那些不懂技术操作的参与者把照片从相机传到电脑上等一些基本技巧。

在最后的照片上传阶段，每位参与者都要提交自己的名字、海滩的地点、创作时间、一张作品终稿的照片和一份关于创作过程的简短说明。参与者还可以再上传两张照片：一张是海滩的风景照，一张是创作过程照。因为网站的声明已经把参与者可能会咨询的问题都解释清楚了，所以人们走到这一步的时候也就不会再有什么疑问。

维多利亚与阿尔伯特博物馆还向参与者发表法律声明和条款，称他们对其贡献的内容享有非专属授权（non-exclusive license）。对于专业人士来说——尤其是艺术家——这些声明对于明确作品的所有权与促进参与者和文化机构之间的互信具有重要意义。

《世界海滩计划》只需要馆方需要的信息。参与者一不需要注册，二不需要提供个人信息。电子邮箱地址也只是作为参与者的联系方式。工作人员尊重人们想要参加《世界海滩计划》又不想让自己的个人信息暴露这一现实。

设计贡献型项目平台时，很容易走上要求观众提供更多的个人信息和内容的歪路。这些无理要求会付出很大的代价。馆方的任何附加问题都会给参与者带来负担。所以，尽可能让项目变得更简单，而且尊重观众不想暴露自己的联系方式这一事实。

示范出你所期待的观众参与行为

清晰地体现贡献者的角色并且吸引潜在参与者的最简单方法就是做出示范。如果观众看到留言板上有手写的评论，她就知道自己也可以写点什么，还可以从其他评论的长度和语气里得到提示。这些显而易见的表率会影响她参与的行为和喜好。

好的示范并不仅仅是把有代表性的观众贡献行为展示出来。观众示范的种类、质量、时效性以及参与平台的人数都会对新的参与者产生重要影响。

示范的多样性

观众贡献的内容、风格和观众构成的类型越丰富，外围观众参与的可能性就越高。很多博物馆的观众视频留言亭（video comment kiosks）提供的示范都是经专业人士制作的，评论者不是社会名流就是专家。这不利于观众参与。这些示范也许可以吸引观众品读名人的观点，但这些视频的价值以及视频中人的身份都向观众传递出明确的信号：你们的意见跟专家和名人的相比只能屈居第二。

如果你想鼓励各个年龄阶段、各种教育背景的观众都来分享自己的想法，你就要特意挑选一部分人的贡献作为示范。例如，你可以故意安排小孩的评论、外国人的评论或是有分歧的评论。请记住，关于什么是"高水平的贡献"这个问题，仁者见仁，智者见智。如果只是把工作人员喜欢的内容作为示范展示出来的话，那些持不同观点的观众就不愿意参与进来。

像留言板这样新的观众贡献都会添加到示范内容上的参与平台，把观众贡献的内容公开很重要。没有人会愿意独自行动而且被隐藏在显微镜下；但是另一方面，参与者也不想被湮没在茫茫人海中。我们都能凭直觉体会到抒发自己观点的谈话和观点过多的谈话之间的区别。像留言板和观众视频留言亭这样"门道"显而易见的平台，若是门道挤满了人，观众参与的积极性毫无疑问会受挫。

解决这一问题的一个简单方法就是让观众找准自己的位置，知道自己目前还能贡献什么。要观众把自己的回忆写在便利贴上，然后贴在一件印有地图和时间轴的展品上，这就是找准位置的一个明显例证。新的纸条总是在旧的纸条上面，虽然时间有限，但也能让观众感受到自己的故事得以传播的自信。在虚拟环境下或是在工作人员负责观众贡献和示范内容展示的环境下，表明参与的门道，让观众知道自己的贡献将在何地呈现出来也很有效。

如果是在实体文化机构的环境下，因为观众可以展示自己的实物和作品，所以你会想规定文化机构还有多少空间可以容纳观众的贡献。在安大略科学中心维斯顿家庭创意中心的制鞋平台，工作人员只开放三分之一的展柜用于展示观众制作的新鞋子。总的来说，一个平台开放四分之一到二分之一的空间供观众分享为宜。

如果你不想按照时效性而是按其他标准来组织观众的贡献，你就可以为不同类别的参与者设置不同的留言板和贡献平台。可以用这样的话："您的观点适合哪个讨论呢？"或是"请把您的作品放到您认为有关的其他作品旁边"来帮助观众在人潮中找到自己独一无二的归属地。

示范的质量

多种多样的示范可以鼓励观众参与进来，高质量的示范则能使观众认真对待自己的贡献。最给力的示范就是既多样又高质量，而且最好是由"跟您一样的观众"制作出来的。好的观众作品往往令人咋舌、目不转睛，人们也容易把它们和名人、工作人员生成的内容区分开来。观众生成的示范表明非专业人士也可以利用馆方提供的材料创造出有价值的东西。

高质量的示范贡献能让那些技术不精的观众重拾自信。例如，我画画很糟糕，但我跟很多人一样都喜欢画得很棒的素描。当我看到观众自己画的质量很次的作品时，我只能对画笔说句"呵呵"。但是，如果我看到画的不同寻常、效果惊艳、引人入胜的作品时，我就禁不住诱惑，也想参与进来。

高质量的观众贡献之所以是好的示范，是因为他们用的材料和工具与其他观众手里的是一样的。如果馆方选择以名人或是工作人员制作的内容示范，那他们的贡献所用的材料和工具也应该跟观众使用的是一样的。如果观众用的是蜡笔,那工作人员和名人也应该用蜡笔。

这项原则对所有展览通用。在最理想的贡献型展览中,观众贡献所使用的工具与设计师和策展人在展览的其他部分使用的工具是相匹配的,所以馆方可以把观众的贡献吸引到整个展览中来。这种做法尊重并重视了观众的贡献,而且帮助观众自然而然地将他们情智上的参展体验扩展到贡献当中。要求观众从灯光昏暗的沉浸式展览一下子跳跃到朴实的留言板来会显得很突兀,而设计一个好的贡献型平台,邀请观众继续体验则能够帮助他们从观看行为顺利过渡为参与行为。

这项技巧在 2007 年马萨诸塞州洛厄尔国家历史公园[1]举办的一个有关杰克·凯鲁亚克[2]的经典之作《在路上》[3]的打字机原稿的展览得到了充分运用。该展览在一个观众互动区陈列了凯鲁亚克具有代表性的原稿,除此之外,观众还可以在这里贡献自己的感受。工作人员并没有提供纸和笔,而是在一张书桌上放了一台打字机(很惊讶吧,这是由凯鲁亚克的家人捐赠的)并在墙上写了一句凯鲁亚克的名言:"不谈平凡之事"(Never say a commonplace thing)。观众的回应很踊跃,六个月之内就用打字机贡献了超过 12000 条信息。有些观众直接写给杰克,有些写的是诗。这种将展示空间和互动空间结合的设计邀请观众把自己内心的情感体验通过操作展品贡献给评论区。这种方法收集到大量观众贡献的评论使整个展览得到强化。

---

〔1〕　洛厄尔国家历史公园(Lowell National Historical Park):1978 年由美国国家公园管理局(National Park Service)设立,旨在保护洛厄尔市的纺织工业遗迹——译者注。

〔2〕　杰克·凯鲁亚克(Jack Kerouac, 1922—1969):美国作家,"垮掉的一代"的代表人物,以离经叛道、惊世骇俗的生活方式与文学主张,震撼了 20 世纪五六十年代的美国主流文化,并影响了整整一代美国人——译者注。

〔3〕　《在路上》(On the Road)是杰克·凯鲁亚克根据自己横穿美国大陆的经历创作于 1957 年的自传体小说,据说是作者爆发艺术冲动,在一卷 30 米长的电传打字纸上一气呵成——译者注。

　　《在路上》的评论区允许观众停留在展览情感空间的同时分享自己的
想法。

```
Dear Jack

        Thanks for  being there that rainy night
in Greenwich Village at my basement apartment on Charles
Street next to the fire station with Howard Hart
and Bill Godden and Stella inher fur coat to keep
out the November cold and bringing the bottle of
scotch which I shouldn't have been drinking but
did anyway even though I was nine months pregnant
and about to deliver on the day of another John's
assassination in Texas abnd the terrible days that
followed for the whole country and for me for
leaving one I loved the most but was too scared
to bring home just yet.

    Corinne
```

观众在《在路上》评论区所留下的一份感人的评论。

新手示范

有时候鼓励人们参与到新的、不熟悉的情境中来的最好办法就是给出一个新手示范。如果工作人员和专家把自己装扮成业余人士，就能帮助观众树立自信。

新手示范的一个最好例子就是美国国家公共广播电台（National Public Radio）的一档叫作《广播实验室》（*RadioLab*）的节目。《广播实验室》有两名主持人罗伯特·克鲁维奇（Robert Krulwich）和杰德·阿布拉德（Jad Abumrad），他们以各种科学视角探索从"时间"到"种子发芽"等各式各样有关科学的话题。[1] 2008 年，克鲁维奇在一项活动中这样评价他们的工作过程：

> 一开始，我们根本不知道我们说的是什么——我们也是摸着石头过河。我们也把这点向听众解释得很明白。我们从来都不在别人面前装自己是学者，因为我们本来就不是学者。我们把自己定位为新手，这种方法在很多方面都是好事。首先，这意味着我们可以老老实实说"什么?!"第二，我们还可以老老

---

[1]　在线收听《广播实验室》，请登陆 http://www.participatorymuseum.org/ref6-10/

实实说："您能再解释一遍么？"第三件事就是我们可以以两个什么都不懂又十分好奇的老百姓身份质疑这些专家。

我们想给听众构建这样一种谈话模式——在和重要人物、有权势的人物，尤其是学识渊博的人物交谈时，你可以冲上前去问他"为什么？"，问他"你怎么知道是这样的？"，叫他"停！"，问他"为什么还要继续说"，然后溜之大吉。这点十分重要。[1]

《广播实验室》不仅仅展现了主持人是如何与科学家对话，它还展现了主持人是如何以一个业余人士的身份与科学家周旋的交流模式：既不对专家百依百顺，又不无视专家。

为了这个模式，克鲁维奇和阿布拉德积极把自己扮成新手的形象。他们故意装无知，所以听众就不会为自己感到内疚。他们的自谦做法产生了强有力的学习体验，听众的参与程度和接受程度都有明显提高。

示范要及时更新

观众会注意贡献型平台上的示范内容是否过时。示范内容所体现的时效性表明工作人员对观众的贡献有多关心。假如一个展品邀请观众对着电话轻声说出一个秘密，然后别的观众可以收听，但如果观众发现听的秘密是几个月以前听过的，那他们就对自己的秘密能很快与别人见面不抱太大的希望了。

无论馆方是公开还是半公开地向观众承诺其贡献会在未来被展示出来，观众都想馆方马上告诉自己其作品会在何时何地出现。如果参与者是在社区讨论中做出贡献，他们肯定不想自己的意见还要排长队等着审核通过——他们想看到自己的话能够马上出现在社区讨论中。自动展示不仅能确保观众完成贡献、成为参与者，还能确保他们能够把自己的作品分享给别人。

---

[1] 收听克鲁维奇和阿布拉德谈论他们的方法的音频（这段引文在第 15 分钟），请登陆 http://www.participatorymuseum.org/ref6-11/

　　观众在投影屏幕前写下自己的诺言，把电子纸投入箱中，就可以惊奇地看到自己诺言出现在大屏幕上。

　　有些项目就利用现场展示观众贡献的方法激发观众参与。例如，美国犹太人大屠杀纪念博物馆的《从记忆到行动》展就有一个诺言站和展示墙。观众可以坐在诺言站，用笔在电子纸上写下如果遇到种族灭绝时会采取什么样的行动。电子纸由两个部分组成，一部分印有展品和网站等信息，是给观众自己留着的；另一部分是诺言的书写区域，是要留在博物馆的。[1] 观众把他们的诺言投入透明的有机玻璃箱。电子纸可以"储存"观众在书写区域的笔迹，所以观众的诺言马上就可以在箱子前面的电子大屏幕前神奇地显现出来。

　　诺言墙使贡献型平台的艺术价值和功能价值得到完美的展示。为什么不要观众直接在键盘上打字而是用手写下诺言呢？让观众打字更方便博物馆在电脑上处理和展示其贡献的内容，而且也不用耗费那么昂贵的电子纸。但是让观众手写感想和签名能将观众体验仪式化和个性化。将观众写的东西成为实体化、量化和高度可视化的档案使得观众成

---

〔1〕 最开始的设计是观众写完诺言后可以带回家，但是工作人员很快就发现观众想把诺言留在博物馆。所以他们调整了设计，观众可以领取一张书签，而把诺言留在博物馆。

为参与者群体中的一员。把书签带回家则加强了观众与其贡献行为之间的联系,使观众受到进一步教育。

装满观众签名和展示观众手写诺言的动态屏幕让外围观众也不禁跃跃欲试起来。装满观众签名的箱子让人回忆起博物馆基本陈列中那一大堆大屠杀遇难者的鞋子,签名的希望和鞋子的绝望形成了鲜明的对比。电子纸累积起来的存根还有不断变化内容的显示屏相结合,反映了集体行动的力量与个体参与的意义。

在《从记忆到行动》展览里,看的人远远多于参与的人。策展人布里奇特·康丽-奇尔奇克(Bridget Conley-Zilkic)称,展览开幕后的八个月内,有 10% 的观众写了诺言。然而,有 25% 的观众拿了卡片。正如康丽-奇尔奇克所说:"人们在思考这件事的时候会觉得有点尴尬——他们并不想马上就这一严肃话题分享自己的诺言。"对于这类观众而言,拿卡片也是表达自己喜欢这次体验的一种方式。并不是人人都得参与进来并贡献诺言。

处理观众的贡献

挑选一些观众贡献的样本作为示范和把所有观众贡献的内容都展示出来有着很大的区别。如果观众的创造内容是展品、留言板或是媒体产品所依赖的基础,那么,该不该处理、怎么处理等问题就浮出水面了。

处理观众的贡献在贡献型项目中是塑造观众体验的一种设计工具。如果馆方想处理观众的贡献,工作人员就得为之制定明确的理由和标准。

处理观众的贡献有两个基本原因:

1. 移除工作人员认为不合适或是攻击性的内容;
2. 制作能够体现一系列观众贡献内容的产品,比如展览、书籍。

移除不合适的内容

每当工作人员谈及贡献型平台，最为担心的一点就是观众可能会因为对馆方不满或是误解而生成一些对馆方不利的内容。从本质上说，工作人员就是在担心控制权的丧失。如果工作人员不知道该从观众那里期待些什么，他们就会容易往最坏处想；而如果工作人员充分信任观众的贡献能力，观众也会投桃报李。

在网上发表攻击性言论或是恐吓其他用户的人被称为"捣蛋鬼"（griefer）。幸运的是，很少有博物馆会碰到利用贡献型平台恶意攻击其他观众的参与者。文化机构已经想好了处理各种捣蛋鬼（有的蓄意破坏展品，有的打扰其他观众）的办法。对于那些蓄意破坏社区精神的人，有防备的工作人员、示范者和互相尊重的积极行动亦能以其人之道还治其人之身。

还有其他的办法可以对付那些骂人的话。比较有创意的法子是由交互设备制造公司 Ideum[1] 为新墨西哥大学博物馆（University of New Mexico Museum）的《美国印象》（*The American Image*）展制作的评论平台。Ideum 把那些骂人的话自动替换为"爱""小狗"这样可爱的话，这样就使得不当言论看上去又傻又没有攻击性。

也有一些设计可以特意劝导观众别说脏话。安大略科学中心有个《每日一问》（*Question of the Day*）的展览装置原本是想让观众在两台数字设备上写下答案，然后马上在头顶的投影仪上投射出来。但工作人员很快就发现有的年轻人利用设备互相发不雅信息，而不是回答问题。所以工作人员把其中一台设备给搬走了。虽然观众相互之间发不了不雅信息，但是他们还是可以在剩下的那台设备上画与人体有关的不雅涂

---

〔1〕　Ideum 公司是美国著名的多点触摸桌和互动设备制造商，总部位于新墨西哥州科拉莱斯（Corrales），1999 年由吉米·斯帕达奇尼（Jim Spadaccini）创办，曾是旧金山探索馆、蒙特利湾水族馆、NASA 等机构的展品供应商——译者注。

鸦。于是,工作人员把这台设备移到了女厕所的门口前面。一旦设备放到了人多的地方(尤其是妈妈多的地方!),不雅行为便显著减少。

　　工作人员在调节观众贡献内容时也不必孤军奋战,观众自己也可以参与到区分不适当内容中来。很多网上贡献型平台支持用户"举报"不恰当的内容。"举报"功能能让观众表达自身关切,工作人员亦可重点监视那些可能引发争议的内容而不是事必躬亲篇篇过目。

　　有的工作人员更关心准确度而不是脏话。如果有观众在科学博物馆里把进化论说成是神话,或是在艺术博物馆里把德加[1]的画张冠李戴成梵高的画,其他观众就可能接受这种没经过官方批准的内容。这种问题也不是头一次出现了,它无时无刻不困扰着文化机构。导游、家长和朋友在展厅内漫步的时候经常会传递一些错误的信息。问题在于,如果这些错误的信息被添加到贡献型展品中来,观众可能不明就里地把它们贡献给文化机构。

　　有好几种方法可以纠正观众不准确的贡献内容。工作人员可以检查观众提交的所有内容,在展示之前审核它们的准确度。有的文化机构则采用"先接受,再否决"的方法,在公布和分享内容之前先对其进行修正。

　　也可以通过一些设计手段来处理准确度问题,如明确标明哪些内容是由工作人员或是文化机构合作伙伴创作的,哪些又是由观众创作的。生命与科学博物馆的《恐龙之路》(*Dinosaur Trail*)网站上,用户评论是用颜色区分的,古生物学家写的是橙色的,观众写的则是黄色的。[2] 这个平凡却又易于理解的区别能帮助网友评价这些内容。

策划面向观众的展览

　　促进社区交流与分享的贡献型项目与生产高质量产品的项目之间

---

〔1〕　埃德加·德加(Edgar Degas,1834—1917):法国印象派画家,以画芭蕾舞演员及赛马闻名——译者注。

〔2〕　访问《恐龙之路》网站,请登陆 http://www.participatorymuseum.org/ref6-13/

有着本质区别。如果你的目标是让观众发表不同的言论或是鼓励他们进行对话，那策展方面就不需要重点考虑。把你的设计时间多花在怎么展示观众的对话上，而不是绞尽脑汁想着挑选什么才是最好的。《科记大畅想》就是一个很好的例子（参见本书第 122—125 页）。设计者并没有采用策展机制或是监控机制，而是让玩家可以互相争论互相回应，所以观众都能找到地方发表自己的看法。

如果你的目标是观众赋权（visitor empowerment）的话，即便是不连贯的观众评论也是很重要的。当人们在 Facebook 上留言的时候，他们经常只是打个招呼或是找找自己和别人，和文化机构有没有共同的特点。同理，那些在博物馆大厅里的留言簿上写着"真棒！"的观众也是这类人。这些都是自我认同（self-identification）的一种形式。尽管别的观众对此并不感兴趣，但这种在公共场合自我展现的行为对那些贡献出自己想法的人而言无疑是很重要的，尽管内容有点老套。

如果你的目标是给观众创造良好的产品，那你就要制定一套严格的策展标准。使用"为展览做贡献"而不是"加入讨论吧"这样的语句能够帮助观众识别出他们的工作将得到何种利用。

很多艺术类贡献型项目只把收到的一少部分贡献内容展示出来。《秘密明信片》（参见本书第 153—154 页）的策划人弗兰克·华伦每周都收到从世界各地寄来的 1000 多张明信片，但是他对这些明信片的处理却很谨慎。他每个星期只在《秘密明信片》的博客上分享 20 张。华伦本可以把那些思想龌龊、滑稽可笑、夸夸其谈的秘密展示出来以满足人们猎奇的欲望，但他只青睐那些真诚的、多样的、有创意的明信片。其他一些艺术家策展的项目，例如收集并展示各种有关失恋的物品和故事的失恋博物馆[1][2]，就用看不见的手确保观众享有持续的高质量体验，即

---

〔1〕　失恋博物馆（Museum of Broken Relationship）：位于克罗地亚首都萨格勒布，由当地一对艺术家情侣根据自己分手后的物件创办，2006 年对外开放，2011 年因其非凡创意荣获肯尼思·赫德逊奖（Kenneth Hudson Award）——译者注。

〔2〕　参观虚拟失恋博物馆，请登陆 http://www.participatorymuseum.org/ref6-14/

便博物馆老是会收到不想要的和无法展示出来的内容。

处理政策并不仅仅影响到工作人员如何利用观众的贡献,还能起到尊重参与者,并提供给其反馈机会的作用。观众创造出某些东西,然后将其交给工作人员,这就意味着观众把自己的作品托付给馆方使用。观众想知道自己贡献的内容会受到何种评价,整个过程要花多长时间,如果自己贡献的内容可以展示给其他观众,馆方会不会通知自己。这些工作并不繁琐。说上一句"我们的工作人员每周都会评阅视频,并挑出三到五个在门口的大屏幕上播放。我们一直期待有创意、有想象力的贡献得到分享",就能帮助观众了解贡献的整个流程和评价标准。

很少有文化机构会通知观众他们的内容被展示出来了,但只要这样做了就能收到好的效果。对于那些来过一次就销声匿迹的观众来说,这无疑是个既有个性又吸引人的理由,而且还能激发他们邀请自己的家人朋友来文化机构看看自己的创意的冲动。

观众对贡献型项目的回应

文化机构的贡献型项目拥有很大的观众群体。参与者、一般观众、利益相关者和研究人员都要利用到观众贡献内容。当思考如何设计让观众贡献的平台时,我们要考虑的不仅是怎么激发人们分享自己的想法,还应该想想怎么诱使、激发、教导观众选择或是观察别的观众贡献的内容。

把贡献型项目做好看

把贡献型平台融合到文化机构中的一大难点,就是比起留言板和观众自创的作品,一般观众更愿意欣赏馆方制作的东西。然而,即便是最最普通的观众贡献也可以变得非常精美。21 世纪头十年,成熟的数据可视化(data visualization)开始在网络上盛行,网友纷纷恶搞各种统计数据,如新生儿的名字、犯罪率甚至是网恋时说的情话。从一般观众角度看，摆弄观众贡献的数据是一件非常有意思的事情，不仅能够吸引他们探索更多观众贡献的内容，还能在这个过程中让他们学到分析技能。即便是最简单的可视化，如安大略科学中心《直面火星》（参见本书第96—97 页）展中设在出入口门上面的 LED 显示屏也能让一般观众在享用观众贡献的数据之余学到东西。

【案例分析】

荷兰国家博物馆让观众评论成为艺术体验

2008 年，阿姆斯特丹的荷兰国家博物馆展示了达明安·赫斯特的一件叫作《献给上帝的爱》（*For the Love of God*）的作品，旁边还有一个观众反馈装置，给观众带来强烈的视觉冲击体验。这件艺术品是一个用白金做的骷髅头，外面镶嵌了超过 1100 克拉的钻石：它被放置在一个灯光昏暗的展厅内，华丽的射灯打在上面，由保安看守。在它旁边，观众可以录制视频发表对这件骷髅头的感想。

《献给上帝的爱》的官网把观众贡献的视频进行处理，并公布在网上。[1] 视频采用了色度键控技术（即遮盖或是裁剪），所以每位参与者在视频里都只留一个脑袋，造成一种既恐怖又新奇的视觉冲击。参与者的人头围着骷髅头旋转，网友可以键入不同国家、不同性别、不同年龄等关键词（喜欢、不喜欢、艺术、炒作）来为视频分类。点击视频里的一个人头，这个参与者就会弹出来，等播完之后，又回到一大群飞来飞去的人头画面。

《献给上帝的爱》的网站也跟其作品本身一样贯穿着一种自我意识的暗示。网站的欢迎界面上写着："达明安·赫斯特的《献给上帝的爱》史无前例地与观众产生如此丰富的对话。"且不论它有没有夸大其词，观众贡献的视频以及那么多围着骷髅头转的人头就是这句话的最佳注脚。

---

〔1〕 访问《献给上帝的爱》的官网，请登陆 http://www.participatorymuseum.org/ref6-15/

　　观众在虚拟世界成为了艺术品的一部分。他们反馈的视频围着骷髅的旋转,暗示着艺术品在争议与口水中翻滚。

从这个角度看,观众贡献的视频被融入一件更大的艺术品中,成为整个骷髅头体验不可缺少的部分。同时,网友从观看观众贡献的视频所获得的体验也是浸入式的、有意思的——就像骷髅头一样,萦绕于脑海中。

观众对贡献型展览的反应

　　探索观众贡献的内容与消费博物馆制作的标准展品和内容有何区别呢？正如不同的贡献内容可以激发不同的人参与到贡献型平台一样,一般观众在看到"跟自己一样"的观众制作出来的内容被放到文化机构内展示时会觉得更亲切。

　　2006 年,安大略美术馆(Art Gallery of Ontario,简称 AGO)举办了《你的脸》(In Your Face)展览,邀请观众提交 4×6 英寸大小的头像给馆方。美术馆总共收到了超过 10000 张头像,所有头像都放在了一张巨大的马赛克拼贴上,这张拼贴上接天花板,下接地板,非常漂亮。多伦多是个多元文化城市，该馆的成年人项目协调员吉莉安·麦金泰尔（Gillian McIntyre）说："这些头像体现的多样性明显要比 AGO 平时墙上挂的东西的多样性要丰富得多。"她还说：

> 有好多次学校组织的来自东西部印第安人社区的小朋友来参观时都会兴奋地指着墙上长得像自己的头像，好像在说："他长得像我"或是"他跟我一样扎辫子"。[1]

这个展览很受欢迎，不仅吸引了众多观众前来参观，媒体也对其广泛报道。观众在展览中以前所未有的方式看自己。有一位观众甚至把这种体验从个人层面上升到集体高度："它刻画了社会的灵魂。"

《明尼 150》与其有着异曲同工之妙，尽管它更倾向于激发观众对话。与《你的脸》不同的是，《明尼 150》没有直接把观众贡献的内容都展示出来，而是从海量的观众贡献当中萃取出 2760 个提名，并把它们嵌入到 150 个设计得很连贯的展品中来讲述明尼苏达州的历史。每件展品的说明牌都包含了观众提交的原始文字，同时还附上提交者的照片。不过，公众在提交的时候并没有对其贡献有多大的预期，所以展品的设计和制作还是由工作人员按传统的步骤进行。

在总结评估《明尼 150》的时候，很少有观众会注意到观众对《明尼 150》的贡献过程，大部分人只是觉得该展览在内容上与自己的生活相关而且丰富多样。当被问及"你认为馆方在整个 150 件展品中想表达些什么？"时，观众一般都说展品反映了很多人和很多事，还有自己对明尼苏达州的自豪感。他们也会谈到一些个人展品与自己曾经的某些经历有关，与他人分享在那些有名的地方、有名的事件当中的回忆。有一位观众评论道她老公一定很喜欢这件展品，她会告诉他"这就是你的人生"。

有意思的是，工作人员发现《明尼 150》的观众视频留言亭异常活

---

〔1〕　参见吉莉安·麦金泰尔：《〈你的脸〉：公众自画像项目》（"*In Your Face*：The People's Portrait Project"），载凯瑟琳·麦克林、温迪·波洛克主编：《博物馆展览中来自观众的声音》，2007 年，第 122—127 页。

跃。观众可以在观众视频留言亭补充展览里没有提到的话题。整个展览都为观众发出自己的声音搭建了很好的平台，这样就使得观众觉得自己的意见和想法在传统展览中也能有一席之地。安大略美术馆的《你的脸》也同样如此，很多到访观众看到墙上的头像后都遗憾自己没能参与进来，这比一般的展览和留言板吸引到更多的观众。利用观众贡献的内容制作的展览能以有别于吸引贡献者的方式吸引新的观众参与进来。

《你的脸》展览除了展示出公众贡献的自拍照，还有一项人气颇高的活动就是观众可以对着镜子画自己的自画像。

贡献过程对一般观众来说重要吗？

《明尼 150》展的总结评估显示，观众并不是特别留意展览制作中的贡献过程。然而，他们对展览的评论、对社交和参与本质的看法反映了这个过程的影响。观众认为这个展览是多元化的，容纳了不同观点且与个人经历相关——所有这些都源于从明尼苏达州各地采集的 150 个人的独特声音。

一般观众只关注结果而不在意其形成的过程。贡献过程所产生的结果不同于工作人员制作展览的结果。安大略美术馆的工作人员画不出能让观众"看见自己"的头像。他们也写不了观众在《在路上》打字机上留下的那么朴实的信和诗。他们更搞不出奇异馆（参见本书第 175—177 页）那些好玩有喜感的说明文字。

观众不单单是想看馆方就某一话题推出的权威信息。比起官方设计的说明牌和展览，观众贡献的内容往往更亲切、更真实、更自发、更多元、更与观众自身的经历相关。并不是说馆方制作的内容从一开始就输在了起跑线上，但事实就是很多专家都不想或是搞不出那些由观众制作的朴实、亲切、直白的内容。庆幸的是，馆方在处理和经历过观众贡献的内容带来的积极影响后对改变创作和展示内容的方法上拥有的更多的信心。

———

贡献对于那些有足够的时间和空间允许观众参与的文化机构而言是一个非常好的模式。有的文化机构想跟观众开展更广泛的合作，邀请观众参与设计新的展品或是项目。如果你想让观众以更为多样的方式长期向文化机构贡献内容，你就要转到合作型方法上来。第 7 章将讨论合作型项目，解释为什么以及怎么与观众合作。

第 7 章

与观众合作

如果说在贡献型项目中,参与者对文化机构来说只是临时工,那在合作型项目中他们便是有编制的合同工。合作型项目是在馆方主导下,由工作人员具体负责与社区成员共同开发新项目、新展览和新成果的合作伙伴关系。参与者可以是在某方面有一技之长的人,也可以是代表某一类兴趣、年龄层次的文化群体,还可以是项目的目标观众群的代表。在一些合作型项目中,参与者扮演了顾问和参谋的角色。其他时候,参与者更像是文化机构的雇员,和工作人员一起设计并实施项目。

文化机构进行合作型项目有四个目的:

1. 向专家和社区代表寻求意见,以确保新展览、新项目、新出版物的准确性和真实性;

2. 与目标观众检验并开发新的项目,提高项目的成功率;

3. 给参与者提供设计、创作、生成自己内容以及研究的学习机会;

4. 帮助观众树立文化机构内容和项目的合作人和主人翁意识。

高效的合作型项目建立在互相信任、目标一致、分工明确的基础之上。因为合作型项目往往要求馆方和参与者之间达成长期正式的合作关系,所以相较于贡献型项目,馆方通常会给予观众更多的指导。工作人员会不遗余力地向参与者解释他们要扮演的角色,馆方对合作和合作结果有何期望以及参与者能从中得到什么好处(教育方面、宣传方面或是报酬方面)。很多合作型项目都有一个试用阶段,用来检测应征参与者的动机及其在合作中的表现。参与者通常要为馆方尽长期义务以补偿对方提供的培训成本。

在有些合作型项目中,参与者可以获得学校学分作为回报。特别是当文化机构和社区团体进行首次合作时,给他们适当的补偿能帮助参与者明白其工作的价值。报酬和学分可以吸引到想来参与的观众,但却弥补不了他们因志愿付出的时间。很多时候,这些外部驱动因素很管用。它们使参与者和工作人员的关系变得像职场中的劳务关系,促使这些人最大程度发挥自己的能力并对他人负责。

考验参与者是否真的浸入到合作型项目中来不是看他有没有在协议书上签字,而是看项目结束之后会发生什么。一个真正成功的合作型项目不仅能够将参与者和文化机构紧紧地联系在一起,还能赋予文化机构补偿以外的价值。参与者可以参与到文化机构其他工作中来,或是随着时间的推移加深与合作型项目的关系。所以,好的合作型项目可以创造新的关系和机会,而且可以持续好多年。

【案例分析】

美国国家建筑博物馆邀请青少年作为合作者

《调查我们生活的城市》(*Investigating Where We Live*)就是一项开展得很成功的博物馆长期合作型项目。华盛顿的美国国家建筑博物馆(National Building Museum)每年都会举办这项为期四周的活动,邀请当地30名青少年学生与博物馆工作人员一同利用与华盛顿各个街坊相关的图片和文章制作临时展览。该项目由馆内的教育人员协调组织,他们挑选适合本季的社区,提供摄影和写作指导并主持项目直到完工。学生通过递交申请表入伙,而且全程参与所有12次集会活动。他们虽然没有工资,但会配备一台数码相机,而且可以得到学校的社区服务学分。[1]

从形式上而言,《调查我们生活的城市》很像很多博物馆搞的夏令营活动。它们之间的区别在于合作型项目允许学生半自主地创作某些可供展出的展品。馆方搭建了框架——场地、集会活动和指导——但是内容、设计和展览的施工却交给了学生们。

国家建筑博物馆从 1996 年就开始推出《调查我们生活的城市》项目。很多参加过这项活动的人在随后的几年内都当过志愿者、实习生或是项目的工作人员。招募年龄各异、专业知识水平不同的参与者消弭了工作人员和学生之间的界限,其结果就是一个实实在在的合作型项目。

2007 年,还是中学生的詹姆斯·布朗(James Brown)第一次参加了这个项目。2008 年和 2009 年,他又回到这个项目,作为工作人员安德鲁·科斯坦佐(Andrew Costanzo)的"学生助理"。科斯坦佐在 2009 年的一篇博客中写道:

> 当然,我不得不提到我那得力的学生助手——詹姆斯·布朗。我很荣幸能再次和詹姆斯合作共事。他叫我们"蝙蝠侠、蝙蝠侠",因为"这回没有超能力老朋友了"。[2]

科斯坦佐和布朗在项目中成了真正的好伙伴。但这并不是说学生就掌控了项目或是可以单方面地主导项目的进展方向。布朗在 2009 年度项目的第一周的集会活动中写道:

> 我不得不承认第一天的培训就像是回到了 80 年代的烂片。每年的这个时候都是如此。在学生正式参与之前我得一

---

[1] 了解《调查我们生活的城市》的活动目标以及参与者的奖励措施,请登陆 http://www.participatorymuseum.org/ref7-1/

[2] 浏览安德鲁·科斯坦佐 2009 年 8 月写的博客文章《最后的思考：U 街》("Final Thoughts：U Street"),请登陆 http://www.participatorymuseum.org/ref7-2/

　　《调查我们生活的城市》的参与者从最开始的访谈（上图）到最后的施工（下图），全程参与展览策划。

次又一次地重复这些训练和活动。[1]

虽然这项活动的模式是重复的,但布朗觉得很有意义。他在这篇博文中讲述了他在项目中得到锻炼的技能,并且把这项活动称为"我经历过的最充实的暑假活动"。对于布朗而言,《调查我们生活的城市》不仅是一次学习体验、一个社区项目,而且还是一次锻炼领导能力的机会。

两种合作

合作型项目大致可以分为两类:

• **顾问型项目**(consultative projects),即馆方邀请部分专家或是社区成员代表为工作人员开发新的展览、项目和出版物提供指导意见。

• **共同开发型项目**(co-development projects),即工作人员与参与者一道合作完成新的展览和项目。

两者之间的根本区别在于参与者在贯彻合作理念上的程度。顾问型参与者指导项目的进展,而共同开发型参与者则帮忙具体落实。

顾问型合作

文化机构邀请特定团体或设置正式的顾问委员会来开展顾问型合作由来已久。有的顾问型合作是短期而且非正式的,比如请观众检测一下互动展品的样品。有的项目则要求顾问型参与者跟进项目实施,提供反馈意见和指导。很多大型博物馆聘请某类群体利益的代表,比如老师、青少年或是少数民族来组成顾问委员会。

在商业领域,像 IDEO 和 Adaptive Path 等产品设计公司,它们把其

---

[1] 浏览詹姆斯·布朗 2009 年 7 月写的博客文章《土拨鼠日》("Groundhog Day"),请登陆 http://www.participatorymuseum.org/ref7-2/

设计称之为用户定位型设计（user-centered design）或人性化设计（human-centered design）。用户定位型设计的倡导者主张在设计过程中应该倾心听取目标用户的意见，这样做出来的产品才能便于用户理解，从而抢占市场。这些公司并不是把用户看成合作型参与者，也不是给他们带来教育体验，它们的目的只是想提升自身的产品。

在 1988 年出版的《设计心理学》（*The Design of Everyday Things*）[1]一书中，认知心理学家唐纳德·诺曼（Donald Norman）描述了设计师和用户在理解物品上的观念差异。设计师对自己的作品往往自我感觉良好，却给用户带来困扰。如果设计师在设计过程中能够向最终用户进行咨询，这样设计出来的东西才更能满足所有人的需求。

观众的体验跟消费者消费的产品本质上是一样的。在文化机构随便找一个第一次来的观众观察他的行为或是观察用户在博物馆网站上搜索活动信息的行为，你就会很快发现专家跟观众对馆方服务的感受和利用有多大差别。尤其是在设计导览装置和资讯材料的时候，向更多的观众咨询意见能够帮助生成满足不同类型观众需求的产品。

用户定位型设计在开拓新的市场方面格外有用。如果一家公司想要"进军海外"，设计师就要为那些从没打过交道的用户设计产品。到了国外，事先咨询目标消费者通常是了解产品是否实用，是否有销路的最有效办法。

为新观众开发项目与拓展海外市场非常相似，顾问团体常常能帮助文化机构找到有效接触它们所在社区的办法。例如，第 8 章将会讲到加州奥克兰博物馆的一个合作项目《亡灵节》（*Days of the Dead*）。这个项目的巨大成功离不开其聘请的拉丁裔顾问委员会（Latino Advisory Council）所起的作用，他们帮助馆方了解奥克兰的拉丁裔社区的特殊利

---

〔1〕 该书在中国有两个中文译本：(1)《设计心理学》，梅琼译，北京：中信出版社 2003 年初版，2007 年再版时更名为《好用型设计》，2010 年三版时复名《设计心理学》；(2)《设计 & 日常生活：如何选择安全好用的日常生活用品》，卓耀宗译，台北：远流出版事业股份有限公司 2007 年出版——译者注。

益和需求。

如果参与者的角色很模糊的话,顾问型合作就要受到冲击。因为没有一个特别项目或是问题需要参与者解决的话,设立一个顾问组或是目标群体就毫无意义。顾问型参与者应有向馆方提供可操作性的反馈和内容的权力与责任。明确的目标和详尽的项目能让参与者和工作人员都体会到合作的价值。

共同开发型合作

如果参与者的角色类似于承包商或是雇员,那该项合作就从顾问型转变为共同开发型。《调查我们生活的城市》就是一个共同开发型项目。工作人员制定项目的框架结构,然后和青少年学生密切合作,制作展览。

共同开发型合作项目通常需要花费参与者整周整月的时间。这类项目也要花费工作人员大量的时间来组织协调。它们一般要求参与者以小组形式与尽职的工作人员进行合作。

有的共同开发型项目着眼于参与者在其中学到的技能而并非其创作的最终产品。正是因为这层教育意义,所以合作型项目经常被作为学生实习、就业和特殊群体学习的组成部分。

尽管合作的学习价值不可估量,但只想着给参与者带来学习体验也是充满风险的。如果共同开发型合作只能影响一二十人,它就举步维艰了。面临严峻财政压力的文化机构只好优先剔除这类小众的资源密集型项目。

只有服务面广的合作才是对工作人员、参与者和观众最有价值的项目。从馆方角度看,如果参加人数较少的项目产生的成果能够赢得很高的人气,那它就物有所值。对参与者而言,自己创作的东西能够得到很多观众的认同也让他们觉得自己的工作有意义,而且更能加深其与馆方的联系。对于一般观众而言,合作型项目的产品与馆方制作的相比可以表达出不同的声音、体验和设计思考。

安排合作

协调合作并没有一个统一的方法。找到对头的路子需要一个清晰的目标以及对参与者的需求和能力的尊重与理解。合作过程与项目内容高度相关,A项目采用的方法并不一定适用于B项目。

开发合作型项目要做的第一步就是设定一个设计挑战(design challenge)。所谓设计挑战,即馆方就决定谁该参与进来,如何安排项目的进展以及合作要产生什么结果等综合出来的一个问题。以下是三个设计挑战的例子:

　•怎么用一种真实、礼貌又引人入胜的方法向移民和非移民观众讲述儿童的移民经历呢?

　•怎么给残疾人配备书写和分享他们经历的工具,才能既满足他们的创意并保护他们的隐私,又能让其他观众可以接触到呢?

　•怎么指导业余人士成功开发出音乐和技术展厅里的互动展品呢?

设计挑战越是详尽,设计过程就越容易实施。与学校的小朋友合作时,工作人员需要考虑到小朋友的课程安排和上课时间表。与地理位置较远的参与者合作时,网络交流工具就是实现参与的最佳办法。确定参与的结构和范围能够帮助文化机构确保每位参与者都能高效合作。

【案例分析】

越南民族学博物馆与社区成员合作拍摄纪录片

2006年,越南民族学博物馆(Vietnam Museum of Ethnology,简称VME)举办了一个名为《补贴时代》(*Thời bao cấp*)的展览,讲述的是河内在二战后 1975—1986 年实施严格的物资定量配给政策下的日常生活。这个展览展出了很多观众贡献的观点和作品以及河内市民录制的关于自己当时的经历的视频。这些视频是博物馆工作人员、河内市民与馆外社区展品和视频顾问温蒂·额尔德（Wendy Erd）合作的产物。它的设计挑战很简单："怎么才能把老一辈人在补贴时代的真实故事分享出来，并与年轻人产生关联，让他们多了解自己的父辈祖辈经历的那段艰苦岁月呢？"

为了解决这一挑战，额尔德与 VME 的工作人员一同安排了合作项目步骤，邀请河内市民分享他们的故事并帮忙剪辑出两部纪录片。以下是他们的工作过程：

- 把 VME 的工作人员分成两个三人小分队，每个小分队都有两个策展人/研究员和一个摄影师。每队在馆外参与者的协助下制作一部纪录片。

- VME 的工作人员挑选出馆外参与者。一个小分队挑选的参与者必须是参加过先前《河内老街》（*Old Street of Hanoi*）项目的贡献者，来帮助工作人员到老街寻找有兴趣参与进来的老人。另一队则从亲朋好友中征集参与者。总的来说，工作人员要找的是在补贴时代已经是成年人的人，不过他们也可以找一些年轻人来发表不同的看法。

- VME 的工作人员小队与参与者见面，向他们介绍本次展览的想法并讨论整个项目的理念和构思。参与者提供反馈，分享和那个时代有关的故事和物品，帮助工作人员锁定视频采访的对象。所有的参与者都会得到相应的报酬。这对很多特意抽出工作时间来配合 VME 的人来说是很必要的。

- VME 的工作人员小组前往参与者的家里并对其进行私人采访。额尔德并没有要工作人员问一些设计好的问题，而是对其进行培训，教他们如何倾听并引导受访者谈重点话题。

工作人员通常都先问受访者几个基本问题："你是如何克服补贴时代的困难的?""你在那个时候有过什么梦想吗?"然后VME的工作人员便顺着受访者的故事和回忆把这条线延伸下去。

- VME的工作人员观看采访视频，找出其中能反映参与者内心真实想法的共同主题和片段，然后将其剪辑为每部各长两个小时的纪录片。

- 参与者来VME参加一项为期两天的讨论会，给纪录片的框架和样片提出反馈意见。VME的工作人员小队主持这次讨论，向参与者征询有关纪录片名字，该从哪开始，哪些主题比较重要，哪些片段值得加入到主题当中等问题。参与者在工作日志本上做笔记并在讨论组中分享。VME的工作人员鼓励并耐心倾听参与者的意见但不提出他们自己的观点。在这两天内，工作人员会把第一次反馈来的片段进行剪辑整合，再给参与者公放，进行第二次讨论。

- 在参与者意见的基础上，VME的工作人员把经过参与者原真性讨论的最终样片进行剪辑整合。然后，工作人员和参与者还要在博物馆专家、人类学家、纪录片导演、电影制片人和记者面前展示制作和参与制作纪录片的过程体验。

这两部纪录片以及整个展览对参与者、VME的工作人员和广大观众产生了巨大影响。参与者对自己的工作感到十分自豪。一位名叫王锄(Ong Hoe)的参与者表示：

> 温蒂和VME的工作人员给了我们责任。我们倾听他人的故事。工作人员也知道怎么去倾听。我觉得很自由也很自豪。当人们讨论和倾听时，说话人就会有信心。这给了我很大鼓舞。温蒂和其他愿意倾听的人是这个项目取得成功的关键所在。这个项目从头到尾都非常合理，而且会给观众带来强烈

在 VME 为期两天的合作讨论会上开心的一幕。

冲击。虽然我现在累了，但我觉得我在与 VME 的合作当中还
是做了一点有用的活儿。

另一位参与者巴苴(Ba Tho)言简意赅地说："这部电影讲的是那个
时代的真人真事。而且我只是实话实说而已。"

VME 的合作型项目尊重参与者的能力与需求，把他们视为有意义
的合作伙伴，并产生了强大的能量。在为期两天的讨论会结束之后，
VME 的一位研究员范明福(Pham Minh Phuc)说道：

> 我们都生活在同一社区。我们所有人都倾听了每个人的
> 想法。年轻人也可以说出自己的想法，我们也愿意倾听。我们
> 也是头一次用这种方式拍电影。对于我们来说，一切都很生
> 疏，所以请原谅我们尚处于学习摸索阶段。我们希望并感激你
> 们的帮助与合作。

观众对《补贴时代》和其所反映的那个时代的真实故事反响强烈。
该展览吸引了众多观众前来参观，并为之延长了 6 个月。那些关于贫
穷、困苦、创造的个人真实故事帮助越南的年轻人了解他们的父辈祖辈

当年的经历。一位名叫丁氏婷(Dinh Thi Dinh)的大学生说:"我真的无法想象那个时候一块卡枚尔[1]香皂居然都是奢侈品。这个展览真的是让我觉得要好好学习才对得起我的爸爸妈妈和爷爷奶奶当年的艰辛付出。"[2]另一位在河内见过温蒂·额尔德的年轻人透露了展览的有关内容,他展示了手机上温蒂的照片,并说这个展览让他进一步了解到他母亲过去的经历。

这项与社区成员的合作激发了工作人员进一步采用参与的方法制作社区视频。从 2007 年开始,VME 的工作人员以及额尔德与中国云南的少数民族群体合作开展了一个长年项目,准备拍六部以他们为题材的电影。VME 依然延续了他们在制作《补贴时代》展览时的合作技巧和方向。

工作人员在合作型项目中的角色

工作人员在合作型项目中有四种基本角色。他们可能作为:

1. 项目主管(project director),管理合作并使项目保持正轨运行;

2. 社区管理员(community manager),与参与者一道合作并代表他们的需求;

3. 培训师(instructor),负责培训参与者;

4. 客户代表(client representative),代表馆方的利益与要求。

这四个角色常常是互相交错的,不过分工明确更有助于开展合作。参与者与每种角色的工作人员都有着特定的联系,这种不同的联系也使

---

〔1〕　卡枚尔(Camay):美国宝洁公司旗下一香皂、沐浴露品牌,价格较为大众——译者注。

〔2〕　浏览 2007 年 1 月美联社对《补贴时代》的评论,请登陆 http://www.participatorymuseum.org/ref7-4/

得合作维持公正平等的感觉。

尤其注意的是,把培训师和客户代表从这四类角色当中区分开来很重要。培训师和客户代表是文化机构的官方代表和威权人物,与观众并不是伙伴关系。项目主管和社区管理员如果不必充当官方角色会更容易与参与者进行合作。

将培训融入合作型项目需要细致的规划。合作讲究平等的合作伙伴关系,但培训常常像老师与学生间强加与被强加的不均衡关系。如果把培训师从项目主管中区分开来,参与者就会把项目主管视为合作伙伴而并非老师。引入客座指导或是雇用以往的参与者作为培训师都能帮助参与者减轻不爽的感觉。

将培训散布到整个项目进程也很有效,尤其是和年轻人共事的时候。如果在项目一开始就集中进行培训,会让人感觉这个项目就跟“一般的商务活动”一样,由成年人担当权威领导,学生按领导的指示工作。一开始就培训很容易在最后几周造成疲倦,尤其是在那种参与者一天要工作好几个小时的高强度项目中。把培训环节往后挪可以转换一下参与者的关注点,既能提供休息的机会,又能学到额外的技能。

最好的情况是由参与者根据自身的需求决定大部分的培训。当参与者进行的是设计展品、活动等需要他们自己的创造力的工作时,我通常会在一开始就给他们展示尽可能多的案例而不是事先就提供一套工具和方法叫他们去做。我要参与者在设计前写一份项目计划书。然后,作为项目主管的我会把具有专业知识的培训师和顾问安排给每位参与者,帮助他们具体学习如何使用工具来完成其设想的项目。尤其是当碰上年轻人和技术活的时候,每个人对工具的偏好和了解程度都不同。如果可以得到适合他们工作水平的具体指导,学生提高技能的效率和效果将大大加强。

客户代表也是不得不独立出来的角色。客户代表应该是影响项目进展方向的馆方代表,但又与和参与者共事的一线工作人员不同。客户代表通过提供细致的反馈来鞭策参与者的责任心,这些反馈可能比其他工作人员所提供的更加真实（而且令人不爽）。她也给参与者带来外部动力，那就是他们最终服务的客户／观众。

　　客户代表不一定是真实存在的。散布在美国的 826 写作指导中心[1]，其讲故事和出书项目很受欢迎。学生团体在三位志愿者（作家、插画家和打字员）的帮助下合作写书。这些志愿者的角色就是社区管理员，他们替一个代表客户利益的虚构书商打工。这位书商从未露过脸，但工作人员说他就藏在壁橱后面，经常愤怒地捶门，咆哮出命令和要求。遇到麻烦的工作人员便找学生帮忙写书来平息书商的愤怒。这就在学生和工作人员之间建立了一种情感联系，并帮助学生始终处在兴奋的状态。这位看不见的书商是一个用来制定标准、制造戏剧氛围、帮助参与者集中精力搞好这项开放创意活动的虚构客户代表。

【案例分析】

创意科技博物馆一波三折的合作项目

　　明确的设计挑战和工作人员角色分工并不是"多多益善"。我们就以《虚拟科博测验区》（*The Tech Virtual Test Zone*）项目为例，说明清晰的结构和角色在合作中的重要意义。

　　《虚拟科博测验区》是加州圣何塞创意科技博物馆[2]的一个项目。2007 年秋，我受创意科技博物馆委任，主持《虚拟科博》项目，而《测验区》则是该项目的一个试行项目。该项目的设计挑战很明确：通过网络把展品开发众包给世界各地的参与者。我们觉得邀请业余人士和内容

---

〔1〕　826 写作指导中心（826 Writing Tutoring Centers）：由非营利组织 826 美国（826 National）发起，主要面向 6～18 岁的学生，采用课后辅导、田野调查、在校志愿服务、出书、工作坊和提供奖学金等形式提高学生的写作技能与文学素养，而且所有项目都是免费的。该组织在全美设有 7 个写作指导中心，826 取自于在旧金山开设的第一个写作指导中心所在的地址瓦伦西亚街 826 号——译者注。

〔2〕　创意科技博物馆（The Tech Museum of Innovocation）是一家位于美国加州硅谷的博物馆，常简称为"科博"（The Tech）。

专家分享并实现他们的创意比我们过去的做法更能创造出数量众多的高质量展品。试行项目的目标是提供合作平台,招募参与者,以及在数月之内根据他们的创意在创意科技博物馆内拟建一个展厅。

《测验区》原本涵盖了所有四种工作人员角色。我担当项目主管,主持展品合作开发以及实物展品的制作。志愿者充当社区管理员,帮助参与者开发并构建其展品创意的虚拟模型。创意科技博物馆的技术员和设计师则是客座指导,在网上提供有关互动展品设计的指导。策展人则扮演客户代表的角色,为最终展览设定入选标准。

我们在 3D 虚拟世界《第二人生》[1]上创建了一个工作坊。我没有让参与者想干什么就干什么,而是给他们展品设计模板和互动游戏说明书,帮助他们学习展品设计的基本知识并把他们的创意引导到可行方向。我还对其他工作人员进行了《第二人生》设计工具使用的培训,以便让他们指导和帮助参与者。此外,我们还制作了展品设计的课表,通过《第二人生》把项目宣传给更多的专家,而且很快就吸引了新的合作伙伴。

因为《第二人生》是一个社交平台,用户可以与他人进行实时通信与工作。我们很快发现比起说明书和模板,人际互动才是激发、鼓励参与者提高技能的关键。我们在《第二人生》每周上两次展品设计课,把虚拟的设计技巧与设计思维相融合。对于积极投入的参与者,我们还会每周组织一次设计师碰头会,讨论参与者的展品、《测验区》项目的最新进展以及社区的疑虑和担忧。尽管每周的碰头会只有很少的人参加(大概每周 10～15 人,而工作坊平时都有 100 人左右),但这些参与者确实是竭尽全力投入自己的时间帮助我们迎接新成员的热心人士。

---

〔1〕《第二人生》(*Second Life*):一个类似于《魔兽世界》等网络游戏的网络虚拟世界的平台,2003 年由美国公司 Linden 实验室(Linden Lab)开发,相当于现实生活在网络虚拟世界的再现。与网络游戏不同的是,《第二人生》用户没有任务、等级、积分、输赢,而是像在真实生活中一样与其他用户进行社交、参加活动、做买卖、休闲旅游等——译者注。

　　参与者经常聚在《第二人生》的虚拟展品工作坊，开动脑筋，集思广益。

　　利用《第二人生》作为展品开发平台有助于提高工作人员和参与者之间的运动体验。这么说也许有点自相矛盾，因为《第二人生》是一个稍显复杂的软件平台。但事实上，很多《虚拟科博》的参与者比博物馆工作人员更熟悉《第二人生》的操作环境。《第二人生》把我从博物馆展品设计师的权威宝座上拉了下来，我和他们一样都是平等的个体，都把自己的设计技能拿到桌上展示。一位名叫理查德·米莱夫斯基（Richard Milewski）的参与者说：

　　　　《第二人生》作为一个极度抽象的平台，让和像创意科技博物馆这样的大馆合作成为可能。**"毕竟，这不是真的！这只是出现在我的电脑屏幕上的动画，而且我可以随时关掉。"**（这只是我猜测罢了……不过，我经常这样告诉自己）[1]

　　后来，几位虚拟平台的参与者来参加实体展览的开幕式，我们带他们参观了展品制作室。有几个人很兴奋，但也有几个人在制作室显得很

---

〔1〕　浏览理查德·克莱夫斯基在我 2008 年 6 月写的博客文章《开发社区展品：以〈虚拟科博〉为例》（"Community Exhibit Development：Lessons Learned from *The Tech Virtual*"）留下的完整评论，请登陆 http://www.participatorymuseum.org/ref7-5/

拘谨。我很快就意识到这几个人不是那种愿意来实体博物馆或是工作人员设计区合作的参与者。他们在《第二人生》有他们"自己的地盘",我们在那儿与他们合作才使天平向我们这边倾斜。

但在合作进展中,也出现了三个挑战。首先,我们的工作人员构成出现了问题。创意科技博物馆并没有雇用一名策展人来充当《测验区》的客户代表。上面的领导也认为让技术员和设计师在上班期间指导虚拟工作坊纯粹是浪费时间,所以不许他们参加。这使得我和几位志愿者共同负担了整个展览项目的管理。我经常在事实上的客户代表和社区管理员这两种角色之间转换,一会儿挑选最好的展品创意,一会儿又去鼓励和支持参与者。想要做好帮助参与者学习的合作伙伴角色同时又充当告诉他们展品做得不够好的权威监管角色是不可能的。所以,我虚构了一个评审委员会,躲在他们后面,当我必须告诉参与者"评审看不懂你的东西"或是"评审认为你这个东西做出来的可行性不高"的时候就把他们抬出来。利用这种技巧,我就避免了以评价者的身份出现,而是以合作伙伴的身份鼓励参与者完成整个过程。

第二个挑战就是博物馆的领导自己把设计挑战给改了,不仅如此,还经常在预算、时间表、展厅选址和预期结果等问题上朝令夕改。我不得不根据领导的意愿做出调整,但这有时候会伤及参与者的利益。虽然可以很轻松地说"这只是一次尝试",但是,如果人们经常受到试验项目频繁变动的负面影响,想要建立彼此互信的关系就相当困难。我们做出某些改动的时候,并不是单纯改动一个抽象的项目,而会波及现实世界的人手头的活儿。庆幸的是,我们本着诚恳与开放交流的态度,大部分参与者还是愿意接受改动,坚持把项目做完。与 826 写作指导中心(参见本书第 254 页)的工作人员虚构一个权威书商来团结学生的做法类似的是,我把面临的挑战和困扰与《测验区》的参与者分享,这有助于我们紧密团结在一起处理这些疑难杂症。

第三个折磨《测验区》合作的挑战便是整个项目其实是有奖竞赛。一开始我们认为办成有奖竞赛的形式可以加快项目进程。我们对每个可以转化为现实展品的设计作品给予 5000 美元的奖励。很快,参与者的竞争意识就被我们调动起来了。如果是要在短时间内完成项目的话,这招还是管用的。现金奖励也有助于参与者专注于完成展品模型。人们来虚拟工作坊不是纸上谈兵,他们是想在活动截止日期前提交自己的展品。

然而,有奖竞赛的形式却让我们难以在参与者之间形成良好的合作。人们不知道是单打独斗好,还是和别人组队一起赢奖金好。我们讨论过很多次竞争会抹杀合作的问题,而且我还提了一个很不和谐但是又很有道理的疑问——让参与者尽可能地尝试多的展品设计让赢奖的概率更大好,还是只专注一件展品来赢得最多的奖金好。钱成了我们团队讨论时绕不过去的坎儿。

有奖竞赛形式不只给《测验区》的参与者造成了合作上的问题,连工作人员的职业道德也受到了挑战。工作人员本想把比赛目标设定为在七个月之内开发出七件互动展品,以此来维护比赛的公平透明,但这样做很棘手。项目开始的时候,馆长说要把《第二人生》中的展品"复制"到现实世界。他的话就是说,我们要在评审阶段进行有奖竞赛,而且在每个评分段,我们都要挑选几件完全完成的虚拟展品来"复制"到实体博物馆。

我们的制作团队很快发现这在技术上和理论上都是不现实的。我们挑选优胜展品的总体原则是看起来可以互动,有教育意义,而且与展览主题相关。但是,我们还会考虑到现实世界的可行性,而且还会凭借我们的职业敏感来判断哪些会胜出。例如,有一件叫作《音乐椅子》(*Musical Chairs*)的作品,我们的内部技术员团队很快就发现这个想法不错,该得奖,尽管它的说明只有短短的一段文字。该作品的设计者琳恩·加维(Leanne Garvie)虽然在《第二人生》做了一个虚拟工作模型,但和创意科技博物馆最终制作出来的真实版本大相径庭。最后,我们给每个转化为现实展品的设计作品给予 5000 美元的奖励,但我们还留了略少的奖金(500 美元和 1000 美元)给那些设计得很好但止步在虚拟世界的作品以及作为感激一直相伴却没能胜出的参与者的安慰奖。

我们在虚拟世界的竞赛结束之后还和参与者在展览施工阶段保持着合作关系。这个时候,工作人员就保持上风了,特别是到了展品制作阶段,合作对工作人员来说变得轻松多了,因为他们才知道如何制作以及哪些参与者的设计可以用哪些又不可以用。住在本地的参与者经常来工作室检查我们的进度,有时也帮忙组装他们的作品。至于那些住得很远的参与者,我就通过网络会议、照片、电话和电子邮件等形式告知他们项目的最新进展。

但是无论在什么情况下,我们都会要求参与者制作或选择一段有关展品、音频和视频的内容。所有最终展品都会附上一张描述其核心教育内容的说明牌和一张记录其设计者与合作过程的说明牌。有三件展品是设计者的原创艺术与音乐作品,还有三件作品在很大程度上得益于设计者的专业知识。参与者让我们的技术团队超越了短时间内闭门造车的能力。

一年后,很多获奖的参与者回想起《测验区》的经历时依然振奋不已。有几位还谈到了这个项目让他们在工作中更加自信,并且开创了跨学科学习的体验机会。来自威斯康星州的建筑师乔恩·布拉库德(Jon Brouchoud)设计了一个和声装置,他说:

> 《虚拟科博》给了我一个思考我职业之外的事情的机会,也让我投入到除了建筑之外的其他感兴趣的领域(音乐)——我一直想要探索,但从来没时间和机会。此外,对跨学科合作的强调也为与各种知识背景的队员合作来圆梦提供了可能。

另一位来自英国的参与者艺术家皮特·沃德尔(Pete Wardle)说:

> 看到我的作品摆放在了科博让我有了把作品提交给其他机构的信心。因为我在《第二人生》里为科博设计展品,而且我刚给里诺的内华达大学做了一次讲座,作为他们《展望 2009》会议的一部分(在给科博工作之前,我从来没想到过)。

　　乔恩·布拉库德设计了一款虚拟音乐展品(上图),后来转化成了现实世界中的《音乐按钮墙》(*Wall of Musical Buttons*)(下图),并且大受好评。

　　总的来说,《测验区》的合作对工作人员和参与者而言,既让人兴奋,又让人沮丧。有时候,这个混乱的项目反倒成就了我们的良好合作,因为大家休戚与共才能在这么短的时间内完成整个项目。然而,这种混乱并没有让这些业余展品开发者形成一个稳定的团队。每当信息和评选标准出现变动时,他们没办法靠别人,只能靠我这个项目主管。这就造成了只围着一个人转的不正常团队,这个中心人物被迫充当社区管理员、项目主管和客户代表的角色。《测验区》开展时候,我便结束了与创意科技博物馆的合作。不幸的是,在我走之后,这个团队也随之解散。尽管《虚拟科博测验区》成功地将世界各地的业余参与者组织到一起设计出一整个展厅的互动展品,但却没能如愿给这种合作型展品开发模式发挥后续作用提供坚实的基础。

　　那么,实现后续合作有没有可能呢?当然有可能了。如果我们一开始就明确工作人员的角色分工,保持设计挑战的连续性并且不搞有奖竞赛,《虚拟科博》就可以走上一条合作开发展品的可持续发展道路。以下是我从该项目中学到的而且已经付诸后续合作型项目实践的技巧:

　　• 寻找对参与者和馆方都有意义且有实用价值的活动。工作人员发现参与者的设计想法太丰富太有用了,但是做出来的虚拟模型鲜有能帮上展览设计的。如果我们尽早知道什么工作才是最有价值的,就可以大大减少工作人员和参与者的失落情绪。

　　• 让参与者使用他们熟知的工具,而不是使用工作人员特意开发出来的玩意儿。幸运的是,参与者对我们选择的软件平台的熟悉程度远甚于工作人员。他们的熟知程度使得原本从事一项未知的活动的合作范围变得更为平等。特别是涉及技术活儿的时候,支持参与者使用他们已知的或是感兴趣的工具比教他们使用馆方自己的系统效果更好。

　　• 不要仅仅依靠与参与者语言上的交流。《第二人生》的另一大好处是可以鼓励人们构建表达自身理念的虚拟模型。模型设计出来了，就可以成为讨论的焦点，哪些方面有不足，哪些方面还可以改进。它同样能让不善言辞的人分享他们的创造力，还可以跨越语言障碍使合作成为可能。

• 团结合作需要健全的体制和互相信任。《虚拟科博》的参与者为了应对馆方朝令夕改的要求付出了不懈努力。虽然参与者有能力处理这些变动，但每次变动无疑都会产生新的困扰、失落和恐惧。如果目标明确、设计合理，每个人都会充满自信、积极向上，为了这个目标团结在一起。

研究型项目中的合作

对一些文化机构而言，招募观众作为研究型项目（research projects）中的参与者比开发新项目、新展览这类创意型项目（creative projects）要简单得多。与展览开发型合作塑造人的创造力和讲故事能力不同，研究型合作培养的是其他技能，比如视觉素养、辩证思考、信息源分析等。创意型项目往往只注重个人，让参与者表达、分享自己的知识和经历。研究型项目则是注重文化机构，参与者的工作都是为了丰富馆方的内容。设计得好的研究型项目能帮助参与者加深与馆方的联系，并更加投入到馆方的工作中。

参与者在研究型项目中所做的活儿一般都是收集数据、分析数据以及和馆方的搭档一道解读结果。工作人员设计研究型合作来帮助参与者学习与参与，但同时又可以完成高质量的研究。在最佳状况下，这两个目标应是相辅相成的。但在保持研究的连贯性的同时又要参与者学到多种技能与体验，这往往很难做到。

【案例分析】

美国犹太人大屠杀纪念博物馆与观众展开合作研究

2008 年初,美国犹太人大屠杀纪念博物馆启动了一项合作研究型试行项目《罗兹犹太人区的儿童》(*Children of the Lodz Ghetto*)[1]。该项目源于一件展品:一本 1941 年的校园相册,上面有罗兹犹太人区[2]13000 多名儿童的签名。该研究型项目是一项"世界性的志愿工程",旨在重建犹太人大屠杀期间那些儿童的经历。参与者利用犹太人大屠杀研究专家平时所使用的网上数据库,通过大量搜索散布在各地集中营的儿童的名字来寻找相册中的儿童身上到底发生了什么。数据库的检索是按时间线来的(犹太人区、劳改营、集中营、波兰光复),所以用户可以逐步添加每个人物在整个 20 世纪 40 年代的地点和状态等信息。该项目的最终目标是记录下这 13000 多名儿童从 1941 年开始每个人的故事。

对纪念馆而言,《罗兹犹太人区的儿童》研究项目提供了与相册中儿童有关的重要信息。正如项目官网所说:"博物馆现在需要您的帮助。"不过,这份帮助所耗费的成本却相当大(但还在可接受范围之内)。工作人员会对参与者提交的每份内容把关。在项目试行的第一年里,只有三分之一的提交内容被认为是准确或是比较准确,其他的全都无效。如果工作人员自己做这个项目的话,会又快又好,但他们却没有这么做,因为这个项目的教育意义和社交价值远远高于其对博物馆自身的价值。工作人员和参与者进行持续讨论,帮助他们成为像自己一样的研究员。该

---

[1]　本书付梓之时,《罗兹犹太人区的儿童》项目仍在进行,请登陆 http://www.participatorymuseum.org/ref7-6/

[2]　罗兹犹太人区(Lodz Ghetto):二战期间欧洲境内第二大的犹太人聚居区,位于波兰罗兹市。纳粹德国将来自德国和中欧的成千上万名犹太人驱赶至此,为德军生产供给物品。二战后期,纳粹德国运送该区的剩余犹太人至奥斯威辛集中营和海乌姆诺灭绝营,其中大部分居民都死亡——译者注。

项目的主管大卫·克莱文(David Klevan)说:

> 我曾犹豫过是否给那些不合格的数据"差评",因为每当有学员提交不合格的数据时,他们也得到馆方的反馈信息,帮助他们深刻了解历史,向一个更合格的研究员迈进。

在项目试行后的 18 个月内,博物馆招募了大约 150 名大学师生来参与评价自己的体验是否有用以及有何影响。就培养研究能力和学习知识而言,参与者的教育体验水平很高。此外,参与研究本身也加深了参与者与犹太人大屠杀的情感联系和认识。很多人表示他们现在对那段恐怖时期的人和事已经有了比较具体可见的印象。

这次试行项目最大的亮点之一就是强调合作型研究。纪念馆搞这个项目的初衷也是想鼓励人们互帮互助,互相检查各自的工作,一同追寻那些儿童的足迹。参与者特别指出自己在评价别人的研究和收到来自工作人员及其他参与者的评价反馈中享受并学到了很多。一位参与者在评价中如此说道:

> 有他们的帮助才让该项目轻松不少,而且我们更像是一个合作团队。很多时候,我们的同伴让我们的研究想挖多深就挖多深。即便遇到困难,令人欣慰的是美国犹太人大屠杀纪念博物馆以及我们的同伴永远是我们坚强的后盾。

博物馆的工作人员会根据时间的推移不断调整项目,而且他们希望等项目在 2010 年年中向公众开放之时,一个自发的研究团队能够将该项目继续下去。工作人员认为这是该项目最难啃的部分,如果项目里充斥着大量差评数据,任务的推进就很麻烦。但克莱文相信研究项目的质量会有所提高,如果参与者仍留在项目中而且馆方想办法奖励研究水平得到提高的参与者就能使该团队有效地自我把关。因为该项目要求参与者相互之间进行积极合作并互相评审个人的研究成果,所以可以说群众参与,多多益善。

与一般观众进行合作

如果只是平时偶尔到文化机构参观的一般观众,他们也可以和文化机构合作创造有关展品和项目的新知识吗?将合作融入观众体验使得参与可以在任何时间任何人身上都能实现。因为在场体验毕竟是面向观众的,所以这些合作型项目在设计的时候就已经把参与者和一般观众囊括进来了。贡献型平台走的是良性循环路子,参与者从被动消极的参观行为中脱离出来,并以自身为示范呈现给其他观众。在场合作型平台也能产生同样的效果,只要这类合作型项目走可持续发展道路,观众和文化机构就都能受益良多。

在网络世界,维基百科(Wikipedia)就是这样一个不断发展的"动态"合作型平台。任何时候,没有贡献过词条的用户也可以访问并使用网站发布的内容,同时作者和编辑者持续对词条进行修改润色。合作空间离面向用户的内容就是单击一下鼠标的距离——近则方便观察与加入编辑过程,远则保持用户阅读体验的连贯性与魅力。同样,理想状态下的文化机构合作体验也应该如此:吸引观众,在被动观看与积极合作之间的分界线薄到可以互相渗透。

按馆内进程合作

有时候把合作带到现场就像过程公开。安大略科学中心在建维斯顿家庭创意中心时,就经历了一个密集而又持久的试行阶段。他们开发了一项叫作"创意快速生成"(Rapid Idea Generation, RIG)的技术,可以让工作人员在几个小时之内就能把与旧物利用相关的展品、项目、企划案变成现实。RIG 团队偶尔会把最终模型摆出来与观众随意探讨。最后,工作人员会邀请观众加入 RIG 团队,并把融合公众意见的模型放到科学中心的公共展区进行展示。最后的模型是项目主管、设计师、一线工作人员、商店工作人员以及参与设计的观众在一个开放氛围下以团队为基础进行广泛合作的产物。将开发过程放到现场展示，工作人员更能领略到维斯顿家庭创意中心背后的核心信条：任何时候都应该鼓励观众进行设计、创作。这也让工作人员以一种结构优化、创意好玩的形式与观众分享自己的工作。

【案例分析】

华盛顿大学的实时观众合作

设想一下，专门设计一个展厅邀请一般观众进行相互合作会是什么样子？2009 年我在华盛顿大学做兼职教授，让研究生设计一个能让陌生人之间相互交流的展览。他们便在学生中心做了一个名为《建议：提出建议、采纳建议、无视建议、反驳建议》(*Advice: Give It, Get It, Flip It, Fuck It*) 的展览，邀请观众互相合作提出建议、采纳建议。《建议》展只开了一个周末，但在这期间我们发现来华盛顿大学学生中心的观众之间以及与工作人员之间相互合作生成了大量的社交内容。[1]

《建议》展主要带来了四种体验——两种是促进式，两种是非促进式。头两种体验，一个是咨询台，观众可以从其他人（其他观众和工作人员）那儿[2]得到实时建议；另外一个则是制作圆形小钮的地方，工作人员在那儿帮助观众制作印有个人格言的圆形小钮。两种非促进式体验包括观众在便利贴和墙上写下自己的建议以及非实时回答各自的问题。

尽管展览的很多活动都是贡献型的，但《建议》展还是可以归为合作型，因为观众的贡献主导了整个展览的内容。观众不需要把自己的贡献提交后经过审查才能发布，相反，观众是与工作人员一起添加新的内容、重新组织它们并把对观众最有用的挑出来。

《建议》展总有两位工作人员在场。工作人员的职责并不是指导观

---

[1] 了解更多细节以及《建议》展的评估报告，请登陆 http://www.participatorymuseum.org/ref7-7/

[2] 了解更多关于咨询台的细节（以及一张附图），参见本书第 113—114 页。

众如何体验,而是以友好的姿态向观众介绍展览的参与要素。例如,在制作圆形小钮的地方,工作人员会和观众玩一种类似《疯狂填词》的游戏来创作新的却很脑残的建议。[1] 工作人员会要观众说两个单词,然后把他们替换掉格言警句里原有的词,再做成圆形小钮就成了:"少壮不努力,老来干快递"或是"要想富,先扫墓"。工作人员就这样和观众进行合作、交流、倾听和闹着玩儿。

促进式体验把很多观众从宅男宅女生活中拽出来参与到交流中,贴满便利贴的墙上也是观众合作的热闹场所。它的工作原理很简单:工作人员会事先提出一些基本问题,比如"你在伤心的时候是如何治愈的?",然后贴在玻璃墙背后显眼的地方。接下来观众可以利用工作人员所提供的各种尺寸各种颜色的便利贴和马克笔来撰写

总体上,观众在大号的便利贴上写问题,在小号的便利贴上写回复。

回复。观众参与这项活动的兴致很高。一些路人都被吸引过来,花上 20 分钟仔细阅读每张纸片,撰写回复,你一言我一语围绕问题和建议进行对话。便利贴吸引了工作人员、学生、运动员、男人和女人——甚至是所有的路人。

工作人员创建的九个基本问题有 230 条回复,在另一个形式更加活泼的地方,观众自己提交了 28 个问题,收到了 147 条回复。其中有些建议非常具体,例如,有人问:"我家孩子 17 岁了,今年秋天上大学,那这个暑假的晚上该不该搞门禁呢?"这个问题收到了 9 条回复,其中有一条也

---

[1] 《疯狂填词》(Madlibs)是一种要求玩家在给定的段落完形填空来编搞笑故事的游戏。

是一位处境相似的家长写的。有的观众还站在墙前把上面的建议(尤其是推荐的课程与书目)认认真真地抄在自己的笔记本上。

人们尽管知道可能没人会理会自己的问题而且写完问题之后几乎不可能马上就有回复,但他们还是花时间写便利贴。合作并不是一定会产生的,尤其是在华盛顿大学学生中心这么一个人迹罕至的偏僻地方。但是人们参与的热情很高昂,而且参与的门槛也很低。便利贴和马克笔就放在那儿。整个展览给那些想要回复你的问题的潜在观众提供了示范,随着回复量的增加,你觉得会被回复和证实的预感也逐渐增强。我们看到有很多人一次又一次地回来看便利贴,看看有什么新回复或是新问题,笑着把新内容又贴到墙上去。

除了人气很高的便利贴墙,《建议》展还提供了很多其他的互动方式:便条、厕所墙、留言簿、语音留言信箱以及众多网络平台。每种界面都让观众在参与过程中得以释放压力进行发泄,总的结果就是观众贡献了一连串与主题相关的内容混合。我最喜欢的一个例子就是"厕所墙",观众可以在一个类似单间厕所的门上乱涂乱画。一开始的时候,我们并不知道做这个门有何必要。如果观众可以在展览内的任意地点都写便利贴的话,那我们还要一个厕所墙干什么呢?

"厕所墙"是让观众鬼画符、释放别样创意的地方。观众明白厕所墙和便利贴墙是两种完全不同的参与。

但是厕所墙确实是一个精彩的展品。它就是一个让观众乱涂乱画的发泄场所。厕所墙在设计时就是本着"怎么着都行"的理念。虽然其内容并不像便利贴墙的那样吸引人,但从释放压力方面考虑,它还是很有价值的。在便利贴墙上,没有一张纸片上的内容是与主题无关的或是不合适的。它们都把关注点放在了问题和答案上。我觉得厕所墙就是为那些不想关注问题和答案、只想玩玩马克笔的观众提供了另一种选择。

工作人员把合作型平台引进《建议》展,削减了作为组织管理者的角色分量,把舞台交给观众,让他们互相之间被对方的内容所吸引。这虽然只是一次小型的试验项目,但却是那些没多少藏品资源,又想追求可行的散布式观众在场合作体验的文化机构所借鉴的一个范例。

一般观众对于合作型项目的回应

和贡献型项目的观众类似,合作型项目或是展览中的观众也不一定会留意或是对自身体验的产生过程感兴趣。即便《虚拟科博测验区》的说明牌写着展品的合作过程,而且也有几个成人观众感兴趣过,但大部分人就只是跟玩创意科技博物馆里其他展厅的互动展品一样。在《测验区》这个案例中,合作过程的目的也是为了生成和馆内其他展品相匹敌的展品,所以这种结果并不让人感到意外。

如果合作过程产生的结果与其形式大不相同,那造成的影响便非常重要。和贡献型项目一样,合作型项目也能接纳新的声音,使展览和项目更加真实、亲切,与观众的生活和经历密切联系。例如,很多参观越南民族学博物馆《补贴时代》展览的年轻人说这个展览帮助他们深化了与家里经历过那段困难时期的长辈的情感联系。合作型参与者对工作的项目更加具有主人翁意识,与亲朋邻里分享对展览的热情,而且还将给文化机构带来更多的潜在观众。

如果观众在参观像《建议》或《40 大艺术精品展》(参见本书第 116

页)这样的展览过程中受到馆方的邀请并积极与之合作,那他们的社交程度和回访次数将显著提高。伍斯特市立美术馆根据观众投票决定画作排名的《40 大艺术精品展》的观众回访率创下历史新高,很多人每个星期都会来美术馆看一下群体行为是如何影响和改变画作的排名的。同样,由于《建议》展的便利贴墙上的内容也是随着参与人数增加而增加的,所以很多观众走回来看哪些问题有了新回复、又出现了哪些新的问题。甚至像布鲁克林博物馆的《点击!》(参见本书第 125—130 页)展秀出了合作过程却没有提供新的参与机会,也创下了很高的观众回访率,并在观众中引发了搜索和讨论入选照片的热潮。

最后,合作过程影响了工作人员对待观众和社区成员的态度。当工作人员把观众视为伙伴而不是消费者时,他们就会在项目设计和休闲互动的场合将人区分对待。"嘿,你怎么看?"这样的问题也就不再是漫不经心的发问,而变成诚恳的请求了。工作人员在帮助观众以及与观众对话的过程中经常能收获新的技能。这些新技能和新态度都改变了工作人员向观众提问、管理教育活动以及设计新展品的方式。所有这些都有助于培养一种对于文化机构的主人翁意识和融入感。

————

当工作人员与社区成员形成合作伙伴关系时,他们往往会对参与者的能力、兴趣和需求产生新的敬意。这能使某些文化机构在启动与构想新项目之时便把它定为民有、民治、民享的活动。当文化机构基于社区成员的理念与观众搭档来共同开发项目之时,他们的关系便进入了共同创造型模式。共同创造型模式是第 8 章的主题,主要探讨工作人员和参与者如何通过开发文化机构项目来实现社区和文化机构的双赢。

第8章

与观众共同创造

共同创造型项目源于与参与者的合作而并非仅仅基于文化机构的目标。一个社区群体来博物馆可能是希望馆方能够帮他们做项目，或是馆方能够邀请外界参与者与工作人员群策群力完成一项惠及双方的项目。所以，馆方不会说："我们想要做一个跟种土豆的老农有关的展品，所以请你们来协助我们"，而是会让工作人员和颜悦色地问："大伯，您的土豆种得真好，您有什么想跟我们合作的好点子吗？"或者，种土豆的大伯自己就会来博物馆。尽管共同创造型和合作型在步骤上十分相似，但共同创造型兼顾了社区和馆方的双重需要。

文化机构需要共同创造型项目的目标有三：

    1. 给当地社区成员以发言权，并回应他们的利益与需求；

    2. 为社区成员对话和交流提供场所；

    3. 帮助参与者开发能够实现其个人目标和社区目标的

技能。

共同创造型项目的主管一般都将本馆视为以社区利益为基础、服务于观众需求的机构，而不是想当然地提供可能对观众有用的服务。严格来说，共同创造型项目是"由观众的需求决定的"，而且通常要求馆方的目标要让位于社区的目标。例如，格拉斯哥开放博物馆（参见本书第188—189页）就是一家共同创作型机构，它的使命是给社区成员提供艺术品，让他们自己组织展览、项目和活动。该项目创始人朱利安·斯波尔丁(Julian Spaulding)将其设想为一个"传递给观众想要的,而不是直接给观众博物馆认为他们应该想要的机构。"[1]

共同创造型项目与合作型项目在过程上非常相似,但是前者赋予了观众更多的权力。工作人员和社区成员密切合作来实现共同的目标。该类项目的开发过程通常是由参与者的偏好和工作风格所共同决定的。所以,随之而来的项目成果便是真正意义上的馆方和社区共有。

【案例分析】

陆荣昌亚裔博物馆的共同创造型生活方式

华盛顿州西雅图市的陆荣昌亚裔博物馆[2]就有着与社区成员共同开发展览的优良传统。他们与社区合作的过程是从让他们讲述对自己很有意义的故事并邀请他们参与展览开发的每个阶段开始的。该博物馆一向以制作参与式展览闻名,不过其开发的观众定位型展览也同样值得效仿。2002 年,由 15 名服装厂工人组成的团队设计,以第一人称口吻叙述的《如果劳累的双手可以说话:亚太美国服装厂工人的故事》展(*If Tired Hands Could Talk：Stories of Asian Pacific American Garment Workers*)被美国西部博物馆协会(Western Museums Association)评为最佳展览。该博物馆知道如何利用共同创造的技巧来产生高质量的成果。

该博物馆的前馆长邱龙(Ron Chew)是记者出身,而且经常参加社会活动。这层背景使得他做展览时侧重于口述史和地方问题,而不是像一般的文化机构那样由典藏人员发布馆方制定的权威内容。 正如邱龙

---

[1] 下载《改变的契机:开放博物馆的社会效应》(*A Catalyst for Change：The Social Impact of the Open Museum*,PDF 格式),请登陆 http://www.participatorymuseum.org/ref8-1/

[2] 陆荣昌亚裔博物馆(Wing Luke Asian Museum)是美国一家著名的社区博物馆,1967 年开馆,为纪念华盛顿州第一个担任政府公职的亚裔美国人陆荣昌(1925—1965)而命名,2010 年易名为陆荣昌亚太美国人经历博物馆(Wing Luke Museum of the Asian Pacific American Experience),常简称"陆博"(The Wing)——译者注。

陆荣昌亚裔博物馆保存了一家有 100 年历史之久的进出口商店。照片中央的电视机里播放的是该店前任老板吉米·马(Jimmy Mar)的故事。

在 2005 年所说的：

> 有一种设想就是我们所做的工作应该是受现在我们所在的社区指导才是。再有一种设想就是博物馆应该是反映外部世界的门户而不是给观众灌输知识的堡垒。还有一种设想就是我们工作所需要的这层关系会经历一段很长时间的改变和发展。所以，我们并不在意收藏什么东西或是做了什么项目，我们在意的是与社区的联系与故事。故事比物件更重要。博物馆更像是一个对话的平台而不是陈述事实的地方。[1]

因此，第 11 选区的州众议员维尔玛·维洛丽亚(Velma Veloria)盛赞其为"人民的博物馆"，她说：

> 邱龙的话让身为菲律宾后裔的我感到非常自豪。他把我

---

〔1〕 邱龙的这段话可在社区艺术网(Community Arts Network)上找到，请登陆 http://www.participatorymuseum.org/ref8-2/

祖先的历史和功绩都摆了出来。我们不仅仅是每年夏天都来
罐头厂打工的工人……我们也是这个国家的缔造者。

对于维洛丽亚和其他人来说,陆荣昌亚裔博物馆是一座不可或缺的社区机构,其共同创造型展览正是社区成员归属感和主人翁意识的核心反映。

陆博的社区项目理解起来很容易,但实际上做起来很难。他们的指导手册读起来像禅宗心印一样:"事虽繁重,现象万生。还政于民,众心所向。"[1]工作人员把与社区的关系放在首位,而且有时候当背景各异的社区成员聚集起来与工作人员一道把自己的故事转化为观众体验时,展览项目也会经历一番旷日持久的讨论。

制作展览的过程首先从开放性提议开始。任何人都可以提议做一个展览,而且博物馆每年都会对这些提议的主题、意义和与馆方使命的相关性进行审定。工作人员和社区顾问会挑出一部分项目,且整个开发阶段通常要花上两到三年的时间。项目的开发团队由三部分人构成:

1. 一个核心顾问委员会(Core Advisory Committee,CAC),由 12~15 名了解展览主题并与之有着各种关联的社区成员组成,负责指挥项目的开发进程;

2. 工作人员,以技术顾问、项目主管和社区管理员的身份帮助开发项目;

3. 非正式的社区参与成员,作为该项目的贡献型参与者与合作型参与者。

工作人员只负责帮助开发展览,而领导职责则由 CAC 担负。项目实施过程中会基于社区和社区参与成员的需要对内容、时间表和决策做

---

〔1〕《陆荣昌亚裔博物馆社区定位展览指导手册》(*Wing Luke Community-based Exhibition Model Handbook*)在馆内有纸质版,亦可登陆 http://www.participatorymuseum.org/ref8-3/ 浏览电子版。

出些许变动。CAC 是"策展团队的最高决策机关,主管开发展览信息、主题、内容、形式以及与之相关的部分。"CAC 的主席由一位社区成员担任,而不是由工作人员负责。

一旦整体构想得以确定,CAC 便会招募其他社区成员来贡献物件或是故事、开展研究以及策划展览的周边项目。同时,工作人员在设计、研究和工具方面提供援助。工作人员经常会在项目计划有变更的时候出面协调人际关系。

博物馆工作人员还负责设计和展具制作,CAC 的顾问则提供理念输出以及展品遴选、多媒体故事制作和总体设计的策展思路,以确保项目是沿着展览目标进行的。CAC 的顾问还可以在展具制作和施工阶段亲临现场,并在必要时候给予指导和帮助。并且,馆方会邀请所有的社区参与成员来出席一项特别的开幕仪式,届时所有正式和非正式的参与者都将受邀对展览进行评价。此外,社区成员还常常和志愿者以及工作人员一起主持展览开幕后的教育活动。

由于与观众共同创造是陆荣昌亚裔博物馆办展的唯一方法,所以其带来的观众体验也与其他类型的展览或项目有着明显的不同。无论是在展览设计还是与社区共同创造的过程中,都已经把未来的观众考虑进来了,其目标也是制作出对广大不同社区群体有价值、有关联的产品。该博物馆对所有展览进行了总体评价,考察观众人数、观众影响以及观众增幅和对新的社区联系的影响。

因为陆博的共同创造型展览与其总体目标和策略紧密联系,所以工作人员在考评的时候,也把展览是否在总体上把博物馆变成一个成功的社区交流场所以及其程度有多大作为衡量标准。该博物馆对判定展览成功的指标异常细致:

> 我们发现社区参与在博物馆项目中占的比重很大。
>
> 社区成员一次又一次地重返博物馆。
>
> 人们学到了很多,而且在参与博物馆的项目过程中深受

触动。

人们在展览和活动中看到了自己的东西。

人们成为博物馆的一员。

人们为我们的展览贡献出物件和故事。

社区支持博物馆新的筹资活动。

选民能够轻松地提供正面的和负面的反馈意见。[1]

该博物馆在雇用员工和培训员工方面也反映了其面向社区参与的整体工作重心。陆荣昌亚裔博物馆雇佣的都是善于与社区成员搞好关系、熟悉社区内容的人。他们优先培养那些忠诚度高、背景多元又受过良好教育的年轻员工作为后备干部。工作人员要接受各种谈话训练和应对社区的技巧训练来帮助他们履行文化机构的使命。在陆荣昌亚裔博物馆,共同创作和与社区合作就是一种生活方式,它融入了展览设计、任命董事以及筹措经费等博物馆工作的方方面面。

设计共同创作的平台

确实有一部分文化机构跟陆荣昌亚裔博物馆一样整个运作都是共同创造型,但更多的传统文化机构只是把共同创造型项目纳入自身广泛的使命之中。要想获得成功,在设计共同创造型项目时就不得不考虑这两条原则:

1. 工作人员与参与者互相尊重对方执着于项目的目标和兴趣。双方需要创建共同的指导方针,明确项目开发过程中的适用范围和预期结果。

2. 工作人员不应怀有对项目结果的先入之见,而是应该在

---

〔1〕 以上指标亦在社区艺术网(Community Arts Network)上公布,请登陆 http://www.participatorymuseum.org/ref8-6/

指导方针的调节范围内让项目按参与者的最大利益方向发展。

做得好的共同创造型项目能够帮助参与者毫无顾虑地实现其目标。这种支持需要制度和灵活性之间的微妙平衡。而这一切都源于一个简单的问题："工作人员如何才能给予业余人士完成其共同目标所需的工具和技巧？"

陆荣昌亚裔博物馆的工作人员给社区成员提供培训、支持以及制度上的保障来完成高质量的展览。但是这个问题也是简单的活动回避不了的。设想一下，以共同创造的方式让观众参观博物馆，那工作人员该如何给予观众参观博物馆所需的工具和技巧呢？ 他们可以：

- 给观众提供博物馆导览图，鼓励他们标记出自己想要参观的地方。
- 请观众给他们最喜欢的藏品和展厅定一个主题或是取一个标题。
- 把导览图、标题和时间等信息公布在博物馆的中心位置，让观众能够方便地规划行程。
- 为观众的游览提供解说服务和馆员推荐等参考材料。

一个宣称是"反无聊"（antiboredom）的游戏设计师团体就利用了上述技巧设计出一款名叫《自我为零》（SFZero）的共同创造型平台，允许业余人士设计自己的游戏，反响很好。[1] "反无聊"团队在芝加哥设计复杂的拼图游戏时就开始有了这方面的构想。他们虽然知道人们喜欢玩他们的游戏，但更意识到，至少对他们自己来说，游戏的真正乐趣在于自己设计拼图和关卡。所以他们决定开发一款让人们自己制作游戏的游戏，这就是《自我为零》。

---

〔1〕　你可以登陆 http://www.participatorymuseum.org/ref8-7/ 来体验一下《自我为零》。

　　《自我为零》是一款要求人们在都市生活中做任务的共同创造型游戏。玩家设计任务、完成任务并给完成任务的其他玩家奖励一定的分数。在玩的过程中,玩家自己又是看别的玩家设计任务、完成任务的观众,即"你站在桥上玩游戏,玩游戏的人在楼上看你"。任务要求简短、有吸引力,还有一点大胆,例如"转移邮差的注意力""假装在商店行窃(即悄悄地把一件东西塞到商店的货架上)"或是"在家附近的纹身店印一个明显的而且洗不掉的纹身"。有些任务比较个性,如"认认真真画一张自己的自画像",有的还鼓励人们去从未去过的地方学习新的技能。

　　"反无聊"团队并不想设计出单人游戏任务。相反,他们做了一个网站,让玩家在上面发布新的任务,并且分享自己在做任务过程中的故事。这使得"反无聊"团队把重心放在吸引新的玩家、制定指导方针以及改进游戏设备等工作上。"反无聊"团队成员把制作游戏的权力交给了玩家,让他们自己生成游戏体验。

　　一组《自我为零》的玩家为了完成"在公共场所装门"的任务在金门公园(Golden Gate Park)摆了一个"巨门阵"。该作品放了两个月,有时候会被保洁人员给拆了,但是《自我为零》的玩家又会把它重新装好。

挑战与妥协

如果参与者的目标与馆方的目标相左或是工作人员在一开始并没有留心参与者的目标,共同创造型项目就会陷入困境。当社区成员提出一个项目的想法时,就很容易不经过充分的理性分析而直接进入到如何参与的讨论阶段。观众和工作人员经常在文化机构与观众的分工问题上产生分歧。如果有人说他想根据他所在的社区体验做一个展览,那么文化机构就要先分析这个展览对他个人有何重要意义、他的目标是否和馆方的目标相一致。

【案例分析】

《维基百科爱艺术》迎合共同创造型参与者的目标

《维基百科爱艺术》(*Wikipedia Loves Art*)就是一个馆方和参与者努力寻求互相理解的共同创造型项目的典型。它是一项始于 2009 年 2 月的短期项目,由纽约的维基人(Wikimedian,即维基百科社区的成员)向布鲁克林博物馆发起。他们问博物馆可否加入一个让人们对馆内无版权限制的艺术品拍照再上传到维基百科作为词条插图的项目。布鲁克林博物馆欣然应允,并邀请了美国和英国的另外 15 家文化机构也参与进来。

这些博物馆要求维基人提供需要插图的词条的主题清单。博物馆对清单项目进行统计和分类,再制成寻宝清单分发给每位参与者,这样就方便他们去寻找需要插图的维基百科词条的主题如“罗马建筑”或是“面具”等。参与者可以对艺术品和其入藏编号进行拍照,这样工作人员就能对其进行区分和描述。博物馆对可拍照的艺术品以及上传照片到 Flickr 有着严格的规定。

一开始维基人的目标和博物馆的目标并不一致。博物馆认为这个项目是一次与当地摄影师合作思考如何展现不同主题的艺术品的好机会。相反,维基人的目标则是想把博物馆内容进行数字化处理,并利用开放式授权许可制度发布到网上。博物馆关心的是如何让艺术品和参与者发生联系、让参与者更好地认识艺术品;而维基人关心的是参与者如何在开放的合法授权许可下分享图片。

从博物馆的角度看,给参与者带来好的体验的最佳办法就是限制将照片上传到 Flickr。馆方代表担心失去对其藏品图片的控制权,而且他们想确保每件艺术品的图片都配有正确的说明文字。但是,很多维基人对博物馆限制照片上传的专制规定很失望。有些人就在项目之外想出其他的办法来上传博物馆的照片。这让馆方代表担心会引发混乱和侵犯知识产权。

利用入藏编号辨别每件作品给博物馆工作人员带来了意想不到的超负荷工作。15 家博物馆的 102 位摄影师提交了 13000 张照片,涵盖了 6200 件艺术品。这些参与者的拍照工作虽然也很辛苦,但博物馆在验证、贴标签和标注等上传到维基百科之前的预先处理工作也轻松不到哪去。这是项巨大的工程,有的工作人员甚至无法核实自己馆内拍到的数量如此之多的照片。布鲁克林博物馆的数据分析师艾琳·斯威尼(Erin Sweeney)发明了十步法来验证照片的有效性。在验证完有效性之后,斯威尼给每张照片附上标签,以辨别这些作品。[1] 最后,所有工作终于完成了,但在尘埃落定之时,由于博物馆在《维基百科爱艺术》中居功甚伟,很多人都觉得这项合作会难以为继。

庆幸的是,博物馆因为《维基百科爱艺术》的短期特性而将其视为一次尝试,并从中学到了很多教训。2009 年 6 月,荷兰的维基人与荷兰的45 家博物馆合作推出了《维基百科爱艺术荷兰版》(*Wikipedia Loves Art / NL*),该项目采取了新的策略:没有像过去一样让维基人提供一

---

〔1〕 浏览斯威尼 2009 年 4 月所写的博客文章《维基百科爱艺术:第四部分汲取的教训:数据统计》("Wikipedia Loves Art: Lessons Learned Part 4: The Stats"),请登陆 http://www.participatorymuseum.org/ref8-8/

张主题清单,然后让参与者去博物馆拍适合主题的物件;荷兰的维基人要求博物馆提供一份详尽的物品清单,然后让参与者去照相。这种妥协的好处有三:

1.博物馆知道哪些该拍哪些不该拍,所以能牢牢地把握体验的主动权。在有的博物馆,工作人员给摄影师规定了拍摄时间并全程陪同他们。

2.维基人事先就能知道哪些照片是可以在不侵犯版权的前提下合法使用。所以,博物馆不必再验证清单上物品的有效性。

3.参与者收到一份可以拍照的物品清单,并且用上面的编号代替入藏编号。这样能够有效减少原来对比照片时的失误并减轻工作人员审阅照片的工作量。

改造后的项目获得了巨大的成功,有 292 位参与者贡献了 5447 张照片。这次项目与原来的版本有着根本上的区别。荷兰的项目成功地兼顾了博物馆和维基人的需求。虽然摄影师的创造力被削弱,但麻烦也随之减少。尽管摄影师不可以任意挑选自己想拍的物品,但有些博物馆在这次项目中还公开了一些平时不对外开放的藏品。参与者因此在提高公众接触这些艺术品的程度上起到了重要作用——尽管还只是数字化层面。正如荷兰的一位参与者约拉·德·卢森奈特(Yola de Lusenet)表示:

我参加这次活动是因为我一直觉得博物馆就应该把这些图片公之于众。所以,我觉得这次能够让所有人合法地使用梵高和博斯[1]的画的图片是一次不小的成功(某银行保管的私

---

[1] 耶罗尼米斯·博斯(Jheronimus Bosch,1450—1516):荷兰画家,多描绘罪恶与人类道德的沉沦,画面复杂,有高度的原创性、想象力,并大量使用各式的象征与符号,被认为是 20 世纪的超现实主义的启发者之一——译者注。

人收藏的一组有趣的当代艺术作品系列也终于和公众见面了）。[1]

通过简化和限制，《维基百科爱艺术荷兰版》将博物馆、维基人和摄影师的共同创作关系维持了下来。《维基百科爱艺术》活动还在全世界的其他博物馆得以推广。共同创造型合作伙伴关系会随着博物馆与文化免费倡导者一道确定如何把文化内容数字化的成果提供给更多的观众而继续发展下去。

共同创造与馆内文化

与其他类型的参与不同，共同创造型项目对馆方自身的主人翁意识和内容的掌控度构成了挑战。它需要馆方对社区成员"彻底的信任"，相信他们有能力完成复杂的任务、相互合作并遵守馆方的规章制度。所以，要想办好共同创作型项目，工作人员不仅要对参与者的能力和动力有信心，还要发自肺腑地期待由他们领导和产生的结果。

有的博物馆的共同创造型项目是馆内教育部门的主业。博物馆聘请教育人员的目的是让他们跟社区合作伙伴和项目参与者打交道。教育项目在过去主要是跟内容相关，而且共同创造被纳入总的使命。不幸的是，这些项目各自为政。在传统大馆里，教育部门甚至沦落为"参与的贫民窟"。

如果文化机构的工作人员对社区参与者的信任程度不统一该怎么办？来看看圣路易斯科学中心[2]的《青少年探索科学》（*Youth Exploring Science*，YES）项目吧。YES 是一项面向社区的项目，科学

---

〔1〕 浏览德·卢森奈特的评论全文，请登陆 http://www. participatorymuseum. org/ref8-9/ 阅读我在 2010 年 1 月撰写的博客文章《维基百科爱艺术有长进了吗？》（"Is Wikipedia Loves Art Getting Better?"）

〔2〕 圣路易斯科学中心（St. Louis Science Center）：位于美国密苏里州圣路易斯市，由一个科学博物馆和一个天文馆组成，1963 年对外开放，是美国五大科学中心之一——译者注。

中心从与社区有合作的组织招募 250 名青少年学生参加探索科学、职业规划和回馈社会的活动。YES 项目还会雇佣一些成年人与学生合作，给他们提供一些正规指导，不过这项共同创造型活动的主角还是学生。例如，在《学习场所》（Learning Places，该项目由美国国家科学基金会出资赞助）项目中，YES 的学生们给当地儿童组织设计并施工互动科学展览与活动。

YES 的学生还可以把自己组织的活动通过照片、音频、视频等数字化方式发布到社交网站上。YES 的工作人员与学生是共同创造的关系，所以他们放松了对学生发布、分享自己在探索科学的过程中体验的所有事情的管制，比如上传跳舞的照片。

在 YES 的情境中，这些活动既不出格又是必需的，因为它们帮助学生提高了科学知识和处理问题的能力，也满足了他们对项目的主人翁意识。但是 YES 的工作人员与圣路易斯科学中心的市场营销部门在发布网络内容的问题上发生龃龉。市场营销部门认为，学生不适合充当科学中心在网络世界的发言人。YES 的官网并不是科学中心官网的一部分，想从科学中心的官网进入到 YES 的官方很麻烦。YES 项目虽然很好地履行了科学中心"激发全体社区成员学习和了解科学技术的兴趣"的使命，但它确实不适合作为对外宣传的排头兵。

这种矛盾在与社区关系没有形成统一意见的文化机构非常常见。无论是想开展何种类型的参与式项目，馆方必须首先考虑到这个问题。工作人员可以借此机会在馆内试探领导对参与的终极政策究竟如何。

【案例分析】

共同创造促成加州奥克兰博物馆的革新

加州奥克兰博物馆教育部门的一个共同创造型项目成为了该馆改造的触媒。奥克兰博物馆很早以前就是一家面向社区服务的机构，最早可以追溯到 20 世纪六七十年代的激进民主博物馆。到 20 世纪八九十年代，观众数量达到高峰。2005 年，该馆开始进行改建（预计到 2012 年完工），决定把自身建设成为与社区保有密切联系的机构典范。该馆雄心勃勃，不但想提高到访观众数量，还瞄准了本地观众以及代表该馆所处的各种社区的观众。工作人员希望观众把奥克兰博物馆看成是包容多元声音的家，这当然也包括工作人员自己的声音。

为了完成这一系列目标，该馆从一个共同创造型长期项目《亡灵节》展览入手。《亡灵节》把工作人员对博物馆改革的很多设想和愿景付诸现实。该项目邀请了各类社区成员参加，并吸引了很多有着不同文化背景的热心观众。

《亡灵节》是该馆教育部门自 1994 年起举办的庆祝亡灵节[1]（在 11月 2 日）的社区展览。教育人员邀请当地艺术家、社区成员和外部策展人作为客座策展人一起建造神庙给死去的人们上供祭品。这些神庙被放置在馆内的专门空间，形式各样，在格调上既有搞笑的，又有令人揪心的，还有与政治挂钩的。该展览在亡灵节前后的两个月内展出，在这期间，参与策展的艺术家还会给观众提供讲座和导览服务。该馆在亡灵节前的一个周末举办了开幕式，免费展出当地的工艺品并允许出售，还有现场音乐和舞蹈表演以及在博物馆的庭院举行游行。

《亡灵节》由馆方的拉丁裔顾问委员会所构思。工作人员之前向这些社区顾问团的领导咨询过如何才能联系到更多的拉丁裔观众，顾问委员会便想到了从亡灵节入手。因为亡灵节在墨西哥文化中是一个非常重要的传统节日，也是能够集结各种社区来缅怀先人、为生者祈福的活动。所以，拉丁裔顾问委员会就问奥克兰博物馆为什么不能成为旧金山东湾区（East Bay）众多拉丁裔庆祝亡灵节的家呢？

《亡灵节》项目以及社区的庆祝活动获得了巨大成功。博物馆里挤

---

[1] 亡灵节（Día de Muertos）是墨西哥一个重要的节日，几乎与国庆节相当，类似于万圣节。家人和朋友在这天团聚在一起，为已经去世的家人和朋友祈福。传统的纪念方式为搭建私人祭坛，摆放用糖骷髅、万寿菊和逝者生前喜爱的食物，并携带这些物品前往墓地祭奠逝者——译者注。

满了说着不同语言的当地观众。在开幕式当天,有 3000～5000 人前来参加,而且每年有近 7000 人参观《亡灵节》的展览,其中大部分是学生团体。该展览也是奥克兰博物馆唯一一个需要提前预约的展览。

《亡灵节》不但吸引了众多拉丁裔和墨西哥的观众,很多新类型的观众也来到了奥克兰博物馆,因为这个展览反映了人类共有的情感和体验。该展览吸引了健康卫生产业团体、帮助有亲属在救济院的家庭的团体、绝症患者、正处悲痛当中的人以及心理治疗师前来参观。就连平时常来的学生观众也出现了变化。博物馆优先考虑让学前儿童来接受艺术的熏陶,中小学生则来学习文化遗产知识,大专院校里西班牙语专业和民族学专业的学生也会过来参观。项目主管伊芙琳·奥兰特斯(Evelyn Orantes)说道:

> 死亡这个话题超越了民族和文化的界限,因为它是我们每个人迟早要面对的事情。现在有这样一个教育机构给你提供了利用工具寄托哀思的安全办法。你瞬间就觉得这个展览有着非常真实的亲近感——会让你想到死去的妈妈或是孩子。这种由主题立马产生的亲近感通过博物馆、参与者和观者之间的内在关联而进一步加深。所以,这是一个让人们觉得找到自己归宿和主人翁意识的项目,博物馆也真正成为他们自己的博物馆。

工作人员伊芙琳·奥兰特斯和青年实习生布兰卡·加西亚(Blanca Garcia)创作了这件传统的祭品。该件作品被摆放在了 2003 年的《亡灵节》展览《世界哀歌:献给亡灵的艺术与祭品》(*Global Elegies: Art and Ofrendas for the Dead*)的入口处。

奥克兰博物馆《亡灵节》的体验帮助工作人员明确了其他展厅改造和转

型的可能性。该项目也和陆荣昌亚裔博物馆一样是需要工作人员本着敬业精神投入大量时间和精力的共同创造型项目。虽然奥克兰博物馆的有些展厅在改造的时候也会整体采用共同创造型项目，但大部分的参与形式还是走贡献型和合作型路子。观众可以分享他们的移民经历、在报刊上登文交流艺术并把自己的照片和故事贴在展墙上。这些展厅还会重点展出加州各地的居民合作制作的很多展品和媒体内容。工作人员还和观众在所有展厅里一起制作新的展品模型（包括那种在开发阶段没有观众测试环节的类似于纯艺术的展品）。

《亡灵节》深刻影响了奥克兰博物馆关于如何实现馆方目标的认识。该馆的转型很不容易，而且很多工作人员一开始不得不与对参与的偏见和恐惧作斗争。奥兰特斯在称赞《亡灵节》是由观众开发、执行并从中获益的项目时说：

> 有时候，这个项目就像在博物馆设了一个社区中心，而且我犹豫过要不要把《亡灵节》放到这个盒子里，因为我担心这会减损它的价值。人们可能会说我们请来的艺术家根本不是"艺术家"，而是"社区艺术家"。这个项目对艺术展览的基本概念造成了不小的冲击。为此，我们采用了平等主义方针，把艺术家、社区成员和学校团体相融合，所以你常常会发现一位知名艺术家的作品的旁边摆着一盘亮晶晶的通心粉。而且，据我所知，有的博物馆人还不知道如何去解决这个问题。

《亡灵节》的共同创作形式是对传统博物馆的传统做法的一次巨大颠覆。作为奥克兰博物馆改造计划的一部分，奥兰特斯和她的教育部门同事和策展人、研究员以及设计师合作分享他们对观众需求的认识，并设计出了这些参与式项目。正如该馆馆长洛莉·福格蒂（Lori Fogarty）所说："这是一次提升馆方能力的尝试。这种方式需要与之前大不相同的技巧和工作人员的角色转变来与观众互动。"通过分享这次经历，参与《亡灵节》的工作人员使整个博物馆成为热情欢迎观众前来参与的场所。

———

共同创造型项目让文化机构形成满足观众利益与需求的合作伙伴关系。也确实，观众每天来博物馆也是有自己的利益与需求。如果工作人员对这些利益与需求多加留意的话，他们就可以设计出让观众按照自己的需要使用馆内空间的项目，而不用把精力耗费在大量的合作型项目上。这种类型的项目就是第 9 章将要讨论的招待型参与。

第 9 章

招待参与者

招待型项目也是参与的常见形式,在该类项目中,馆方通常把一个展厅或是一个活动直接交给社区成员。招待型项目一般要馆方与社区成员确定正式的合作伙伴关系,包括常见的巡回展览、邀请艺术家进驻(artists-in-residence)、自由行以及其他运作模式。本章并不打算探讨专业人士如何与馆方开展正式合作,而是把重点放在那些业余人士和散客如何对文化机构加以新的利用。

以下是文化机构选择招待型参与模式的四个目标:

1.鼓励公众以多种用途放心使用文化机构;

2.鼓励观众大胆改造和使用文化机构及其内容;

3.给各种工作人员无法施行或是不愿施行的展览、表演和其他目的提供场地;

4.吸引新的观众,带动他们来文化机构的兴趣。

与其他参与模式需要馆方在某种程度上刺激和劝说观众参与所不同的是,招待型项目不需要馆方强迫观众参加——它只是一个让观众想做什么就做什么的开放平台。但事实证明这种想法太天真了。当观众和参与者的价值观产生分歧时,问题就变复杂了。招待型模式不仅仅因为其是一门有用的技巧,所以馆方才想给观众提供这些特殊的机会。同样,如果限制观众的某些行为(例如,照相或是大声说话),工作人员就该知道这些限制给馆方和观众之间的关系带来的潜在负面影响。

　　有的博物馆和图书馆设有专门的"喧哗时间"(loud hours),允许观众或读者在这段时间内自由自在地交流。"喧哗时间"让观众以平时的音量说话,使观众在馆内感觉更自在。在艺术博物馆里,工作人员利用"喧哗时间"鼓励观众谈论艺术、提升社交学习体验,而这种体验是在平时的正常情境下难以享受到的。

　　"喧哗时间"也许会让视博物馆和图书馆为肃静之地的赞助人和工作人员甚感失望。对于主动设置"喧哗时间"的文化机构来说,工作人员应该明白这样做的利大于弊。馆方不单单要考虑到"喧哗时间"所带来的噪音,而且要想到它对社交学习和吸引新的观众所起到的作用。"喧哗时间"在观众可以互相讨论和回答的社交情境中非常奏效,而且它在文化机构延长开放时间以及特殊开放日能吸引到更多的新观众。

　　招待型策略可以用于一些比较简单的项目,不过也可以广泛应用于馆方的各项工作当中。招待型项目可以彰显馆方对某个主题或是某类观众的责任与义务,也可以通过举办大型活动或是给其他组织的社区成员提供场地来体现文化机构作为公众参与的"城市广场"的独特地位。[1] 如果你能以清晰的目标支撑招待型策略,你就更能设计出兼顾你的目标和观众需求的项目。

招待能促进观众对文化机构的自由使用并带来显著的收益

　　"喧哗时间"是招待型策略用于解决观众在文化机构的感受的案例。设计时,要考虑的基本问题有椅子的舒适程度和数量、时间长短、门票价格、饮食场所以及给残疾人观众提供的特殊服务,这些都会影响到观众在文化机构内的舒适感。

　　大部分文化机构都给观众带来了舒适的社交体验——例如,给观众约会或是家庭出行提供了良好的环境和氛围。很多博物馆还把去礼品

---

〔1〕　与非传统观众围绕气候变化问题发生联系的案例,请参见本书第 20—22 页野生动物中心的案例分析。

店和餐厅消费的观众也算进总的观众流量，并且还说商店店员和咖啡厅老板也是观众，即便他们不看展览也不参加活动。同样地，还有很多文化机构积极向社会推销自己的场地来用做别的用途，比如举办婚礼和生日宴会。当然，大多数博物馆还是对场地出租的用途有明令限制（例如，禁止举办狂欢节和政治募捐活动），不过场地出租确实是补贴营运成本的一个重要途径。吸引观众过来吃饭、购物和其他用途确实不错，因为这些行为无疑会给文化机构带来巨大收入，而且还建立了馆方与观众日常生活的联系，尽管这种联系很松散。

印第安纳波利斯艺术博物馆门口的一张条幅上印着在馆内提供免费 Wi-Fi 服务的广告。

不过，一说到非营利的日常使用，情况就变得复杂了，比如给观众提供免费 Wi-Fi。Wi-Fi 在图书馆已经是一项必要服务项目了，它可以帮助图书馆完成让民众自由获取信息的使命。然而在博物馆，该不该提供免费 Wi-Fi 这个问题尚不明朗，有的博物馆认为 Wi-Fi 是帮助观众在自己的移动设备上进行学习的一项必需品；而有的博物馆只想鼓励观众在馆内随意学习，即便他们利用互联网浏览一些跟博物馆无关的内容。

Wi-Fi 之争折射出一直以来对于文化机构怎么才算招待好了观众的文化偏见。亨利·福特博物馆（Henry Ford Museum）的技术部主任苏珊娜·费舍尔（Suzanne Fischer）曾言："Wi-Fi 对于观众来说是必不可少的服务设施，就跟卫生间一样。"[1]但是工作人员很容易反驳说观众在其他地方可以上网，所以没必要在博物馆设 Wi-Fi；如果设了的话，

---

〔1〕　参见 http://www.participatorymuseum.org/ref9-2/

就会面临其他观众可能要求再设婴儿车或是在自助餐厅设素食选择的麻烦。当工作人员可以决定何种休闲活动应该保留时，他们也同时拥有了决定什么类型的观众该来参观文化机构的生杀大权。

鼓励有创意的改造

有的观众把文化机构作为自我创意表达或是社交体验的场所。这些对观众来说是积极的教育体验，同时也可以起到宣传文化机构的作用。但是观众的行为也有可能侵犯版权或是让工作人员和其他观众感到为难。就如同在自然史博物馆看到一位牧师带着一队信徒参观，然后以造物主之说重新解读展览一样，工作人员可能会因此困扰不已。

所以，我们不得不又回到馆方需求与参与者需求的平衡点上。利用文化机构满足自身目的的参与者想的是怎么让自己和自己的阵营受益，而馆方和其他观众的利益只能退居其次。招待型参与者和馆方在对待观众的角度上有很大的分歧，这些分歧有害（如果参与者疏远观众或是给观众带来麻烦）也可能有益（如果参与者与观众井水不犯河水）。

例如，博客文章《跳也要跳的有创意》（Jumping in Art Museums）就以人们在博物馆展厅里跳跃的照片为卖点。[1] 来自华盛顿的艺术家艾莉森·雷姆斯（Alison Reimus）写这篇博客的初衷是想表达自己和艺术交汇时那种"兴奋地跳起来的喜悦之情"。雷姆斯也想别人和自己分享这份喜悦，所以这篇博客就展示了世界各地很多艺术跳跃者的照片。

浏览《跳也要跳的有创意》的读者中有那些经常泡博物馆的艺术爱好者，但并不是所有人去博物馆时都会看到有人在跳，或是他们自己想跳。一些观众，可能就是因为看了这篇博客所以跃跃欲试。有的文化机构，如比利时的摄影博物馆（Fotomuseum）的工作人员从这篇博客中获得灵感，便给观众跳跃之时拍下专业照片，但有的文化机构的工作人员和保安却对这种蹦跶很恼火。

---

〔1〕 浏览《跳也要跳的有创意》，请登陆 http://www.participatorymuseum.org/ref9-3/

观众和工作人员在比利时安特卫普的摄影博物馆内跳跃。

　　如果参与者的创意改造和馆方使命相关，工作人员就会在态度和设备上皆予以支持。例如，2009 年旧金山现代艺术博物馆的工作人员发现有的观众喜欢在展厅里临摹名画，所以，工作人员就特意在大厅里留了几个小时的临摹时间给他们。工作人员并没有给予画画技法上的指导或是系统的知识，但是他们给观众的临摹行为表示赞同和支持，这表现了馆方欢迎并鼓励这种活动的开展。

　　为了明确什么样子的创意活动值得发扬，工作人员需要把其个人对馆方和观众的需求的感应和爱憎区分开来。如果工作人员觉得参与者正在给其他观众造成困扰或是威胁到展品的安全，他们就应该适时出面制止。但如果工作人员因为自己的个人喜好就反对自己不喜欢或是不爽的活动，那就是不明智之举。

　　如果针对行为的指南不够清楚,就会给观众和工作人员带来困扰。我曾经和我父亲一起参观一家艺术博物馆。我们本想用 MP3 录下我们谈论艺术品的对话,然后发到播客上。但我们马上就被一名工作人员制止了,不过他却给不出理由。于是我们到前台进行咨询,工作人员叫我们等公关经理的回复。20 分钟后,这位公关经理通知我们可以录自己的声音,但是不可以录任何发自展区艺术品的声音(因为涉及版权),也不可以和其他观众交谈(没有给理由)。

　　我和我父亲感到这家博物馆并不支持我们想制作播客的愿望,所以我们离开了。难怪人们会用"熊孩子"(rogue)这个词来形容那些不是由博物馆工作人员上传的播客。[1] 然而,在很多文化机构里,即便这些行为并不违反馆方的明文规定,但馆方还是会认为其违反了观众应该使用什么设施、能使用什么设施的潜规则。

辅助馆外活动

　　文化机构更喜欢看到自己的合作伙伴和艺术家、地方爱好者协会或是社区成员直接合作来创作与馆方使命相关的产品。一些艺术机构或文化机构会在每年的 12 月举办工艺品展销会,一来是提升当地艺术家的名气,二来时间恰好与圣诞节和新年假期购物衔接。波士顿儿童博物馆每周都会举办农贸集市来表达馆方提倡健康饮食的理念。

　　这些创意合作能让馆外参与者提供文化机构自身所无法提供的服务和体验。例如,一家科学博物馆可能没有用于开展公众科学项目的资源,但是它可以给当地正在找地方安家的业余科学家提供场地,让他们有地方做实验。

　　艺术博物馆在教育活动方面走在了招待型项目领域的前沿。丹佛、

---

〔1〕　收听一段经典的熊孩子博物馆播客——由 Vital 5 Productions 出品的"波特兰艺术博物馆非官方导览讲解"(Portland Art Museum Unauthorized Audio Tour),请登陆 http://www.participatorymuseum.org/ref9-4/

旧金山、西雅图等很多城市的艺术博物馆每个月都会举办面向青年专家的大型聚会，而且经常是由馆外团体组织的集体艺术创作活动。这些活动包括集体编织、社交游戏和丝网印刷等。丹佛艺术博物馆的《无题》(Untitled)项目却"绕道"由艺术圈之外的专家组织——从分析心理学家到动物园管理员——他们在那分享自己对艺术品的观察和感应。西雅图艺术博物馆(Seattle Art Museum)大半夜的《混合》(Remix)项目里，嘉宾导游还会提一个导游常问的问题"我最喜欢的东西是？"

这些项目常常和馆外人士的自主改造有着异曲同工之妙，如艺术博物馆里熊孩子的播客，但是项目在开始之前会要馆方审查每位合作者。让观众和馆外艺术家直接接洽也能促成参与。人们在受到鼓舞之后，更愿意投入热情来按自己的创意重新使用文化机构。

招待新观众

招待型参与能帮助文化机构与那些从来不觉得文化机构与自己的生活有何瓜葛、也从来就对文化机构不感兴趣的人发生关联。对这类观众而言，招待型项目向他们表明馆方有能力在他们已经喜欢的活动中增添新的价值。例如，很多博物馆举办午夜活动，吸引年轻人来展厅跳舞、交际、开派对。这些活动旨在帮助新的观众把博物馆看成是促进社交体验的娱乐场所。

但这些活动也充满着争议。一些传统人士认为把花在既有项目上的资源浪费在这种活动上没有任何好处，但正如展厅里的多语言说明牌能迎合外国观众的需求一样，博物馆的社交活动同样能迎合年轻人的需求。

公共图书馆的一项很常见的招待型项目游戏之夜(game nights)就很能说明这个问题。在美国有很多图书馆都有游戏之夜，主要是面向小朋友和青少年，读者可以使用图书馆的电脑和游戏机来玩多人网络游戏。图书馆管理员通常都会鼓励小朋友以有别于传统的方式对图书馆加以利用——玩游戏、赛跑、吃披萨、大喊大叫等。伊利诺伊州斯科奇公共图书馆(Skokie Public Library)的管理员托比·格林沃特(Toby Greenwalt)在 2008 年举办过家庭游戏之夜的活动,并在活动当中设置了很多留言板方便小朋友分享他们的想法。小朋友通常会写道:"这是我在图书馆待过的最棒的一晚,太好玩了"和"这地方超赞!"[1]

这个招待型项目和图书馆的使命沾边儿吗?还是说它会误导小朋友对于图书馆的真正用途?举办这些项目的图书馆管理员通常会说这些游戏符合图书馆的使命,因为它们实现了惠及社区以及让居民可以接触并使用媒体内容的办馆目标。斯科奇公共图书馆的发展愿景是:

> 斯科奇公共图书馆对于活跃社区、发展文化多样性、满足各年龄层次的个人和家庭自由畅享终身学习以及探索流行文化与艺术具有重要作用。斯科奇的居民可以从多种渠道获取信息,同时其个人自由和隐私将受到保护,并且从文化多样性中受益,从而积极参与到社区生活中来。[2]

游戏之夜满足了读者对图书馆作为致力于家庭探索、休闲和学习的社区活力场所的感受。从图书馆的发展角度看,游戏之夜就跟其他的招待型项目比如经典音乐午餐时间或是社区集体会议一样,都与图书馆的使命息息相关。

以这种方式招待新观众能够帮助他们认识到自己的个人目标能够在图书馆实现。当图书馆实现了一位小朋友想要挑战自己让自己变得更合群的心愿时,她就已经开始把图书馆看成是一个有助于满足自己的娱乐需求的积极场所,她可能因此还想发掘点什么。正如图书馆管理员玛丽安·侯斯(Marian Hose)谈自己举办游戏之夜的经验时所说:"小朋友们都玩得很开心,我们还见到了很多新面孔。还没有办借书卡的小朋

---

[1] 浏览格林沃特 2008 年写的博客文章《游戏之夜的用户评价》("User Comments from Game Night"),请登陆 http://www.participatorymuseum.org/ref9-5/

[2] 了解更多关于斯科奇公共图书馆的发展愿景和使命的信息,请登陆 http://www.participatorymuseum.org/ref9-6/

友都争着要办一张,很多新来的小朋友还'一本正经地'要再来图书馆加以利用。"[1]

并不是所有参加过游戏之夜或是其他招待型项目的小朋友都会再来图书馆以传统的借书、检索资源的方式对图书馆加以利用。这其实是好事,因为斯科奇公共图书馆的发展愿景里也没有界定何种方式才是正确地让纳税人"畅享终身学习和探索"。这个愿景真的实施起来后,工作人员会欣然发现纳税人使用图书馆的目的与图书馆自身使命是密切关联的——无论是玩游戏、开会还是阅读。

当招待型项目不断发展壮大而且成本日益昂贵之时,什么样的招待型项目才值得追求的问题就提上日程了。如果吸引新的社区需要大量的时间和经费的话,这么做有什么意义呢? 这个问题将在下面要讲的安大略科学中心(OSC)的案例中得到解决。

【案例分析】

评估举办《888》多伦多线下聚会的价值

2008 年 8 月,安大略科学中心为全球的 YouTube 用户举办了一次名为《888》的线下聚会。《888》的成本很高,而且结果也很复杂,同时激发了对是否值得花这么多钱吸引新观众的思考。

《888》的想法源于 OSC 成功进军互联网视频分享领域。OSC 在 YouTube 和其他视频网站上的访问量很高,他们的视频——绝大部分是工作人员从公开课和讲座上剪辑而成的短片——在 YouTube 上有上百万的点击量。视频的设计者和制作人凯西·尼古拉查克(Kathy Nicholaichuk)是个资深 YouTube 专家,而且她对将 OSC 与 YouTube 的进一步结合充满了兴趣。她和工作人员从活动、项目和观众团队体验

---

〔1〕 参见亚伦·施密特(Aaron Schmidt)2005 年 11 月写的博客文章《DDR 之夜的又一成功》("Another Successful DDR Night")的第 7 条评论,请登陆 http://www.participatorymuseum.org/ref9-7/

入手,一起构建这次聚会的三个目标:

1. 表明 OSC 对 YouTube 应尽的义务;

2. 给科学中心注入懂视频拍摄的新鲜血液;

3. 制作的视频内容应该让科学中心和集会参与者双双

受益。

尼古拉查克和其他 YouTube 爱好者通过 YouTube 及其他社交媒体平台对《888》进行宣传推广。很多 YouTube 用户在还没踏进安大略科学中心之前就制作了对其印象的评论视频。有大概 460 人出席了那次集会——迄今为止最大的 YouTube 线下集会。这次集会就像是在科学中心开的盛大派对,期间有才艺表演、开放展厅、美酒珍馐,还有必不可少的拍照留念。

尽管参与者来自世界各地,但开场派对的一项调查显示 75% 的人是多伦多本地人或是来自加拿大的其他地方。[1] 大约一半的参与者是 19 岁以下,还有 15% 的参与者在 20~25 岁之间。超过三分之一的人之前从来没来过 OSC,而来过的观众大部分是跟朋友或家人一起。在聚会上,参与者们制作了 1000 多个视频,而且有两百多万人通过各种纸媒、广播和电视的报道了解了 OSC。这些视频本身在 YouTube 上也有上百万次的点击量和上千条回复。

这些数据无疑很震撼。发扬革新精神是 OSC 的义务,而且跟其他的科学中心一样,OSC 正努力吸引二三十岁的年轻人(科学中心的核心观众一般是家庭和学龄儿童)。正如日常体验操作部门的副主任凯文·冯·阿彭(Kevin von Appen)所说:"(年轻人)探索科技并有所革新。而这正是我们希望在观众身上培养的技能、态度和行为。"《888》清楚地向

---

〔1〕 浏览关于《888》的参与者和影响的更多信息,请登陆 http://www.participatorymuseum. org/ref9-8/ 参阅凯文·冯·阿彭、凯西·尼古拉查克和凯伦·黑格(Karen Hager)2009 年合撰的研究报告《WeTube:虚拟社区在安大略科学中心的实体化》("WeTube:Getting Physical with a Virtual Community at the Ontario Science Centre")

年轻人以及他们的社交圈子展示出这是一个可以玩、可以带来愉快社交体验的地方。

　　大部分在集会上制作的视频都是社交的产物，它们把重点都放在了参与者在相聚之后如何兴奋、如何玩、如何闹上面去了。尽管很多视频都把 OSC 看作一个社交活动场所，但只有很少的一部分视频是关于参与者使用展品或是交流科学的。不过每个人都玩得很开心，没有谁冒犯了谁，但是视频上的活动并不能作为 OSC 观众体验的典型，也不能用来和潜在观众交流体验。一方面，这是可以预见的，OSC 招待了 YouTube 社区的成员所以它就产生了自己的 YouTube 体验。但是另一方面，这又是有问题的，因为大多数 YouTube 用户在看完视频之后会觉得 OSC 是个开派对的地方而不是一个教育机构。

　　换句话说，460 个年轻人制作了 1000 个关于自己在科学中心是怎样玩的视频。所以，问题就来了：这样做值得吗？

　　从参与者的角度看，这次体验相当值。有的参与者这样评论："这真是我人生中最棒的时刻了！……我永远也忘不了。"这次聚会很好地满足了 YouTube 用户的需求，而且这些用户感到自己充分利用了 OSC 这个场地来满足自己的社交和创意目的。

　　从科学中心的角度看，这次聚会的结果有点复杂。OSC 为了宣传和举办活动，在每位参与者的身上花了大概 74 美元（大部分是劳务支出）。工作人员本来希望参与者会利用这次机会来接触展品，并制作具有教育意义的视频。但是这次活动吸引了从来没想要来科学中心参观的年轻人，而且也促使当地的一些 YouTube 用户重新审视 OSC。

　　虽然 OSC 认为《888》是一次很有价值的尝试，但他们不打算在 2009 年举办同样一场《999》盛会。冯·阿彭说：

　　　　复制《888》不会有任何进步。我们已在恰当的时间以恰当的方式处理好了瞬息万变的事情，而且得到了我们想要的结果。所以，是时候要考虑一下下一步要怎么做了。不过我们仍然在寻求一种更简单、更深入、更贴近地方居民的方式使这一盛况得以重现。

《888》的参与者正是 OSC 通过其以创新为主打的展品和结局开放的项目吸引过来的观众。所以，《888》成为了安大略科学中心将自己塑造成吸引年轻人体验的场所。问题在于如何把这种娱乐活动转化为与馆方目标相挂钩的教育活动呢？

把招待作为深层次交流的试点

像《888》这样的活动无论在哪个文化机构都难以复制。所以，如何才能将一个成功的招待型体验扩散到更多的项目中呢？

首先要明确指出其他项目与参与者的利益相关。在参加聚会或是活动的人当中只有一小部分会去展厅逛逛或是拿起一本宣传册看看。为参与者举办招待型活动时可以为馆方的其他活动或内容埋下伏笔。丹佛艺术博物馆的《无题》项目不仅仅是个派对——工作人员还安排了鼓励参与者和展厅的艺术品发生关联的其他活动。同样，你可以预想到以后在科学中心或是博物馆开 YouTube 线下聚会时，就可以给参与者发起制作与展品相关的视频的挑战。

如果你想要和招待型参与者进行更深层次的交流，那就在你的馆内开始一项观众喜闻乐见的活动或体验。如果人们想借你的博物馆拍照，那就可以问他们想不想在接下来的活动中当一回狗仔队。如果他们来博物馆是有正事要办，那就建议他们去馆内一个比较安静的地方激活大脑。如果他们是朋友一起来博物馆，而且有自己的游览规划，对展品也很熟悉，那就可以请他们给学校团体或其他观众提供讲解志愿服务。如果他们在漆黑的展厅里卿卿我我……额，恐怕这种活动不是你想鼓励的吧。

【案例分析】

音乐体验科幻博物馆招待青少年观众

2009 年我在西雅图的音乐体验科幻博物馆与摇滚名人堂[1]做一个旨在吸引青少年来博物馆的项目。跟奥克兰博物馆的《亡灵节》(参见本书第 284—286 页)一样,EMP|SFM 也有一个加深与青年观众联系的旗舰项目。这个项目就叫做《想唱就唱!》(*Sound Off!*),邀请成员年龄在 13 到 21 岁之间的乐队进行决战。每年秋天,青年乐队都会提交申请,馆方会选出 12 支乐队在来年春天进行四场半决赛。这 12 支乐队会有专业音乐人士进行指导,媒体也会对其大肆报道,更有机会在博物馆成百上千名尖叫的粉丝面前一展歌喉。

我第一次和 EMP|SFM 的工作人员讨论《想唱就唱!》项目时,他们就说这个项目很劲爆,但又觉得参赛者可能会单纯把博物馆当成摇滚演唱会的举办场地。他们担心除了演唱会之外,年轻人不会把其他值得一看的展品与体验跟博物馆挂钩。工作人员想找到一种利用年轻人对《想唱就唱!》的热爱使他们更加充分认识博物馆的方法。这也是多年以来博物馆一直想要开发一批由年轻人挑大梁,又能吸引到参与者之外的观众来博物馆的项目的夙愿。

我们没有设计一个新的项目来探求激发年轻人参与的方法,而是从那些喜欢《想唱就唱!》的年轻人入手,推测出其他可能感兴趣的体验。因为这些年轻人都把博物馆视为《想唱就唱!》项目期间现场音乐会的主办方,所以我们决定以他们对当地乐队表演的现场演唱会作为博物馆体验的切入点。EMP|SFM 通过四种方法和《想唱就唱!》的观众保持了较

---

[1]　音乐体验科幻博物馆与摇滚名人堂(Experience Music Project and Science Fiction Museum and Hall of Fame,简称 EMP|SFM):2000 年由比尔·盖茨的合伙人保罗·艾伦(Paul Allen,1953—)创办,致力于对流行音乐、科幻小说等流行文化的历史记录和探索,现改名为 EMP 博物馆(EMP Museum)——译者注。

深的联系:

1. 工作人员在社交网站上开通了一个《想唱就唱!》的公共账号,这样乐队和粉丝可以直接在上面联系并获取有关在太平洋西北地区(Pacific Northwest)举办的音乐盛典的最新消息。这个网络社区很快就吸引了青年音乐家们和其粉丝还有青年乐队经纪人及宣传推广人员的关注。我们诚邀以前参加过《想唱就唱!》比赛的年轻人作为顾问,与我们一起在网络社区上发布和推广演唱会的内容。我们的目标是,三年后,把原本由工作人员管理的网络社区顺利移交给顾问成员和《想唱就唱!》的参与者。

2. 从教育层面讲,工作人员开发了很多不同的音乐制作和表演的教育项目,这样,年轻人就能更有效地在《想唱就唱!》中追寻自己的音乐之路。博物馆提供包括夏令营和工作坊在内的教育项目来帮助青年音乐家们提高自己的演奏水平。很多参加《想唱就唱!》的乐队都不知道有这些机会,它们中的大部分都没能进入半决赛,而且如果没被选上的话这几年都不会理博物馆。工作人员苦心孤诣地给活动打广告,劝参赛者参加馆方举办的培训班和夏令营,帮助他们提高夺冠概率。

3. 在展厅中,工作人员把《想唱就唱!》半决赛当中的内容用多媒体的形式和获胜者融入展览中,这样,乐队的粉丝就可以把追星作为博物馆之行的组成部分。该博物馆把《想唱就唱!》的乐队与馆内已有的口述史项目和当代艺术家的多媒体展品相融合,工作人员还考虑让青少年观众通过手机接收和制作额外的音频和视频的内容。

4. 《想唱就唱!》本身的参与程度在加深。三年期间,观众会受邀帮助工作人员给比赛充当评委、为该项目设计 T 恤和图案,以及向公众报道参赛选手和其表演状况。

在社区艺廊办展

不是所有的招待型项目都是以大型活动形式出现。文化机构邀请人们与之分享其艺术品收藏和故事的最常见做法就是在社区艺廊[1]让个人或社区群体办自己的展览。与陆荣昌亚裔博物馆的共同创造型办展模式(参见本书第 272—276 页)不同,社区艺廊是专门为馆外参与者统筹从内容选定、展品设计到现场安装的所有步骤的地方,其间偶尔会接受馆方在大方向的指导。社区成员办展要事先提出申请,馆方再选择哪些项目适合实施。然后,社区成员在工作人员的有限协助下全权负责从策划到施工的整个过程。

办得成功的社区艺廊展览通常都具备以下几个逻辑特征:

- 展览有时间限制。这项条款保证了馆方可以让各种不同的声音轮番上阵,从而最大程度上减小那些办得不好的展览产生的负面影响。

- 参与者可以领到固定津贴。津贴通常是由固定数额的材料和办展费用组成。如果馆方想让平民阶层多多参与进来,那就要多给他们时间上的补偿。

- 馆方为策展提供基本的时间表和框架。工作人员通常会定期和参与者会面,了解办展进度,为参与者解惑,帮助展览按正常轨道运行。

- 除了定期正式会面,工作人员还会在有限的范围内帮助参与者解决设计和技术上的问题。能有机会和专家交流可以帮助参与者树立自信心并提高策划高质量展览所必需的技能。

---

[1] 社区艺廊(community gallery):欧美国家的一些市政厅、博物馆、历史学会等公共机构或非营利组织会设立一个专门的空间供当地居民、团体及艺术家等展示物品,通常会象征性收取费用或免费——译者注。

与共同创造型项目不同的是,在社区艺廊项目中,工作人员通常都会有意限制而不是增加与参与者协商的时间。

• 馆方鼓励参与者使用营销手段来宣传推广自己的展览。这样做能激发参与者自己找观众,而这些观众很可能会成为馆方的潜在观众,这比单纯依靠馆方原有的观众要好得多。

• 馆方还鼓励参与者在展览运行期间增设一些教育项目。很多展品一旦让观者联想起自己的故事,与其产生共鸣就变得生动活泼。

尽管社区展览经常会选取一些观众喜闻乐见的话题来打开潜在市场,但它们的质量却不如博物馆官方制作的展览,也与博物馆的整体风格不统一。这种结果也会与工作人员管理的其他展览相矛盾。

社区艺廊通常都尽量避免工作人员的参与,所以也就很少能制作出非常精美的展览。底特律历史学会[1]的展览和项目部门主管特蕾西·欧文(Tracy Irwin)曾说,尽管他们的当地社区展览反映了底特律市民独一无二的故事,但是这些展览的设计水准真是千差万别。彩色背景有时候塞满了字体很小的文字,策展人还会把展品和说明牌放到人看不到的高度。虽然博物馆工作人员在设计自己的展览时知道如何避免这些问题,但他们的合作伙伴就不一样了,他们在社区艺廊可以怎么顺眼就怎么设计,不用顾及那么多。

奉行这种不干涉主义的方法夸大了参与者的创造力而贬低了馆方的作用。虽然不是所有的文化机构都有时间去指导社区展览,但工作人员只要做一点简单的事情就能提升社区展览参与者和观众等人的体验。工作人员可以:

---

〔1〕 底特律历史学会(Detroit Historical Society):1921 年由美国律师、历史学家克拉伦斯·伯顿(Clarence M. Burton, 1853—1932)创立,旗下有两个博物馆,分别为底特律历史博物馆(Detroit Historical Museum)和道森五大湖博物馆(Dossin Great Lakes Museum)——译者注。

底特律历史学会的社区艺廊里一个有关底特律华人街的展览上写满文字的时间轴展板。

- 开设讲解展览设计的辅导班和工作坊。
- 要求社区群体必须要有一名艺术家或是设计师。
- 举行碰头会，群策群力讨论讲解和互动的形式。
- 邀请社区成员参与评量现有展览，帮助他们了解展览的工作标准。
- 鼓励社区成员尝试制作展品，并将观众评价纳入策划过程。
- 在展览诉求中融入一些富有创意的挑战，鼓励独特的解读风格和主题。

　　尽管社区艺廊一般是用来邀请参与者创作与文化机构其他展厅内容相区别的展览，但这同样可以达到让外界人士思考文化机构所处的社会角色的目的。2007 年巴塞罗那的毕加索博物馆（Museu Picasso）和当地一所艺术设计类大学艾伊娜设计和艺术学院（Eina School of Design and Art）合作，由插画专业的学生策划了一场社区展览。

　　学校老师要求学生的作品能够反映博物馆日常生活的某个方面。26 名学生花了 3 个月的时间在博物馆里观察人们如何在礼品店购物、如何使用厕所和如何参观展览。2009 年便在一个小展厅里做成了《重

插画师奥泽·塔雅达(Oze Tajada)的作品《被通缉的毕加索》(*Wanted Picasso*)描绘的是毕加索博物馆门外卖毕加索伪作的街边小贩。

思毕加索》(*Repensar el Picasso*)展。该展览把目光放在了博物馆和其功能的独特性上。[1] 参与者把从厕所的卫生规范、保安的巡视路线到博物馆外的奸商吆喝着叫卖便宜的纪念品等博物馆内外的所有事物都融入这个展览中。

　　通过邀请艺术家"重思"博物馆,毕加索博物馆终于成功地让插画家和博物馆的许多功能和特性相关联。随之产生的结果便是以外界人士的角度呈现的博物馆工作最为亲切的一面。

────

　　以上四章分别论述了开发贡献型、合作型、共同创作型和招待型项目的技巧。如果你的文化机构正在着手这些项目,你凭什么能证明你的项目能够实现你们馆的目标呢? 为了回答这个问题,我们将在下一章,也就是第 10 章来探讨评估参与型项目及其影响的技巧。

---

〔1〕 浏览《重思毕加索》展的更多图片以及下载展品目录,请登陆 http://www.participatorymuseum. org/ref9-9/

第 10 章

评估参与式项目

　　缺乏一个好的评估体系也许是参与式项目无法在博物馆推广的最大阻碍。评估可以帮你掌握以往项目的影响并给今后提供借鉴，同时还能帮你了解工作的可取之处和薄弱之处在哪。尤其是在实践环节，评估可以帮助专家取长补短、共同进步。

　　参与式项目的评估与其他类型项目的评估没有本质上的区别，但在评估参与式项目时，有四点尤其要注意：

　　1. 参与式项目是过程和结果的综合产物。参与式项目要求人们为其工作，这就意味着评估必须以参与者的表现及其影响为要。如果单单是把馆方提供的参与式项目做成列表，上面写着观众留言次数、参与的展品和项目的交流记录是没用的。评估人员必须掌握参与者是怎么做的，并将参与后的结果进行描述。参与的结果有外在的，如观众交流的比例上升；也有内在的，如观众获得新的技能或是与馆方的关系得到加强。

　　2. 参与式项目不仅仅是参与者的事情。所以，馆方在设定目标以及评估结果时，不应只想到参与者，而应该还包括工作人员和没有参与进来的观众。每个项目开始前，你都要先和积极合作的参与者、负责项目进程的工作人员还有消费参与的产出的观众说清楚你要达成的目标是什么。

　　3. 参与式项目在实施过程中需要渐进评估（incremental

assessment)和及时调整(adaptive measurement)。很多参与式项目都是注重参与过程的。所以,如果你要和社区成员合作设计一个为期三年的新项目,那就不能等到三年后再来评估整个项目。渐进评估可以在让复杂的项目时刻与馆方的终极目标保持一致的同时,使所有人都从中受益。

4.有时候,把评估过程本身做成参与也是很好的选择。如果项目是由馆方和社区成员共同策划,那在项目评估阶段继续邀请参与者来实施也是很有道理的。这尤其适用于参与者需要担负很大责任的共同创造型和招待型项目。

评估影响

评估参与式项目的影响要经历三个步骤[1]:

1.设立目标;

2.界定符合目标的行为和结果;

3.通过可观察的指标来评量其结果产生的影响和概率。

通过一定的指标便可以看出结果有没有达到预期的目标。虽然这三步的应用范围不单单是用来评估参与式项目,但是评估传统的博物馆项目的时候很少会用到目标和结果。

回想一下陆荣昌亚裔博物馆采用大量的指标来评估其履行社区使命的程度的案例(参见本书第 272—276 页)。如果对象是参与者,工作

---

[1] 浏览更全面的评估结果和影响的方法,请登陆 http://www.participatorymuseum.org/ref10-1a/,下载英国政府关于社会投资回报率(Social ROI)的报告。查询非正式科学项目的评估实施框架细节,请登陆 http://www.participatorymuseum.org/ref10-1b/,参考美国科学基金会非正式科学教育项目影响评估实施框架(NSF Frameworks for Evaluation Impact of Informal Science Education Projects)(PDF 格式)

人员就会评估"人们为我们的展览贡献了多少物件和故事"。[1] 如果对象是观众,工作人员就会考量"选民能否轻松地提供正面的和负面的反馈意见"以及"社区成员会不会一次又一次重返博物馆"。如果对象是馆方,工作人员就会评量参与者的人际关系处理得怎么样、年轻人的领导能力是否有所提高。如果对象是馆方的影响,工作人员就会考察"社区对展览的回应程度是不是更大了"。这些结果和指标也许不够典型,但都是可以衡量出来的。例如,观众的正面评论和负面评论的指标就可以反映出他们是否有兴趣支持该展览,而不仅仅是夸展览办得好。很多博物馆都会审查观众的评论,但是很少有博物馆会乐于接受负面评论,并作为其是否成功的准绳。

第一步:表明你的目标

评估参与式项目的第一步便是列出一系列明确的目标。尤其是在处理新的和不曾熟悉的项目时,工作人员甚至有可能不知道什么样的结果才算是成功。有的人可能会关注如何保持馆方与观众关系的持续性,还有的人可能想着要把观众的创造性摆到优先位置。有了明确的目标,就能让每个人对项目或是馆方的未来远景做到心中有数。

设定目标时可以不必给每个单独的项目弄得很详细,而是可以统摄馆内的所有项目。例如,生命与科学博物馆(MLS)的贝克·坦奇(Beck Tench)就用一个蜂窝图来展示 MLS 在与公众参与过程中要实现的七大核心目标:教育、有空间感、公开透明、科学普及、促进交流、建立联系和鼓励分享。这张图成了 MLS 的工作人员将目标转化为参与项目实践的共同语言。

这张图也是策划工具。坦奇和其他工作人员把可能实现的目标的六边形用颜色加深。这有助于把优先成功的想法挑出来并时刻留意项

---

[1] 浏览陆荣昌亚裔博物馆的所有评估指标,请登陆 http://www.participatorymuseum.org/ref10-2/

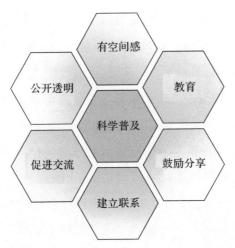

这张看似简单的蜂窝图帮助 MLS 的工作人员考核
项目是否达到馆方的预期目标。

目潜在的不均衡之处。后来，工作人员利用这张图来检视每个目标是否
得到了很好的贯彻。

　　蜂窝图就是一个简单的框架，其运用的项目范围很广，而且通行于
策划或是施工等项目节点。MLS 的工作人员、观众和社区参与者在任
何阶段都可以用其评估项目体验和专业程度。这张图的最大特点就是
简单易用。

第二步：界定参与的成果

　　共同的目标让工作人员在讨论自己的抱负时有了共同的话语。这
里所说的成果便是工作人员视为实现目标的指标。成果和产出是不同
的，例如，如果参与的目标是让文化机构成为一个"讨论棘手话题的安全
场所"，那么很多博物馆为了实现这个目标的切入点便是先举办一个刺
激性主题的展览或项目来制造"棘手话题"。但是做一个有关艾滋病的
展览或是主持一个关于种族主义的讨论会既不能促进参与者的交流也
不能让他们觉得博物馆是个安全的场所。在这里，展览就是产出，但产
出却不能确保会带来预期的成果。

那么，一个"讨论棘手话题的安全场所"应该得到什么样的成果呢？这样的场所应该：

- 吸引并欢迎对争议话题持不同观点的人。
- 让参与者有足够的机会对棘手话题进行交流。
- 让参与者充满自信、心情舒畅地表达自己的观点。
- 让人觉得这次体验既有挑战又有希望。

上面每点都是可以用数据衡量出来的成果。例如，如果把展览中的留言板作为一个"讨论棘手话题的安全场所"，工作人员就应该收集这些数据：

- 观众意见中的不同观点。
- 观众评论的语气（个人的还是抽象的，充满敬意的还是消极的）。
- 观众回应其他观众的程度。

研究人员还可以对观众进行后续访谈，询问他们是否在留言板写了评论、他们对这些评论有何感想、分享自己感受的舒适度如何、在表达自己想法或是看到别人的想法后对自己的体验有何改变，以及以后想不想再继续这种体验等。

开发有意义的评估工具

一旦工作人员明确了自己的奋斗目标和与之对应的成果，他们就能开发出评估这些成果的工具。这通常也是评估设计最难搞定的环节，而且要打开思路，想想哪些行为和指标才和预期的成果相关。

新经济学基金会[1]就定义了有效的评估指标需具备的四种特征：以行为为导向、抓住关键、可量化和简单易用。[2] 想象一下把这些指标应用到一个教育项目的目标中来："观众与工作人员建立深刻的联系。"那么，什么样的指标才能提供有关观众与工作人员关系的有用信息呢？评估系统如何才能帮助工作人员开发出新的策略和具体措施来提高项目成功的概率呢？

在评估成果时，你应该考虑到以下几个指标：

- 在项目中和项目外的各个不同阶段，工作人员和参与者是否能够叫出对方的名字。
- 观众和工作人员在项目之外的时间的交流次数和方式（电子邮件、电话、社交网站）。
- 在项目结束之后，工作人员和参与者是否在固定的时间段内保持联系。

这些指标能够帮助你决定什么才是加深与观众联系最有效的行为，由此鼓励工作人员对此进行调整。例如，有的教育人员（如本书第 33—34 页所提到的沙滩排球教练）认为记住学生的名字很重要，并且从一开始就加以利用。这些发现能够帮助工作人员锁定什么才是实现目标的重要工作。

---

[1] 新经济学基金会（New Economics Foundation）是一家位于英国伦敦的智库，1986 年由英国左翼政治家、社会活动家詹姆斯·罗伯森（James Roberson, 1928—）创办，主要研究社区发展、民主、经济学、可持续发展等领域，曾是著名的反七国集团峰会活动"非主流经济学峰会"（The Other Economic Summit）秘书处——译者注。

[2] 该四个特征来自 InterAct 评估团队发布的一份杰出的研究报告《评估参与、讨论与合作的工作方法》（*Evaluating Participatory, Deliberative, and Co-operative Ways of Working*），你可以登陆 http://www.participatorymuseum.org/ref10-3/ 进行下载（PDF 格式）。

【案例分析】

塔帕科学与产业博物馆把一线工作人员作为研究员

如果指标的衡量简单易行,具有各种不同研究水平的工作人员和参与者便能进行评估了。例如,塔帕的科学与产业博物馆[1]的一线工作人员就在一个进行了多年的《反映》(REFLECTS)项目中充当研究员的角色。《反映》的目标是对教育人员加以训练,让他们帮助家庭观众进行"积极的交流"(与消极的应和相反)。为了帮助教育人员搞清楚观众什么时候才会积极地进行交流,研究团队开出了 11 种暗示积极的交流的观众行为列表,包括:观众对展览做出评论、与别人互相问答、联想起上一次参观经历和相互鼓励。

教育人员用摄像机和录音设备记录下了与家庭观众的互动交流,然后根据这 11 项行为来检验这些记录。《反映》团队并没有关注这些指标的具体内容(即观众是否问了私人问题或是问了有关科学的问题),只是计算它们发生的概率。然后,教育人员根据这些数据再次回到展厅调整自己的行为。

科学技术中心协会[2]2009 年年会上,MOSI 的工作人员展示了他们在进行《反映》项目前后与观众的交流视频,其中的差别极为显著。教育人员并没有在视频的后半段与观众交流更多更好的内容,而是让观众更好地与展览发生联系,改变了之前强迫观众进行交流的方法。

《反映》项目有三个研究对象:观众、一线工作人员和博物馆。对观

---

〔1〕　科学与产业博物馆(Museum of Science and Industry,简称 MOSI)是一家位于美国佛罗里达州塔帕市(Tampa)的科学博物馆,1982 年开馆,2009 年因其杰出的社区参与和教育项目被美国博物馆和图书馆服务研究所(IMLS)授予美国博物馆界最高荣誉博物馆国家奖章(National Medal for Museums)——译者注。

〔2〕　科学技术中心协会(Association of Science and Technology Centers)是一个总部位于美国华盛顿的国际性非营利组织,成立于 1973 年,主要使命是帮助其成员促进所在社区的非正式 STEM(即科学、技术、工程、数学)学习——译者注。

众来说，这提高了他们和工作人员的互动交流质量；对一线工作人员来说，该项目把权力还给了观众，并且提升了自己的从业水平；对博物馆来说，这让一线工作人员与观众的互动交流更加有效。该项目的主要研究人员朱蒂斯·伦巴娜（Judith Lombana）之前观察到博物馆花了大把的时间和观众进行交流，但交流效果和学习效果没得到一点提升。这是运作上的问题。她说："我们把时间浪费在了观众不想要的活动和资源上了。"通过寻找以行为为导向、抓住关键和简单易用的评估方法，《反映》团队创造了一款有效的策略，在各种程度上成功地实现了既定目标。

有关评估参与式项目特别需要注意的问题

因为参与式项目对文化机构来说还是一项新鲜事物，所以目前尚无多少针对参与式项目的评估技巧和工具的综合案例可供参考。传统的评估技巧，如观察、追踪、问卷调查、访谈以及纵向研究都是评估参与式项目的有效工具。然而，又因为参与式项目常常包含一些非传统观众体验的行为，所以在评估的时候一定要确保所采用的评估手段能够捕捉到和衡量出参与式体验的区别。

如果你的文化机构对于展览或项目的整体评估着眼于观众学到了多少具体的内容，那么工作人员就要找到一种能够衡量出观众创造、交流与合作程度的评估工具。

设计成功有效的评估工具，就要：

• 回顾参与式体验所带来的具体技能和理念（见本书第204页）来决定各种能够反映项目目标的指标。

• 以360度全方位视角观察工作人员、参与者和未参与的观众与之对应的目标、成果和指标。

• 咨询参与者和项目工作人员哪些成果和指标是需要衡量的。

还有一些与体验参与式项目过程中的参与者、工作人员和观众相关的问题需要特别考虑。

针对参与者的问题：

· 如果参与是一种志愿行为，那观众要是选择积极参与会出现什么情况？选择不参与又会出现什么情况？

· 如果志愿行为有多种形式，你能界定出观众创造、评论、收集和观看之间的区别吗？

· 示范内容的数量和类型如何影响观众的潜在参与度？

· 参与者描述自己和馆方或工作人员之间的关系与其他观众描述他们和馆方或工作人员的关系有何不同？

· 参与者在参与前后是否表现出的主人翁意识、信任感？其对馆方和自身的工作进程的理解有无新的提高？

· 参与者在参与前后是否表现出新技能、新态度、新行为和新的价值观？

· 参与者是否希望与馆方或是与参与式项目进行更多的交流？

针对工作人员的问题：

· 参与式项目在实施过程中如何影响工作人员的自信心和对本馆的价值观？

· 工作人员在参与前后是否表现出新技能、新态度、新行为和新的价值观？

· 工作人员是否因为参与的原因而改变了对同事关系和与观众的关系的看法？

· 工作人员在参与前后是否觉得自我角色有所不同？

· 工作人员对项目活动的产出有何看法？

· 工作人员是否希望开展更多的参与式项目？

针对那些没有参与进来而只是观看或者消费参与式项目的产品（展

览、活动或是出版物等）的观众的问题：

　　●观众对参与式项目的产品和传统上由馆方制作的产品的看法有不同吗？他们会不会对这两种产品进行比较？

　　●如果参与式项目是开放的志愿性质的工作，观众是否想来参与？

　　●为什么观众不想参与？是什么因素导致他们做出这种选择？

　　因为参与式项目的形式各异，所以并没有一个固定的参考答案或是评估技巧可以回答上述所有问题。研究动机心理学、社区发展、公民参与和人机互动的专家们的工作可以为博物馆的参与式项目所借鉴。[1]通过与其他领域的研究者进行合作，博物馆的评估人员可以融入分享合作的学习型大社区，兼顾各方的利益。

【案例分析】

《你言我语话科学》的对话研究

　　假如有一个项目邀请观众围绕馆方的内容展开对话，那么你该如何衡量出观众是在闲扯还是真的围绕馆方的内容进行交流呢？

　　2007 年，美国博物馆和图书馆服务研究所资助了一个名为《再来一次》（*Take Two*）的研究项目。这个项目将语言学、博物馆学和科学教育界的研究者集结起来评估一个邀请网友围绕科学话题讨论的参与式项目《你言我语话科学》（*Science Buzz*）的影响。

　　《你言我语话科学》是由明尼苏达科学博物馆运行的一个社交网络平台，而且还得过奖。[2] 这个网络社区邀请博物馆工作人员和馆外参

---

〔1〕 访问有关公众参与（尤其是公民参与）更加全面的研究和案例分析资源库，请登陆 http://www. participatorymuseum. org/ref10-4/

〔2〕 访问《你言我语话科学》的官网，请登陆 http://www. participatorymuseum. org/ref10-5/

与者撰写、分享和评论与当代科学新闻和事件相关的文章。《你言我语话科学》还在全美的多个科学中心设置了实体装置,不过《再来一次》研究的只是网络版。

《你言我语话科学》真如洪水猛兽一般,从 2006 年到 2008 年,工作人员和观众在上面发布和评论了 1500 多个主题,其博客也得到了国内外网友的普遍关注。虽然博物馆用的是内部正式的评估办法来评价《你言我语话科学》的设计和使用情况,[1]工作人员还是想知道网友是如何在线互动交流以及其对他们的学习有何影响。

这就是《再来一次》产生的原因。因为《你言我语话科学》本质上是一个对话型项目,所以就由语言学的研究专家——来自密歇根州立大学(Michigan State University)的杰夫·格拉比尔(Jeff Grabill)教授主导这项研究,格拉比尔教授致力于研究人们在网络环境下如何写作。《再来一次》研究团队主要关注这四个问题:

　　1.《你言我语话科学》这个社区互动的本质是什么?

　　2.网络在线互动的本质是什么?

　　3.这些在线互动对社区的网民获得知识有帮助吗?

　　4.这些在线互动对博物馆的调查、学习和变革有帮助吗?

即它们对博物馆的工作实践有何影响?[2]

前两个问题主要考虑的是网民的个人资料和人们在网上进行交流的对话途径。后两个问题是关于参与者和工作人员的影响和结果。因为研究人员并没有检查博客文章的历史记录,所以他们没有把项目之外的观众纳入研究范围。他们既不研究对消费《你言我语话科学》上的内

---

[1]　下载《你言我语话科学》的总结评估报告,请登陆 http://www. participatorymuseum. org/ref10-6/

[2]　浏览更多有关该研究的信息,可参考杰夫·格拉比尔、史黛丝·皮格(Stacey Pigg)与卡蒂·维特奈尔(Katie Wittenauer)于 2009 年合著的论文《再来一次:博物馆 2.0 网站共同建构知识的研究》("Take Two:A Study of the Co-Creation of Knowledge on Museum 2.0 Sites"),请登陆 http://www. participatorymuseum. org/ref10-7/

容的人群的影响,也不把他们对该网站贡献内容纳入研究范围。

为了评估《你言我语话科学》对建构知识的影响,研究人员抽取了有15条及其以上评论的博客文章和回复(占总量的20%),将其分为四组:"论证观点""提出新观点""个人风格突出"和"社区意识突出"。工作人员依据下表的描述和评判标准,给每篇文章和回复都进行分类。

论证观点	提出新观点	个人风格突出	社区意识突出
▪ 声明 ▪ 引述权威人士 ▪ 引述证据 ▪ 其他论据	▪ 引入新观点 ▪ 修正其他人的观点 ▪ 以守为攻	▪ 角色表达 ▪ 居住地起作用 ▪ 教育程度起作用 ▪ 社会地位起作用 ▪ 使用价值观 ▪ 感染他人 ▪ 使用科技手段以达到一定目的	▪ 在各观点/各人之间建立联系 ▪ 集体角色表达 ▪ 集体经历表达 ▪ 邀请他人

《再来一次》研究团队根据这些指标对《你言我语话科学》的评论进行分类。

通过分类,研究人员就能看出各种不同的交流模式所代表的不同个体知识建构和人际知识建构。根据取样分析,研究人员计算出了所有模式的数量分布情况:

- "论证观点"——60%。
- "个人风格突出"——25%。
- "社区意识突出"——11.4%。
- "提出新观点"——1.8%。

这些数据表明《你言我语话科学》的用户确实利用博客来交流科学,但却不一定在共同建构知识。由于这个原因,《再来一次》团队在第三年把研究内容从"共同建构知识"转移到更为广义上的"学习"。

他们以美国国家科学院(National Academies of Science)2009 年的报告《非正式环境下的学习搁浅》(*Learning Strands in Informal Environments*,*LSIE*)作为解密《你言我语话科学》的新指标。[1] LSIE 提出了学习科学知识过程中出现的六种"搁浅",包括在《你言我语话科学》当中显而易见的自我身份构建、辩论和沉思等元素。截至 2010 年 1 月,这项研究仍在进行。明尼苏达科学博物馆学习评估和研究部主任科尔斯顿·艾伦伯根(Kirsten Ellenbogen)博士称:

> LSIE 报告说在博物馆展览中很少能看到关于科学的辩论,而且还说非正式环境从提供必要的指导转型到促进科学辩论仍然有很长的路要走。[2] 但是《你言我语话科学》却是一个非常自然的对话环境,而且我们感到在网站的各个角落都看到了科学辩论。《再来一次》就是最好的证明。

通过和语言学领域的专家进行合作,《你言我语话科学》团队更好地了解了网络交流的本质和潜在影响。这项研究也反映了对《你言我语话科学》和其他类似网站的研究所存在的新问题。《再来一次》的一个发现就是自我身份构建和科学辩论常常是交织在一起的,而且要重视对个人的身份和其言语的研究。这也许是老生常谈,但正如格兰比尔所说,语言学家常常把自己认为的理性文字和感性文字(或称"自我身份认同文字")区分开来,且后者的重要性远不如前者。尽管研究的最开始阶段只考虑分散的、匿名的回复,但第二阶段就把教育人员的回复也纳入研究范围了。在以后的研究中,研究目标还可以扩大,比如个体用户与网站的互动是如何随着时间的推移对其学习、自我意识和对社区的贡献造成影响的。

---

〔1〕　浏览或购买 LSIE 的研究报告,请登陆 http://www.participatorymuseum.org/ref10-8/
〔2〕　参见 LSIE 研究报告的第 145、151 和 162 页有关文化机构环境下科学辩论的潜在性讨论。

《再来一次》项目的一个挑战便是在新环境下（社交网站）研究老问题（科学知识的构建）所采用的分析方法过于简单。该团队先是设定了目标问题，然后寻找能回答这些问题的工具，通过严格操控这些工具，最后得出结论。希望未来的团队能够继承该项目的精准、创新和热情来进行观众参与研究。

渐进评估和及时调整

正式的评估体系是按照前置评估（front-end）、过程评估（formative）、矫正评估（remedial）和总结评估（summative）这四个分散的步骤进行的，但采取渐进的方法来评估参与式项目效果会更好。参与式项目的一大优点就是在设计完成之前就可以投入运行，所以它通常是一步一步一点一点运行的，而且在运行的过程中会对参与者的反馈进行回应。整个过程可能会很麻烦，而且还要像做实验一样不断地对设计进行修改，正如《虚拟科博》和《维基百科爱艺术》可能会减少也可能会增加参与者的挫败感。尽管这些调整会给参与者带来挫败感和茫然，但它们却是确保项目按正常轨道运行的必要保障。

对于在网络上运行的参与式项目来说，及时调整显得更加自然可行。理由之一便是搜集用户行为的数据相对来说比较容易。有很多免费的分析工具可以让网络工程师来捕捉网民访问网页和使用网页的实时统计数据。而且这些工具可以自动搜集数据，这样工作人员就只需把时间花在分析数据的结果上来。

其次便是大部分的网络工程师尤其是社交网站设计师会不断改进他们的作品。很多 Web 2.0 网站永远都是"测试版"（beta），这意味着它们在还没完成之前就发布出来，而且仍处在测试阶段——这个过程有时需要好几年。这就需要设计师担当起观察用户行为的责任，对其平台进行不断的改进，方便用户的需求，减少或根除造成用户不便的因素。

及时调整同样能帮助设计师和管理员看清自己是否实现了目标，并适时调整自己的行动。例如,动力博物馆的儿童网页就有一个很受欢迎的板块"动手做一做"(Make & Do)就给家庭观众提供了很多手工项目的资源。[1] 每个手工项目都要花上工作人员两个星期的时间来准备,所以研发团队利用网络分析工具来决定哪些项目最受欢迎并据此准备下一个项目。

该板块上线的头两年,网络分析工具显示最受欢迎的手工项目是《制作王冠》(*Make a King's Crown*),该项目提供模板和指导来教你怎么剪出一个属于自己的王冠。一开始,工作人员上传了一个类似的资源到网上,提供了做巫师的帽子、小丑的帽子、武

Make a crown fit for a king.

虽然《制作王冠》页面拥有很高的访问量,但只有9%的观众是澳大利亚本地人,54%的来自美国,14%的来自英国。

士的头盔还有面具的模板。然后,研发团队进一步挖掘出国王的王冠页面在澳大利亚以外的地方拥有很高的访问量。再进一步查找"动手做一做"的地域细节时,他们发现比起各种做帽子的活动,澳大利亚和悉尼的网友更喜欢做和园艺和复活节有关的活动。由于动力博物馆的经费主要来源于政府(也因为儿童网页应该主要提供参观前和参观后的资源),所以当地观众的需求是第一位的。研发团队决定调整今后的手工项目资源,不再做帽子,而是转向一些新南威尔士居民比较感兴趣和对他们有意义的活动。[2]

---

[1]　访问"动手做一做"所在页面,请登陆 http://www.participatorymuseum.org/ref10-10/

[2]　了解更多信息,参考塞巴斯蒂安·陈(Sebastian Chan)2010 年 1 月所写的博客文章《让我们做更多的王冠吧,或是无视你的网站流量的危险》("Let's Make More Crowns, or the Danger of Not Looking Closely at Your Web Metrics"),请登陆 http://www.participatorymuseum.org/ref10-11/

及时调整还能应用于实体文化机构和观众在场体验,尽管真正做起来不那么简单。文化机构可能因此丢掉网页自动分析工具和灵活的调整机制。如果教育项目和展览规划是提前几个月甚至是几年就开始准备,工作人员不见得会根据观众的投入而改变全局的方向。这也是为什么矫正评估对于文化机构来说是很痛苦的。即便工作人员会根据观察到的问题来做出调整以提高观众的体验,时间和经费仍是两个不小的难题。很多工作人员甚至会对出现的问题睁一只眼闭一只眼,而且还担心中途调整会影响数据。所以,厉行及时调整需要形成敢于尝试的馆内文化。

至于参与的实体平台,在幕后设计出一个完美无缺的系统实在是没有必要。没完成之前就发布吧,看看观众会怎么做,然后根据他们的行为进行调整。如果参与式项目真的要实现"用的人越多,效果就越好",那就在民众的生活中植入一个不断改善不断发展的期望。而工作人员通过及时调整也可以推动推动文化机构的自我完善和革新。

持续的评估同样能够提供有用的反馈信息,以便采取新的设计视角来提高观众的体验感。例如,留言板虽然很朴素,但不妨考虑一下改变观众的书写工具和材料,看看其对评论的内容和数量有何影响。改变一下提出的问题,再添加一个方便观众回复其他观众的卡片,或是让工作人员尝试一下不一样的管理方法。通过在项目运行阶段的这样一些小小的调整,你可以很快看到什么样的方法会对观众体验造成影响以及如何造成影响。

让参与者也加入到评估中来

参与式项目的一个根本理念在于尊重参与者的想法和贡献。因为项目的所有权是归工作人员和参与者共有,所以让参与者像在设计和执行阶段一样也加入到评估中来也是合理的。但他们的工作不是评价自身的体验,因为这是馆方要干的事情,而参与者只要协助工作人员策划、执行项目的评估并进行分类。

及时调整常常欢迎参与者在项目的任何过程都提出反馈意见，他们或是与工作人员交谈，或是在社区会议和论坛上提出自己的看法。当参与者全身心地投入到项目中来，不论是作为贡献型参与者还是共同创造型参与者，他们都会想尽可能贡献出自己的力量来使这个项目持续发展下去。参与者可能会注意到工作人员没注意到的细节，他们也可能贡献出很有价值的产出，这些产出可以用最有效的方法来衡量和搜集与自己的体验相关的数据。

例如，圣路易斯科学中心的《学习场所》(Learning Places)项目邀请青少年学生为当地的社区中心设计科学展览，该项目的评估采用了由外部评估人员和内部学生共同评估的方法。[1] 外部评估主要针对的是学生对科技、工程和数学概念的理解力和记忆力，而内部评估是采取工作人员采访学生制成视频的形式，主要是看项目对于学生的学习和择业所造成的影响。这两种不同的评估技巧反映的考核目标和侧重点都有所不同。该项目的资助方（美国国家科学基金会）想要知道《学习场所》对学生学习科学有何促进作用，而学生和工作人员则希望了解该项目对其个人发展和对科学中心的发展有何影响。

让社区成员加入评估技巧的设计和实施过程并不简单。参与式评估需要额外的资源。对很多文化机构而言，想要维持与参与者在研究阶段的合作关系是非常烧钱的，参与者也有可能在合作设计阶段之后就结束参与。

参与式评估同样也充满了挑战，因为它要求文化机构对观众参与研究的态度做一个颠覆性的转变。至少在博物馆领域，研究者和从业者仍然在探寻观众研究是不是对博物馆的运行最有用的方法，它对博物馆的运行到底有没有实际影响。需要进一步明确的是，不光是观众的反应和

---

〔1〕　观看学生对《学习场所》项目的视频采访评论，请登陆 http://www.participatorymuseum.org/ref10-12/

体验或多或少地指导着馆方的工作，而且他们的目标也和馆方的目标一样对研究起着推动作用。这点在和外部资助人打交道时尤其重要，如果你的研究目标和参与者的目标及利益没有关系，你的文化机构情况将岌岌可危。

那么，该怎么让参与者加入评估的过程呢？就像参与式项目也分好几种模式一样，让参与者加入评估中来也有好几个方法。南伦敦（South London）的 LITMUS 项目把对社区项目的评估分为三种基本模式：从上到下型（top-down）、合作型（cooperative）和从下到上型（bottom-up）。[1]从上到下型评估是一种比较传统的评估技巧，即由馆方高层领导或外部评估人员设计和主持评估。外部评估人员还可以主持合作型评估，不过评估人员在这个模式当中只是指导参与者和工作人员开发评估技巧、搜集和分析数据。从下到上型评估要求外部评估人员接受参与者和工作人员的指导并予以协助，强调的是参与者和工作人员的利益而不是馆方的意志。

至于哪种方式对自己的项目评估才最有效则取决于以下几个因素：

- **参与者的动机**。参与这是否有兴趣并愿意参加评估？
- **参与者评估的可能性**。参与者在项目完成之后能不能继续参与评估？如果可以的话，馆方要不要给他们花费的时间提供补偿？
- **参与者的能力**。社区是否相信参与者有足够水平协助进行一项公正的评估？评估准则对业余评估人员而言是不是简单易行？
- **相关性**。评估的目的和方法是否和参与者的经历有关？他们参加评估是否能得到某种回报？他们参与评估后是否能

---

〔1〕　参见《评估参与、讨论与合作的工作方法》（*Evaluating Participatory，Deliberative，and Co-operative Ways of Working*）第 5 节有关 LITMUS 项目的讨论，你可以登陆 http://www.participatorymuseum.org/ref10-13/ 进行下载（PDF 格式）。

采取新的行动？

　　• **透明度**。馆方是否愿意把评估过程向外界公开？参与者能否打断评估过程并利用评估结果达成自己的目的？

　　如果你对上述大部分问题的回答都是"yes"的话，合作型和从下到上型比传统方法更适合你。如果大部分回答是"no"的话，那工作人员在激发参与者参与评估的积极性上就还有很大的提升空间。例如，工作人员可以让传统的内部评估方法为公众所用来提高评估的透明度，或是和参与者合作构想评估可能遇到的问题以省却让他们参与整个过程的麻烦。

　　虽然这样实施起来会很复杂，但参与式评估鼓励工作人员设计出真正具有实用价值的衡量工具来提高下一次工作的效率。如果参与者以研究人员的身份参与评估，这样会使工作人员要对评估结果负责。尤其是在长期合作关系中——如顾问委员会——工作人员和社区成员都应该觉得研究有助于项目的改善。否则，花那么多时间来评估又有何意义呢？通过这种方法才能使参与式评估和参与式项目以及所有与参与相关的元素对文化机构运行的积极影响显现出来。

————

　　我们已经看完了一系列有关设计、实施和评估参与式项目的技巧。在第 11 章中，我们将进一步关注不同的馆内文化对不同的项目取得成功的概率有何影响。参与的可持续发展不单单是要求激励观众，还需要支持工作人员参与项目的热情的管理策略。

第 11 章

参与的管理和可持续发展

还记得我在第 1 章提到的那个让读者在还书点给书贴标签的案例吗（见本书第 12—13 页）？我写完这本书后，本打算去拍一张照片作为这个案例的插图。一位荷兰朋友建议我把还书点拍下来。本书付印一个月后，我收到了这封电子邮件（我用加粗黑体字把重点部分标记出来了）：

> 很抱歉有个坏消息要告诉你……今天下午我去东哈勒姆拍照的时候发现带标签的书架都换成原来的普通书架了。我问了一位工作人员，她说早就没用贴标签的方法了。我问她为什么，**她说凡事都是双刃剑。**首先，有的书架不到几天就书满为患（但说老实话，我不觉得这是个问题，但是她觉得这是个大问题，所以我猜这影响到了他们平时的工作进度）。
>
> **其次，人们贴标签的态度太认真了，工作人员不得不花大量时间来思考该把书放到哪个地方。**这给这家小图书馆的流通造成了麻烦，尤其是在高峰时段。这意味着人们要等很长时间才能借到想要的书——而且他们即便是借到了书，他们还需要花时间来决定他们的书该放在哪儿。其实有与贴标签差不多的备用方案可以提高流通速度，但人们不想如此粗鲁，所以甘愿耐心地等书——因此这个备用方案没有使用。
>
> 这位工作人员还跟我说，她很遗憾自己还没用过贴标签的方法。**她说这个方法让他们知道自己的街坊邻里都喜欢看些**

什么书。她还说他们决定等有解决流通的办法出台后再继续推行贴标签的方法,但可惜的是,她不能给我一个明确的时间答复。

这期间到底发生了什么? 这家图书馆推行的参与式项目获得了很大成功。读者们喜欢这项活动,工作人员也从中知道了如何更有效地利用馆藏资源。但是还书点却失败了,因为它们扰乱了工作人员的例行公务。这个模式给工作人员带来了新的挑战——他们要把书放到不同的书架上,还要处理预约排队。然而,他们没有对该模式做出修改以应对挑战,而是直接放弃了。

但这并不意味着东哈勒姆图书馆的管理员就懒得要死或是根本不关心纳税人的利益。他们处在这样一种文化氛围下,不想谋求参与式项目的可持续发展,对新出现的流通问题不能有效应对。他们缺乏这种能力——可能是缺乏这样的机构——使该模式在已有的标准机制下能够顺利运行,所以这个项目就此夭折。

参与式项目只有和馆内文化相一致的时候才能获得成功。不管它与馆方的使命有多么深的联系或是其理念有多么新颖,它必须要让工作人员觉得操作起来方便,这样他们才会全心全意地接受它。参与式文化机构需要对工作人员的问题和关切予以教导、支持和回应。同时,在招聘、预算和实施项目时所使用的方法也不尽相同。本章便勾勒出一幅引导参与可持续发展的管理技巧的蓝图,这样,领导、工作人员和利益相关者就能顺利地和参与者进行互动交流。

参与和馆内文化

2008 年,联机计算机图书馆中心[1]发布了一份报告《从封闭走向开放:图书馆、档案馆与博物馆的合作》(*Beyond the Silos of the LAMs*:*Collaboration Among Libraries,Archives,and Museums*),其中记录了几个合作项目的实施过程和结果。报告的作者指出导致有些项目无法实施或是结果稍有欠缺的三个常见原因是:

- 想法不够重要。
- 想法不够成熟。
- 想法太绝对了。[2]

第一个原因和馆方使命有关,第二个和第三个则与馆内文化有关。想在传统的文化机构开展参与式项目并非易事。邀请观众作为合作者和伙伴需要工作人员重新解读自我角色和自我责任。这些都会威胁到专家对于自己的水平在新的环境下能否受到重用的安全感。为了能够成功确保项目的启动,工作人员需要单刀直入的理念、使命相关度和参与的潜在性——并从馆方和自身两方综合考虑。

在规划一个参与式项目时经常会碰到五个问题:

1. 有些专家对参与式体验嗤之以鼻,认为那不过是昙花一现。有的人还把社交网络以及与之相关的活动视为炒作、低俗的娱乐,巴不得它们早点覆灭。当好心的专家以"别的人都在

〔1〕 联机计算机图书馆中心(Online Computer Library Center):一个总部位于美国俄亥俄州都柏林市的国际性非营利组织,成立于 1967 年,在世界上 170 多个国家拥有超过 72000 家成员,包括图书馆、档案馆、博物馆等相关机构,致力于促进全球资讯取得的管道并且降低取得资讯的成本——译者注。

〔2〕 下载并阅读由黛安·卓里奇(Diane Zorich)、甘特·魏贝尔(Gunter Waibel)和里基·艾维(Ricky Erway)撰写的报告《从封闭走向开放》(PDF 格式),请登陆 http://www.participatorymuseum.org/ref11-1/

玩"为由倡导社交网络和与之相关的参与式活动时,这种厌恶感就会加剧,因为专家们的理由就像在脖子上架着一把刀一样,逼迫人们去做毫不相关的事情。这种警告也许情有可原,恐吓手段常常致使怀疑者更坚定地站在他们的对立面。把重点放在使命相关度上可以有助于让人们看清楚参与的潜在价值不在于炒作。

2.**参与式项目对馆方构成威胁是因为馆方需要在一定程度上放权。**其他的革新尝试,如引进高科技设备伴随而来的是沉重的财政负担,但参与式项目的运营成本明显要便宜一些。此外,参与式项目还扰乱了工作人员和领导对馆方的形象、地位和内容的认识。所以,为了成功启动一个项目,你必须先和利益相关者讲清楚,该项目有可能扭曲馆方的内容和招牌,并且会广而告之。讨论观众参与的积极结果和消极结果能够帮助工作人员晒出自己的关切并探索新的未来。

3.**参与式项目从根本上改变馆方与观众的关系。**如果工作人员把观众看作是一大堆顾客,宣称观众的话语权与馆方的内容相结合具有价值就很费事。此外,如果工作人员不能与观众进行私人的开放式交流,那么他们也无法成功地管理社区项目。为了鼓励观众参与,工作人员和观众间的互信和真诚相待是非常必要的。

4.**参与式项目给观众带来新的体验不能只由传统的方法来评估。**当说到参与式项目的目标时,你一定要提到观众的行为和成果跟传统文化机构的不一样。赋权和社区对话之类的新成果是传统方法无法评量的,因为这些文化机构和赞助人使用的老方法评估的只是产出而不是影响。所以要事先对领导和赞助人说明设计参与式项目的目标和成果的不同方法,而且还要在项目运行和资金预算过程中融入相应的评估系统。

5.**参与式项目的运行阶段比开发阶段要投入更多的时间**

和经费。很多文化机构的项目会生成一定的产品——如活动、展览和表演——这些都是在充分完成后才公之于众的，而且有着固定的运行时间，但参与式项目的第一个阶段就是公之于众，然后才随着时间发展而完善。例如，一个依靠观众在场贡献的展览不到结束时是不算"完成"的，负责设计和制作内容的工作人员尽管可能已经转到别的项目，但在展览开展后还是需要继续盯着展览的运行。所以，请确保你的预算和工作人员的工作日程和参与式项目在运行时的实际需要相匹配。

在思考上面五个问题的同时还要先考虑到参与式项目在自家的可行性，然后下一步才是根据馆内文化对项目进行修改和裁剪。每个文化机构都有自己的强项和软肋，这都会影响到项目的成败。如果工作人员在开发面向公众的内容之前准备花上很长时间来审查，那么社区博客或是馆内的贡献型项目恐怕难以复命。正如每个项目必须符合馆方的使命和实际目标一样，项目的设计和功能的发挥也必须与文化机构已有的工作模式相匹配。

就以明尼苏达历史学会的《明尼 150》展览为例，它的设计团队找到了一个既能把观众的声音融入展览又能保持工作人员对整个项目的主动权的办法。工作人员邀请民众为展览的主题建言献策，仅此而已。他们没有让观众投票或是参与主题的遴选。他们甚至还准备的一套"B 计划"以防民众的提名达不到预期效果（但事实上达到了）。当提名如潮水般涌来时，学会的高级展览策划人凯特·罗伯茨（Kate Roberts）说：

> 我们把自己锁在了屯放民众提名的房间。我们根据自己的标准对它们进行遴选，这些标准有的是依据来源地、不同的经历、不同的主题、不同的年代，有的是根据该主题提到的事物是否引发真正的巨变、是否在明尼苏达州土生土长，还有的则是学会已有展品可以表现和提名本身的质量。我们为了这个讨论了很久。

　　几个月后,他们终于选出了 150 个话题,而且一份展示大纲也随之出炉。该项目虽然要求策展人和设计师鼓励观众参与,但是他们在这过程中并没有感到任何的不快。

　　《明尼 150》的工作人员和顾问团队在深入探讨展览中的话题。当时,他们总结了 400 个话题,并将其交给历史学家、该话题领域的专家学者和教育人员审阅。

　　每个文化机构都有一些自我保护意识很强的项目和活动。但是确保项目能够让观众自由地参与进来很重要,即便项目的最终目标是要改变文化机构的现状。我曾经在一个非常传统的博物馆帮忙开发一个参与式项目来吸引观众,我当时提了好几个切入点。我们很快就意识到工作人员比较容易接受在网上和观众交流,而发给观众便利贴,让他们在纸上写下自己的问题反倒不招工作人员喜欢。尽管便利贴本来也会占用在线交流的部分资源,但策展人有两点考虑:即便利贴不是很美观,以及观众的提问和回答可能不科学,从而在馆内散播不准确的信息。他们对这种做法一意孤行,即便真相是来博物馆现场参观的人少之又少,而更多的人选择上网讨论。

　　在这种情况下,从考虑工作人员的感受出发能够将与观众的对话渐渐转移到参与的方向上来。但是光让工作人员感觉良好是远远不够的。在上面这个例子当中，尽管工作人员在网上与观众交流感觉良好，但这同样把他们和参与给隔开了。这会让他们觉得参与只要在虚拟世界搞搞就行，不必引入神圣的博物馆殿堂。我们的讨论揭示了工作人员愿意尽多大的职责给观众提供在场体验，而且我们还清楚地发现要想发展实质上的在场参与式项目，还需要不懈的努力和明智的策略。

参与要先从工作人员做起

将参与式项目引进文化机构的一个最好的做法就是先在工作人员和志愿者内部进行试验。如果连工作人员对参与式项目都嗤之以鼻的话，那真正应用到观众身上也不会持续太久。跟观众一样，工作人员也需要馆方的支持和鼓励才会去尝试新事物。培训工作人员并在他们身上试行参与式项目可以帮助他们适应这项新的改变。我一再强调过，参与式文化机构不单单是对观众的贡献做出回应，还应该迫切主动地融入工作人员和利益相关者的贡献。

例如，北卡罗来纳州的生命与科学博物馆（MLS）在 2007 年就开始大范围地使用社交媒体，鼓励全馆的工作人员积极参与进来。MLS 聘请贝克·坦奇作为网络主管担当此任。坦奇拜访了每位工作人员与利益相关者，看看参与式技术对他们的工作是否有帮助，而且她还在全馆搞了一个小实验，帮助工作人员适应操作社交媒体。

园艺部门的工作人员很喜欢和别人谈论 MLS 那些珍贵的植物标本藏品。在坦奇的帮助下，他们启动了一个《Flickr 植物计划》（*Flickr Plant Project*）。一位园艺部门的工作人员每周都会上传一张稀有植物的照片到 Flickr，并配有该植物的简介信息，然后邀请 Flickr 的其他用户也发布和这种植物相关的图片和评论。该项目启动后的 6 个月内，工作人员上传了 23 张照片，收到了 186 张网友贡献的图片，得到了 137 条回复，访问量达到了 3722 次。该项目的设计只让工作人员生成很少的内容，却为世界各地的网友交流植物提供了一个开放的平台。

坦奇还帮 MLS 的动物饲养员建了一个博客，分享他们照顾那些淘气的小朋友的幕后故事。[1] 尽管一开始饲养员们对这一博客疑窦重重，但最终还是收获到了一大批热心观众并对博物馆的意义有了新的认识。他们每个星期都会更新几次博客，上传一些文章、图片和视频，晒晒自己和博物馆里的动物。他们还启动了一项《舌尖上的 MLS》(*MunchCam*)计划，把不同动物的吃相拍成短片上传到 YouTube 上。[2]

除了在网络上运作，坦奇每周五还带一小撮工作人员去当地一家酒吧聚会，在集思广益的同时加强彼此关系。2009 年，她还策划了一个叫做《挑战一个月》(*Experimonth*)个人项目，即设定一个目标并坚持做一个月(比如只吃生的食物，每天都做俯卧撑，每天都和同一个人一起吃饭)，并鼓励她的同事和朋友也一起体验，用博客记录下体验的过程。

所有这些活动都是为了让生命与科学博物馆成为大胆改革的试验场，即便工作人员的尝试范围有限。正如坦奇所说："我所做的大部分工作只是鼓励工作人员并让他们感觉自己的工作和地位并不会因为各种网络工具的应用而受到威胁。"坦奇从一开始就照顾到了工作人员的感受，这使得她能在 MLS 顺风顺水地推行参与式项目。

改变馆内文化

工作人员如何才能从保守的实验阶段转向真正的参与式项目呢？如果你真的想在你的文化机构全面推行参与式项目，你就要千方百计地鼓励工作人员参与进来，并不断提供反馈和评价的机会。

首先要考虑的挑战是如何更多地回应观众的诉求。我曾经呆过的很多博物馆的工作人员都说："我们想跟观众交流，但我们不知道该从何做起。"在这些博物馆里，如果不是在前台工作，根本没有机会和观众面

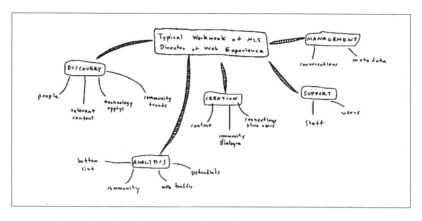

　　贝克·坦奇用简图解释她的工作。尽管她的职务头衔是"网络主管",但她认为自己的工作已经横跨探索、创新、支持、管理和分析这五大领域。

　　对面地交流,所以他们往往对有哪些观众、观众为什么要来、观众喜欢些什么等问题毫无概念。还有很多工作人员甚至一开始就觉得和观众是一种敌对关系,非常鄙视观众参观过程的不当举止,害怕他们的行为会给博物馆和展品带来毁灭性的灾难。

　　处理这种问题的最简单办法就是把这些工作人员调到前台跟观众来个直接接触。这样他们才有机会和观众交流,并询问他们对自己在博物馆的体验有何看法。工作人员可以从中看到和观众合作的前景,对他们更加信任。

　　有的文化机构叫一些平时老坐办公室的工作人员当"迎宾小姐",登记来馆观众。纽约的现代艺术博物馆[1]就要求所有工作人员每个月都要在前台站几个小时。MoMA 的工作人员说每次花一点时间和观众接触,回答他们的问题,帮助自己在本职工作中时刻把观众的需求放在心上。这虽说不算是一个严谨的参与式项目,但却是一个好的开始。

---

〔1〕　现代艺术博物馆(Museum of Modern Art,简称 MoMA)是世界闻名的大型艺术博物馆,其收藏范围涵盖了现当代艺术的所有门类,1929 年由美国石油大亨小约翰·洛克菲勒(John D. Rockefeller, 1874—1960)之妻艾比·奥尔德里奇·洛克菲勒(Abby Aldrich Rockefeller, 1874—1948)出资建立——译者注。

　　还有的文化机构走得更远,它们鼓励工作人员通过做项目和进行观众调查来保持和人民群众的血肉联系。在纽约的公寓博物馆[1],观众花一个小时就能遍览纽约城里的老房子和移民故事。该博物馆要求每位工作人员,不管其资历有多深、职位有多高,每个月至少花一个小时带观众参观博物馆。这种强制规定帮助博物馆的每个人都和博物馆的核心使命以及观众密切联系。

【案例分析】

印第安纳波利斯艺术博物馆提升全馆的透明度

　　印第安纳波利斯艺术博物馆(IMA)馆长麦斯威尔·安德森(Maxwell Anderson)想让馆务更加公开透明,而且他知道,为了实现这个目标,他必须把馆内所有工作人员都调动起来。2007 年,他在《策展人》(Curator)杂志上的文章里写道:

> 艺术博物馆的馆长管理博物馆再不能脱离实际了。公开透明意味着以前认为是很敏感的信息现在也要披露出来,例如关于博物馆的经费和藏品来源、博物馆怎么争取经费、钱是怎么花的、博物馆给哪些人服务以及怎么提供服务的等细节。[2]

　　为了公布更多细节,IMA 启动了一个内部项目,用以收集和分享所有馆务工作的数据——观众的来源地、在展藏品的数量、博物馆每天的

---

〔1〕　公寓博物馆(Tenement Museum)是一栋位于美国纽约市下东城的五层公寓建筑,始建于 1863 年,有来自 20 多个国家的约 7000 名移民曾在此居住,1988 年被改建为博物馆,保留了很多十九、二十世纪美国移民的真实生活状况——译者注。

〔2〕　参见安德森:《艺术博物馆未来十年的指向》("Prescription for Art Museums in the Decade Ahead"),《策展人》2007 年第 1 期总第 50 期,请登陆 http://www.participatorymuseum. org/ref11-4/

耗电量等。2007 年秋,这些数据终于在 IMA 官网上的"仪表盘"
(Dashboard)[1]版块与公众见面。通过登陆"仪表盘",观众可以浏览博
物馆内外的实时统计数据。观众甚至可以获得一些私密数据,如目前的
经费规模、博物馆员工人数、博物馆的开销以及博物馆商店的销售额等。

　　IMA 官网上的"仪表盘"版块提供了该馆许多职能工作的历史数据和当前
数据。

　　"仪表盘"版块作为一个有形的项目,其包含的元素涉及了博物馆的
方方面面。从保安到藏品登记员,每个人都要将自己的数据实时更新到
"仪表盘"上。该馆的信息中心主任罗伯特·斯坦恩(Robert Stein)在谈
到"仪表盘"时这样说道:

　　　　我们做"仪表盘"的一个目的就是要反映出博物馆的首要
　　任务,而且还要把它打造成面向公众的信息资源库,同时还能
　　作为馆内工作人员的检索工具。如果我们说节约能耗对我们
　　很重要,我们就要找一个能长期跟踪数据并监测我们是否做到
　　有效利用能源的方法。这就是"仪表盘"的职责所在。博物馆
　　各个部门的工作人员都得把自己的工作数据提交到"仪表盘"。
　　"仪表盘"作为一个提醒机制,保持了数据的时效性和先前的业

务的一致性。我们的目标是在保持刚刚提到过的数据的重要
性和时效性的同时,把数据录入工作所消耗的时间和精力减至
最小。

"仪表盘"面向的不仅仅是观众,它还是帮助在 IMA 内营造一个公
开透明的博物馆文化、确立参与的工具。每当工作人员自觉地登录、上
传和分享数据之时,他本身也正是参与的一员。每当志愿者或博物馆会
员登录"仪表盘"时,他们对自己所支持的博物馆有了更深的了解。尽管
不是所有的工作人员都喜欢在网上"晒自己的囧事",但是通过这种分散
的、有形的方法能够帮助博物馆更加适应自身的改变。所以,"仪表盘"
不仅仅是 IMA 网络团队开发出来的一个项目,它是属于所有人的项目。

工作人员管理参与的策略

管理社区项目和管理传统项目需要完全不同的技巧。也因为这个
原因,很多文化机构在推行参与式项目时——无论是馆内的还是有馆外
人士参与的——都会雇佣尽职的"社区管理员"(community managers)
来协助管理。社区管理员可能负责公共关系、人力资源或是战略部署等
工作。又因为很多参与式项目是在网上运行的,所以往往衍生出网络主
管这个职业(如 MLS 的贝克·坦奇)。

一位出色的社区管理员需要具备哪些技能呢?首先,他应该善于与
各类参与者沟通,并引导其参与到互动项目中来。与负责资金调度和过
程安排的项目主管不同,社区管理员负责的是人际关系。因此,社区管
理员的个人能力和魅力往往成为影响参与者的构成、态度和体验的重要
因素。

一位理想的社区管理员应该能联合工作人员、志愿者和观众以扩大
社区利益,而不是事必躬亲和所有参与者都直接交流。但是,如果社区
管理员只是和观众打交道的高手,这样又会产生两大问题。第一,他们

的工作很有可能无法融入文化机构工作的全局,这样就会产生馆方和社区需求之间的矛盾。其次,他们管理的社区往往过于倚重其个人能力和魅力,这样,如果社区管理员一旦离开了文化机构,麻烦就大了。社区不是贵族封地,而是交流网络。

一个人管理社区是很艰苦的。我在创意科技博物馆主持《虚拟科博》(见本书第 254—262 页)这个项目时,本来打算让一大批工作人员都参加网上社区,这样我们就能广泛建立业余人士和专家间的互动交流。很可惜,科博的馆长觉得工作人员和参与者泡在一起是"浪费时间",雇他们干活儿的不是社区而是博物馆。那些工程师和技术员本来兴致勃勃地想加入,却被泼了盆冷水。虽然我后来走了,但我还是尽了最大的努力,很多信心十足、训练有素的志愿者协助管理这些业余的展品设计师。

我成了参与者了解项目变更信息的唯一渠道。我们和参与者的关系变得不正常,我在社区全体成员的心中充当着啦啦队队长、教练和明星球员的综合角色。尽管我的热情和精力仍使该群体保持着团结,但在我走后,这个群体就出现了分裂。接替我的博物馆工作人员仍然保持着项目的运行,但是该群体还以我为中心。其他人没有像我这样的能力来维系所有参与者的高度团结。

我谈这个故事并不是"王婆卖瓜",但《虚拟科博》在我离职之后没有得到发扬壮大是我的责任。我们在管理和培养后备人才的问题上考虑不周。这个项目看上去不错——它确实吸引了不少新成员——但没能持续发展。当看到有社区成员如此评论的时候,不禁在我脑上敲了一记警钟:"是妮娜的无边鼓舞,让我屡败屡战。"[1]这位参与者后来成为坚守在该项目的一名社区管理员。让一个充满干劲富有魅力的人团结一

[1]　浏览理查德·米莱夫斯基(Richard Milewski)在我 2008 年 6 月的博客文章《如何开发社区展览:虚拟科博的启示》("Community Exhibit Development: Lessons Learned from The Tech Virtual")的长篇回复,请登陆 http://www.participatorymuseum.org/ref11-6/

个群体是最容易的办法,但这对项目的健康可持续发展是有害的。

社区管理的去中心化

那么,为什么一开始会发生这种情况呢?有两大理由可以说明馆方组织的活动为何老围着一个人转:一是这样做可以整合资源集中攻克一个项目;二是便于社区成员之间的交流。

馆方习惯于指派某位工作人员专门管理某个项目。但是社区管理员和前台工作人员一样,要和各式各样的观众打交道。他们既扮演了项目开发主管的角色,通过私人关系挖掘出一小撮受众,同时还是参与者眼中馆方的代言人。这就是问题所在。如果偌大的文化机构只有一个人在干活儿,而且这个人的性格既可以说极富人格魅力,又可以说离奇古怪,那他给观众带来的在场体验绝对会打上鲜明的个人烙印——既讨一拨观众喜欢,又被另一拨观众所厌恶。网络版的参与式项目亦是如此。

如果文化机构只围着一个人转,工作人员就得准备替补,并且考虑这位社区管理员要是中途撂挑子该怎么办。社区管理员即便是有菩萨心肠也无法把自己的独特个性和风格移植给继任者。设想一下,一个朋友圈里最受欢迎的人离开了,走之前指定了一位不知名的接班人来代替她原本在社交网络中的神圣地位——这可能实现吗?

社区包容的声音越是复杂,社区管理团队就越是要有效地欢迎各类成员的加入。《你言我语话科学》的管理团队就涵盖了明尼苏达科学博物馆的策展人、科普作家和前台工作人员,这就是一个包容各种意见与声音的社区管理多元化范例。博物馆工作人员甚至还在博客上互相回复,这也是仅凭社区管理员一己之力所无法达到的健康有序的科学论争范例。

好的社区管理员既是教育家又是实干家。他们帮助工作人员理解社区利益所在,并对其进行培训和支持,让他们利用自身的工作能力和资源来促进社区的发展。回想一下生命与科学博物馆的贝克·坦奇,她帮全馆的工作人员树立起属于自己的参与式项目,从科学咖啡吧[1]到动物饲养员博客的各个项目都包含了观众的反馈。坦奇虽然负责跟踪和协助每个项目的进展,却不用管理它们。

最理想的社区管理员倒更像是一个媒婆。他把观众引到他们最感兴趣的事情上去,又安排工作人员去他们最想服务的社区。他精力充沛、富有激情,能服务于馆方团队的利益。所以就算社区管理员是所有项目的"专人"[2]也没关系,只要这个人最后把观众引导其他可供互动交流的场地就行。毕竟,要求每位观众都和同一个人建立联系也是不现实的。观众应该和最能与自己产生共鸣的人分享其故事和经历。而一个好的社区管理员就是这种情况的催化剂。

鼓励工作人员参与的策略

如果文化机构的每个工作人员都有权传达馆方的声音,就会给观众造成困扰,所以还不如让一位工作人员专门作为发言人让观众直接去找他。这是一个合理规定,尤其是当社区项目在搞宣传推广的时候。因此,为了保持信息的准确和清楚,专门找一个人作为社区的联络员是很有用的。但是这个人还应该是社区互动的协调者和管理者,而不单单是社区互动的提供者。

这在文化机构内部项目和面向观众的项目都适用。例如乔希·格林伯格(Josh Greenberg)就任纽约公共图书馆[3]的数字化技术和学术部主任时,他就思考如何把图书馆管理员和学者的专业知识为公众所

---

[1] 科学咖啡吧(science café):一种科普活动,常在晚上邀请一名或几名科学家在咖啡吧、酒吧等非学术休闲场所向公众介绍自己的工作、谈论热点科学问题等。1998 年首次出现在英国利兹,是受 1992 年法国出现的哲学咖啡吧(Café Philosophique)运动影响,目前在全世界都有普及——译者注。

[2] 专人(go to person):指在公司里有许多本行业的知识,也知道本公司一切需要的知识和要领,职位不一定高,大家却都少不了他,有什么事都要去问他的人——译者注。

[3] 纽约公共图书馆(New York Public Library,简称 NYPL):1895 年成立,是仅次于国会图书馆的美国第二大图书馆——译者注。

用。所以，他鼓励全馆的工作人员都使用博客和其他数字化工具与社区交流。结果，一系列的新渠道，如博客、播客和有关做菜、手工艺品、文章以及其他读者感兴趣的视频被开发出来，而且每种都是由工作人员亲自制作的。[1] 通过协调和支持工作人员的行为而不是单单制作面向观众的内容，格林伯格利用数字化技术有效地管理和激发了图书馆的内部团队。

格林伯格是 NYPL 的高层人员。尽管社区管理员并不需要和馆长、副馆长一个级别，但让他们加入对图书馆整体目标和使命的战略性思考还是挺有用的。身处高层的社区管理员更能有机会接触到馆长以及各部门主管，并将他们和基层工作人员的交流保持在一个合理水平。社区管理多元化常出现的一个问题就是基层工作人员可能因过于投入到社区项目中而完全不管这些项目符不符合自己的工作要求。如果社区项目得到高层的协调，行政人员就好调节和平衡不同岗位的工作人员。

在纽约公共图书馆的案例中，格林伯格采用了三步策略来鼓励工作人员加入参与式项目：

1. **项目公测。**NYPL 的领导授权格林伯格与馆内积极分子合作，开发博客和各种数字媒体形式。通过把图书馆管理员和学者的专业知识为公众所用，格林伯格的团队算是真正发掘出了在 NYPL 分享数字化内容方面的潜力。

2. **制定图书馆政策。**项目公测阶段的成功促使格林伯格和 NYPL 的其他部门主管合作设计思路，让更多的工作人员参与到社区项目中来。为了达成这个目标，他起草了一份《公共网络媒体章程》(*Policy on Public Internet Communications*)来推动工作人员积极利用网络与公众进行交流。NYPL 的董事

---

[1] 浏览纽约公共图书馆的博客、音频和视频，请登陆 http://www.participatorymuseum.org/ref11-7/

会批准了这一章程,这给工作人员释放出可以放心使用网络工具的信号。格林伯格还和人事部合作对 NYPL 各部门成员进行职业技能培训,帮助他们利用科技手段把社区利益和自身的服务和藏书相结合。为了帮助营销团队传播 NYPL 的"声音",确保网络交流的连贯性和明确性,工作人员在 NYPL 官网上传内容之前都要参加至少一期培训课程。

3. **馆内消化。** 该阶段目前还是未知数。格林伯格希望数字化工具的评估以及工作人员日益见长的参与程度能够帮助 NYPL 的部门主管们看到这些工作就是图书馆的核心服务项目。只有到那个时候 NYPL 才能把社区参与的期望和数字化延伸融入员工招聘、工作要求和工作人员素质提升中来。

NYPL 想在格林伯格的带领下全面引进数字化社区交流以实现其宏伟蓝图。如果参与是你的战略目标,那就需要一个既懂管理又懂社区交流远景的勇士来把握全局。

参与式项目的长效管理

绝大多数施行参与式项目的阻碍不在策划阶段而在管理阶段。参与式项目就像一座花园,需要持续的浇灌与照养。它也许不像传统的博物馆项目那样需要大量的投资和充分的前期规划,但它在面向参与者开放后确实需要不断的管理。这就意味着原本一次性斥巨资能搞定的事情现在需要的是能持续运作、维护和帮扶的工作人员。

以安大略科学中心维斯顿家庭创意中心(WFIC)的管理为例,WFIC 的持续运营需要持续的内容供给、维护和支持。观众可以用天然材料、剪刀和热熔胶枪来设计属于自己的鞋子,而且还可以把它们放到展厅里的柱子上进行展示。要想把这项活动持续下去,需要:

● 源源不断的材料,每个月都由当地工厂捐赠或是由中心出钱购买。

● 专职工作人员,每天负责准备材料、裁剪海绵和布料、更换用完的胶棒以及装箱。

● WFIC 的协调员,每天负责对鞋子分类,把做得比较好的鞋子留着备展以及把其他鞋子交给专职工作人员回收。

● 电工,每天负责检查热熔胶枪和工具的安全性。

● 管理员,负责巡视场地,查看箱子是否有空缺并帮助观众制作、展示自己的鞋子或把鞋子打包带回家。

● 保洁员,每周负责彻底打扫场地。

这项做鞋子的活动是高度的资源消耗型和劳动密集型项目。同时,在 WFIC 提升创新技能的评估当中又是具有高附加值、高人气的活动。也因为这个缘故,工作人员才会一直支持它,但同时也在寻求更为经济的法子。

WFIC 的其他项目则花了很长时间才在观众影响和管理成本上找到平衡。例如,中心有一档讲述当代科学故事的视频展示活动《热点地带》(Hot Zone),工作人员每天都更新五个故事。这项工程耗费的劳动量巨大,而且工作人员发现极少有观众每天会守着更新。所以,项目团队改变策略,每周只讲一个故事,每个故事拆成好几个部分,每天就讲两三个部分。这样,工作人员既做到了内容的实时更新,又把工作量控制在了合理程度。

WFIC 的主任塞布丽娜·格罗伊普纳(Sabrina Greupner)把自己的工作比作是报纸编辑。她说:"每天你都需要根据外界变化来调整工作的先后次序,为此,我们专门确立了这样一个'机制'。"和安大略科学中心别的部门不同,WFIC 有着非常敬业的协调员和主管。协调员每天早上一上班就拿着一份项目清单,开始一天的工作。主管和协调员对该机制的贯彻执行也确保了管理员能一门心思投入到增强观众体验上来。

WFIC 的工作人员在发布最新科学新闻的节目上改变了提供内容的
策略,不仅使得节目更容易操作,而且避免了挫伤观众体验的积极性。

虽然并不是每个参与式项目都像 WFIC 那么复杂,但有一点不变的
是它们的管理方法和传统的标准项目大不相同,即使是一个简单的留言
板也需要对观众贡献内容持续不断的调节和打理。所以,确立一个长效
机制以维护、记录和支持参与式平台建设能够防止项目尾大不掉。这也
是东哈勒姆图书馆的还书点进入瓶颈的症结所在。工作人员没有一个
良好的机制来处理图书的流通和无休止的整理标签工作。

设立一个有效的机制既要划清各项工作的界限又要不妨碍参与的
进行。网络社区交流就是最好的注脚。尽管工作人员可以在平时晚上、
在周末都和观众联系,但主管还是可以帮助工作人员确立一个工作时间
和休息时间的合理界限。把这样的信息传递给观众,他们就知道什么时
候联系工作人员比较合适。

【案例分析】

圣何塞艺术博物馆管理参与式项目

对小型文化机构而言,给参与式项目厘清界限是成功与否的关键。例如,2008 年圣何塞艺术博物馆(San Jose Museum of Art)的工作人员想给即将开展的《后会无期》(*Road Trip*)添加一个参与元素以此来提升本次展览的水准。他们决定把人们在真实旅途中所寄送的明信片呈现给观众,所以在 YouTube 上传了一个奇特的视频来进行推广宣传,并等着网友把明信片寄过来。

结果发生了什么呢? 视频发布后的八周内,没有多少点击率,大概也就 1000 人次观看了该视频,截至 8 月 15 号,博物馆也只收到了 20 张明信片。但也就在这天,事情出现了转机。互动技术部门主管克里斯·亚历山大(Chris Alexander)在当天下午下班临走前登了一下 YouTube,惊讶地发现视频点击率出现了猛增。直到他回家的时候,已经又有 10000 人观看了该视频。后来他才知道,原来该视频被放在了 YouTube 的主页上。YouTube 把视频放在最显著的位置,为其点击率带来了逆转(已有超过 80000 万次的观看次数)并催生了评论回复和衍生视频的浪潮。网友的海量评论是博物馆始料不及的,而且其中还夹杂了不少投机分子希望自己的文字出现在 YouTube 主页上的想法。亚历山大花了一个周末才把过多的评论清理干净,维护馆方的声誉。

在 YouTube 主页上一露脸便得到了全世界网友的关注,寄来的明信片也明显增多。最后,博物馆总共收到了 250 张,工作人员把明信片放在展览的一个休息区和视频一起展示,而且在展览结束之后,它们还作为参与式项目的档案被博物馆永久保存。

　　《后会无期》展收到明信片大部分都印有矫情的路边景点[1]，这也和圣何塞艺术博物馆在 YouTube 上发布的视频相对应，因为视频里工作人员去了位于加州卡斯托维尔（Castroville）的世界上最大的洋蓟（World's Largest Artichoke）。

　　这个略显诡异的项目吸引了大量眼球，从而促使了更多的人参与到博物馆的活动中。但是工作人员能做的只有这些。博物馆不能把明信片扫描或是转录，所以观众只能在博物馆现场观看明信片而不能上网看。工作人员也没有时间和每位明信片寄出者取得私人联系[2]。这是一个一次性的做法——上传视频，然后收集明信片。明信片的寄出者看不到他们的内容被展示出来（除非他们亲自去博物馆），而且他们也不能在网上看到自己的贡献，所以连小小的虚荣心也无法满足。因此，这项活动离开了现场展览就真的"后会无期"了。

　　从管理的角度看，活动组织团队确实向网友声明了明信片的利用只

―――――――――

〔1〕　路边景点（roadside attraction）：指建造在公路旁边，用以吸引路人眼球的建筑物或装置，外观常模仿成巨大的日常用品或是科幻小说中的虚构物品。20 世纪 40 年代兴起于美国，后在加拿大、澳大利亚等地亦有出现，因这些国家的公路系统发达、幅员广阔，且驾车旅行较为普遍——译者注。

〔2〕　注意这两项活动都需要志愿者的援助才能实现。

能到哪个阶段，他们只负责接收、组织并展示出来，但不会进行数字化处理。即便是有经费的掣肘，他们还是留下了惊艳之笔。亚历山大放弃了周末休息时间来应对 YouTube 主页效应带来的网络参与和垃圾信息的汹涌攻势。

可控的设计选择和弹出式惊喜的结合为很多参与式项目所借鉴。当项目需要改进时，工作人员也应该做好迎接变革的准备。

参与式项目的永续发展

本书列举的很多项目案例都是一次性的。那么，文化机构如何才能把试验性质的参与融入文化机构核心功能发挥的长效机制呢？为了实现这个目标，工作人员必须使参与技巧的功能得以彰显——帮助文化机构达成使命以及吸引工作人员和社区成员来实现价值。

这需要从上到下的贯彻落实，而且要把"博物馆就是论坛"或是社区中心作为新的战略发展方向。2010 年，已经有好几家博物馆和博物馆联盟重新定位自己和社区的关系，其最高领导也不断呼吁观众的参与以及实行新的工作方法。要想改变馆内文化，最重要的是改变领导观念和营造自由的空间，以支持工作人员大胆创新地启用参与式项目，融汇新的沟通技巧。

此外还可以采用从下到上的策略。因为参与的最终落实和维护不在于 CEO 和董事会而在于一线员工和志愿者。每位利益相关者在支持和引导参与式项目时都扮演了各自的角色。每当前台工作人员和观众打招呼时，他们之间就建立了联系。每次策展人和业余人士分享自己的专业知识时，他们就在帮助参与者学习新知识和新技能。每次设计师给观众的作品设计展柜时，她就在尊重观众的贡献和参与。每当主管找到维持参与式项目永续发展的良策时，工作人员和观众之间的合作就能继续下去。

纽约公共图书馆有一名工作人员叫作杰西卡·朱莎（Jessica

Pigza），她就从一名普通的图书馆管理员成长为一名参与式项目的主管。在同馆的数字化技术和学术部主任乔希·格林伯格的鼓舞下，朱莎开通了一个专门针对 NYPL 馆藏手工艺品的博客。[1] 该博客渐渐吸引了一批像朱莎一样喜欢做蕾丝花边、缝纫和装订书籍的热心网友的支持。

朱莎开博客的同时还给公众上课，教他们如何利用图书馆的资源（用图书馆学的行话说就是"书目指导"）。这些培训课程是由社教部门组织的，最开始只吸引到十个人来参加。但朱莎意识到这是个利用观众导向方法的好机会，希望以此提高观众参与的积极性，所以决定专门针对手工艺人进行课程教授。

朱莎开了一门叫作《指尖上的艺术》（*Handmade*）的课程，教手工艺人"如何利用图书馆的资源来有效提高你的 DIY 层次"。同时，她还与海绵设计公司（Design Sponge）的网页设计师格蕾丝·邦尼（Grace Bonney）合作拍摄了一个迷你纪录片系列《书是设计之源》（*Design by the Book*），即请当地的五位艺术家来图书馆参观藏品并了解相关知识，然后回家以这次体验为基础进行创作。这一系列的视频在 YouTube 上点击率过万，很多网友都留下了热情的回复。[2] 培训班和纪录片给图书馆带来了很多新的合作项目，而且在手工艺人中也取得了很好的反响。

朱莎说："很多纽约人去图书馆时都想知道自己可不可以使用那些看得见的收藏以及管理员欢不欢迎他们这么做。"于是，朱莎和《匠心》（*Crafternoon*）一书的作者莫拉·马登（Maura Madden）合作举办了一个名为《匠心独运》（*Handmade Crafternoons*）的系列活动，邀请手工艺人来图书馆学习并一同进行艺术创作。

《匠心独运》是朱莎、马登和客座艺术家之间的合作成果。每个月都

---

[1] 访问朱莎的 NYPL 博客，请登陆 http://www.participatorymuseum.org/ref11-9/
[2] 观看《书是设计之源》，请登陆 http://www.participatorymuseum.org/ref11-10/

有一位客座艺术家来图书馆开讲，教授一门技巧或是谈谈图书馆的哪件东西激起了自己的创作灵感。做完 30 分钟的讲座后，观众便可与其一同制作手工艺品或是欣赏艺术家刚刚提到过的图书馆的藏品。

这项系列活动吸引了 40～120 人参与，很多人在制作手工艺品环节都自带原材料（或是出钱购买）来和其他人一起分享这份喜悦。《匠心独运》将集体智慧和创造精神融入书目指导。一些参与者对朱莎说："我以前不知道我来这儿可以做什么？"或是"你能帮我查一下图书馆里面有没有跟这件 20 世纪 40 年代的女士针织帽相关的藏品吗？"朱莎和这些艺术家、年轻的图书馆员工和老一辈手工艺人建立了联系，让他们觉得图书馆是一个为社区利益谋福祉的好地方。

在 2009 年 9 月《匠心独运》的一项活动中，参与者从 NYPL 的收藏（包括这本古老的童书）中获得设计灵感，制作了一件手工刺绣作品。

所有这些项目的实施都只是时间问题。没有人因为付出了时间和精力而获得报酬，就连客座艺术家和其他合作人都是在免费出力。不过，NYPL 还是打算建立一个补偿机制。表现不错的工作人员和合作伙伴将会得到一定的回报，目前来说，朱莎和她的大部队人马就符合这一条件。朱莎说：

　　领导知道我对自己的工作感到很满足，但是他也意识到这对整个图书馆来说都是好事。他还是洞察出手工艺品和历史、古籍之间存在内在联系的人之一。我现在的工作时间都是在周末、晚上和假期。虽然干起活儿来不容易，不过我觉得在这工作还是挺有劲头的。况且，不是所有的图书馆都会支持我的工作，所以，就工作而言，我也心满意足了。我不会放弃的。

纽约公共图书馆的使命是"促进终身学习、传播文化知识、推动社区团结"。[1] 朱莎与手工艺人的合作给了她和她的图书馆一个以前所未有的方式达成目标的机会。

如果图书馆的领导能相信员工和读者的贡献能力，意想不到的事情就会发生。没人事前告诉朱莎她组织的手工艺项目超出了她的工作范围或是社教活动的领域，也没有人说她没那个能力去做营销、找不到馆外的合作伙伴。相反，她的领导鼓励和支持她在这方面的热情。

只有当图书馆形成能够支持像杰西卡·朱莎那样热情的员工的有效机制，参与式项目才能持续发展下去。这是关乎灵活性、焦点和信任的问题。对于领导来说，他要帮助员工看到什么样的项目才具有可能性，然后在制度上保障他们朝着最有效的方向迈进。对于员工和志愿者而言，关键在于找到参与的新方法并在施行的过程中增强其工作的价值和影响。

每个文化机构都有领导、员工、志愿者和董事，他们都希望参与式项目能够顺利发展下去。我希望你也能成为参与式项目布道者中的一员，将该项目带到你的文化机构。你既可以在单独一个部门内连同几名工作人员一起开展，也可以按你的实际需要进行布置。确立一个与你的文化机构使命相关联的目标，然后寻求实现目标的方法。从小事做起。询问观众或是邀请志愿者帮你解决问题。倾听、合作、检验你的假设，然后再试一次。不久之后，参与就会成为你的工作方法，甚至是成为你的文

[1]　纽约公共图书馆的使命我见到过的表述最清晰的使命，而且完全符合其项目的理念。浏览整份文件，请登陆 http://www.participatorymuseum.org/ref11-11/

化机构的运行方法。

————

你已经看完了本书的策略部分,现在要进入到最后一章,即对参与式项目的未来进行展望——希望我们能够共同迎接那一天的到来。

展　望

　　这本书自始至终都在讲参与式技巧具有多么重要的价值,并且可以为文化机构所用,从而产生巨大的效益。这些技巧体现了与一般设计工具完全不同的策略,但也并非要完全取而代之。毕竟,参与也是求同存异的。

　　我相信自己的理念,我同样相信参与式技巧能够催生新的文化机构,就像 20 世纪末互动设计技巧的应用带动了科学中心和儿童博物馆的大发展一样。尽管如今的各种博物馆都或多或少地融入了互动因素,但是只有大部分的科学中心和儿童博物馆才可算是全方位的互动式文化机构。一些像波士顿儿童博物馆那样的国际领先的科学中心和儿童博物馆也是从传统文化机构蜕变重生的。旧金山探索馆以及很多 20 世纪六七十年代的文化机构给观众带来了全新的体验,它们把互动元素作为立馆之基,帮助观众学习、娱乐和探索。

　　我梦想未来能有一座全方位的参与式文化机构,它给观众带来的体验全部都是以参与式技巧为媒介。试想一下,有那么一个地方,观众和工作人员相互分享自己的兴趣和技能,每个人的行为都是交织在一起的,由此不断累积、不断转变,最终形成可以展示、分享和重构的内容。人们不仅可以在那里与朋友和陌生人讨论展品、分享各自的故事和不同的解读,还可以在一个设定的氛围下进行贡献、合作、共同创造与共同选择馆方所提供的体验和内容。社区也参与其中,与工作人员一道管理。这样才叫各方参与,多多益善。

我的构想可能不符合现有的博物馆该有的样子。它更像是一个咖啡店或是一家社区艺术中心,甚至更接近于一个缝纫店。它的运营更加民主,而不是自上而下发号施令。比起传统的文物保护和展览实践,它更注重不断改变的创造精神,不在于树立馆方的权威而在于包容各种声音。它的所有权和经费可能由其成员分摊,而且拨给策展的款项将减少,而更加侧重对话与交流的活动。

你的文化机构能变成这样吗?参与式的和传统的博物馆有着根本不同,正如现在的波士顿儿童博物馆也和在此之前展示儿童艺术品的展览不同一样。这家博物馆从一家"有关"儿童和家庭的博物馆转型为一家"服务于"儿童和家庭的博物馆。我们可以进一步设想,它会不会进化为是一家与儿童和家庭"参与"的博物馆呢?

这是很多文化机构都在思考的问题,而且也得到了好的答案。社交网络的兴起改变了人们对体验的价值和期许。人们希望有权选择和分配馆方的内容,而不单单是站在玻璃柜前看它们。人们想表达自己的创意,不论是原创的还是根据大众传媒所改编的。人们希望得到尊重、回应,因为他们有着自己独一无二的权益。人们渴望被认同,渴望与世界各地的社区相联系。这种观念会让从博物馆到图书馆的所有类型的文化机构转型为"贩卖体验"的营利性企业。

所有这些期待都能拉近文化机构和其根本目标之间的距离。器物定位型博物馆将被改造成与社区对话的平台,以此来支持和尊重社区成员的思考。围绕博物馆内容的人际交流可以增强不同类型观众之间的联系。参与式活动能给民众提供有价值的学习体验。最重要的是,很多文化机构的使命所宣称的"让文化遗产走进生活,构建观众与文化遗产之间的桥梁,鼓励观众进行批判性思考,培养其创新意识并激发其积极行动"亦能够借由参与来实现。

其实,世界上有无数人都满怀创意和一颗为社区奉献的心,希望他们所参观、贡献和参与的文化机构能够支持他们的权益。很多人在虚拟社区上释放自己的热情,但我们仍需要在一个实体场合把他们相关的故事和实物组织起来。这些实体场合可能是历史学会、科学咖啡吧，也有可能是艺术中心、图书馆或是各式各样的文化机构。

如果人们在当地能找到安全放心又服务周到的场所来结识新人，进行思想的碰撞，那他们就会给当地带来巨大的文化冲击。成千上万座参与式文化机构的努力累积起来可以改变整个世界。参与式文化机构不是"最好要有一个"，而是一定要有，这样人们才能找到与社区进行参与的场所。

那么，如何将参与融入你的文化机构工作当中呢？你是如何看待参与会让你的文化机构、你的观众还有你的社区成员以及利益相关者都能受益的呢？

这些问题并不夸张。我希望你能登陆 www. participatorymuseum. org 加入到关于本书的讨论中来。你可以在该网站看到本书的所有内容，包括所有参考文献的链接，并可分享你的参与式活动的案例、意见或是提出疑问。

本书还仅仅是个开始，只是在浩瀚海洋中激起浪花的一颗小石子。我希望它能在你思考如何设计的时候起到一点作用，我还希望你能把你的想法和创意与我们大家一同分享，从而让我们一起步入这个参与的新世界。

致　谢

　　非常感谢你在本书所花的时间和精力，当然还有金钱。我希望本书能作为一本指南，教你如何开发、施行和评估参与式观众体验。如果真能做到的话，那也不愧于众多参与本书的策划、编辑和指导的人的共同努力。

　　本书在很大程度上得益于三位博物馆学界的"大神"的影响，他们是伊莱恩·休曼·古里安、凯瑟琳·麦克林和约翰·福克。如果你对本书有兴趣，我强烈推荐你去探访本书之源，去看看他们的书。我很荣幸能与这些良师相识成为益友，而且如果没有他们的启迪，我是写不出这本书的。

　　本书不仅仅受业界同行的启发，也来源于他们的工作实践。如果你觉得博物馆同行的意见没有参考价值，但是我还是建议你多听听他们的声音。我写这本书的时候用的就是维基平台，一边写一边邀请同行和热心读者在博物馆 2.0(Museum 2.0)博客上留言并提出自己的见解和案例。他们的贡献，尤其是在本书编写阶段是非常宝贵的。他们指出了什么地方该写什么地方不该写，并分享新例子，还鼓励我对本书的内容、结构组织和语气口吻等方面进行重要调整。

　　有好几个人对本书的改进贡献了很多个日夜，有些编辑和同事是我直接请他们看看的，但更多的是我素未相识的博物馆专家和对这一行有兴趣的人。我必须感谢这些审阅过本书内容的人（排名不分先后）：Conxa Rodà，Sarah Barton，Mark Kille，Barbara Oliver，Bruce Wyman，

Cath Styles，Susan Spero，Chris Castle，Claire Antrobus，David Kelly-Hedrick，Ed Rodley，Georgina Goodlander，Linda Norris，Kevin von Appen，Darcie Fohrman，Maria Mortati，Haz Said，Jody Crago，Jonah Holland，Kerrick Lucker，Kristin Lang，Daniel Spock，Eric Siegel，Lauri Berkenkamp，Rebekah Sobel，Andrea Bandelli，Louise Govier，Lynn Bethke，John Falk，Peter Linett，Ruth Cuadra，Maureen Doyle，Marc van Bree，Patricia Sabine，Heidi Glatfelter，Susan Edwards，Jane Severs，Phillippa Pitts，Jana Hill，Mariana Salgado，Melissa Gula，Robert Connolly（以及他的博物馆实习生们），Becky Menlove，Mia Ridge 和 Michael Skelly。

本书的编辑也是一项集体工作，所以感谢 Dave Mayfield，James Neal，Buster Ratliff，Lizz Wilkinson，Tikka Wilson，Jody Crago，Erin Andrews，Lisa Worley，Monica Freeman，Matthew Andress，Barbara Berry，Kaia Landon，Rhonda Newton，Jonathan Kuhr，Lynn Bethke，Susan Edwards 和 L. Corwin Christie，你们对标点和语法的修订让本书的语言更顺畅。

我还要感谢 Robin Sloan 和 Scott Simon 为本书所做的编辑工作。另外还要感谢 Sibley Simon 和 Sarina Simon 对本书突如其来的反馈信息所做的调整。Jennifer Rae Atkins 为本书设计了精美的封面，Karen Braiser 处理了很多张从网上下载的图片，在此一并致谢。

本书的很多内容源于对众多文化机构的专家和领导的访谈，所以，感谢 Evelyn Orantes，Shelley Bernstein，Wendy Erd，Tsivia Cohen，Kris Morrissey，Jeff Grabill，Kirsten Ellenbogen，Kelli Nowinsky，David Chesebrough，Stephanie Ratcliffe，Jane McGonigal，William Cary，Jamee Telford，Barbara Henry，Kathleen McLean，Kevin von Appen，Sabrina Greupner，Vishnu Ramcharan，Robert Stein，Chris Alexander，Bridget Conley-Zilkic，David Klevan，Nancy Zinn，Jackie Copeland，Josh Greenberg，Jessica Pigza，Lori Fogarty，Beck Tench，Jeff Stern 以及为

本书无私地提供信息、图片和指导的所有人。

我对本书的错误和遗漏之处负全责,我也希望你能够登陆 **www. participatorymuseum. org** 与我分享新的案例、意见和问题。这个网站还包括本书所有的参考文献链接,我会一直对其进行更新。所以,请你留下你的反馈意见,这样还可以促进大家对本书内容的开放交流。

最后,感谢你对本书提出的观点进行思考,我希望有朝一日能将你的想法也写进书里,我甚至都有点迫不及待想听到你的声音了。

参考文献节选

本参考文献只选取了与本书的形成密切相关的长篇著作。想要更完整的参考文献书目,请登陆 www. participatorymuseum. org

Abergel, Ronni, Antje Rothemund, Gavan Titley, and Peter Wootsch. *The Living Library Organiser's Guide*. Budapest: Council of Europe, 2005.

Allen, Sue and Josh Gutwill. Designing with multiple interactives: Five common pitfalls. *Curator*, 2004, 47(2): 199-212.

Center for Advancement of Informal Science Education. *Public Participation in Scientific Research: Defining the Field and Assessing Its Potential for Informal Science Education*. Washington D. C. : Center for Advancement of Informal Science Education, 2009.

Chinn, Cassie. *The Wing Luke Asian Museum Community-Based Exhibition Model*. Seattle: Wing Luke Asian Museum, 2006.

Falk, John. *Identity and the Museum Visitor Experience*. Walnut Creek: Left Coast Press, 2009.

Falk, John and Lynn Dierking. *The Museum Experience*. Washington D. C. : Whalesback Books, 1992.

Falk, John and Beverly Sheppard. *Thriving in the Knowledge Age: New Business Models for Museums and Other Cultural Institutions*. Walnut Creek: AltaMira Press, 2006.

Hein, George. *Learning in the Museum*. London：Routledge, 1998.

Heritage Lottery Fund. *A Catalyst for Change：The Social Impact of the Open Museum*. London：RCMG, 2002.

Heumann Gurian, Elaine. *Civilizing the Museum*. London：Routledge, 2006.

Humphrey, Thomas and Josh Gutwill. *Fostering Active Prolonged Engagement：the Art of Creating APE Exhibits*. San Francisco：Exploratorium, 2005.

IDEO. *Human-Centered Design Toolkit*. San Francisco：IDEO, 2008.

Illich, Ivan. *Deschooling Society*. New York：Harper and Row, 1971.

InterAct. *Evaluating Participatory, Deliberative, and Co-operative Ways of Working*. Brighton：InterAct, 2001.

Jenkins, Henry. *Convergence Culture：Where Old and New Media Collide*. New York：New York University Press, 2006.

Jennings, Gretchen, ed. Visitor-Generated Content and Design. *Exhibitionist* 28(2).

Koke, Judy and Marjorie Schwarzer, ed. Civic Discourse：Let's Talk. *Museums & Social Issues* 2(2).

Li, Charlene and Josh Bernhoff. *Groundswell：Winning in A World Transformed by Social Technologies*. Boston：Harvard Business School Publishing, 2008.

McLean, Kathleen. *Planning for People in Museum Exhibitions*. Washington D. C. ：Association of Science and Technology Centers, 1993.

McLean, Kathleen and Wendy Pollock, ed. *Visitor Voices in Museum Exhibitions*. Washington D. C. Association of Science and Technology Centers, 2007.

National Endowment for the Arts. 2008 *Survey of Public Participation in the Arts*. Washington D. C. :National Endowment for the Arts,2009.

Norman,Donald. *The Design of Everyday Things*. New York: Doubleday,1990.

Shirky, Clay. *Here Comes Everybody：The Power of Organizing without Organizations*. New York：Penguin Press,2008.

Stanton,Philip,ed. *Repensar el Picasso*. Barcelona：Agpograf,2009.

Zorich,Diane,Gunter Waibel,Ricky Erway. *Beyond the Silos of the LAMs：Collaboration Among Libraries, Archives, and Museums*. Dublin,Ohio：Online Computer Library Center,2008.

索　引

二、名词索引